KB072328

그러나 해병대는
영원하다

그러나 해병대는 영원하다

전도병 지음

마음
서재

한번 해병대원은 영원한 해병대원

평범했던 한 청년은 대학 졸업 후 가장 짧은 기간에 빠르게 군복무를 마칠 수 있다는 모집 공고에 혹해서 해병대 사관후보생에 지원했다. 장교 임관 후에는 공군비행단 장교들과 집단 충돌이 발생하는 바람에 감옥에 간 적도 있다. 이 사건으로 해병대에서 쫓겨나 민간인이 된 청년은 다시 징병되어 논산훈련소에 가기 전 우여곡절 끝에 해병대 장교로 재임관되었다. 이후 청룡부대 소총 소대장으로 월남전에 참전해 수없이 죽음의 고비를 넘기기도 했다.

복무 기간 중에는 해병대 해체라는 비운과 아픔을 몸소 겪어야 했다. 애초에 단기복무 장교였던 필자는 언제든 전역할 마음의 준비가 된 상태로 군 생활을 했다. 그러다 기적적으로 별을 달고 최고 수장인 사령관 자리에 오르기까지 했으니 일평생 해병대와 함께한 셈이다.

그동안 수많은 젊은이들과 만나고 헤어졌다. '해병대를 거쳐 간 사람들끼리'는 형제처럼 가깝고 친밀하게 지내는 경우가 많다. '한번 해병대원은 영원한 해병대원' 정신으로 살아가리라 다짐도 한다.

그러나 해병대에 몸담은 적이 있다고 해서 해병대의 모든 걸 아는 것도, 모두가 해병대 정신으로 살아가는 것도 아니다. 처음 만났던 '해병대'란 이름 앞에 끊임없이 자신을 바로 세우는 훈련을 계속해야만 해병대 정신을 잃지 않는다.

귓속을 무섭게 파고들던 얼음장같이 차갑고 냉엄한 목소리, 뇌리를 파고들어 생각까지 읽어내는 듯한 날카로운 눈빛, 심장을 강타하는 엄숙한 표정…. 워커 속 발가락 움직이는 소리도 듣는다는 해병대 훈련교관 구대장, 소대장들의 빈틈없는 훈련을 받은 후에야 우리는 빨간 명찰을 달 수 있었다.

같이 뛰고, 같이 땀 흘리고, 같이 뒹굴고, 같이 울면서 우리는 인간의 한계를 넘어 '최고의 인간, 최고의 군인'이 되었다. 그렇게 우리는 우리만의 방식인 해병대식으로 정신과 육체와 마음의 변화를 맛보았고 우리 마음속에서는 자부심이 자라났다.

해병대! 그곳은 어디서도 다시는 경험하지 못할 형태로 우리가 서로를 사랑하도록 만들었다. 우리는 바닷물 속에서도, 갯벌 위에서도 머리 위에 거꾸로 세운 M1 소총을 들고 오리걸음을 하면서 오와 열을 정확히 맞춰야 했다. 그렇게 할 수 있다고 믿었다. 칼날같이 차가운 겨울밤 육신이 마비되어도 정신력으로 다스릴 수 있다고 우리는 믿었다.

금방이라도 터질 것 같은 심장을 달래며 오르던 천자봉, 그 가쁜 숨결 속에서도 전우의 무거운 소총을 대신 메고 달리면서 우리는 해병대원이 되어갔다. 인간의 한계를 넘나드는 혹독한 훈련 속에서 피와 땀과 눈물을 경험하며 시시각각 다가오는 죽음의 그림자와 싸우기도 했다. 서로에게 하지 못할 말도, 서로를 위해 하지 못할 행동도 없었다. 전우의 목숨을 구하려고 수류탄 위로 몸을 날린 청룡부대 이인호 대위(1957년 해군사관학교를 졸업했다. 1965년 해병대 정보장교로 월남전에 참전해 작전 수행 중, 적군이 중대원에게 수류탄을 던지는 것을 보고 몸으로 수류탄을 덮어 부하들을 살리고 전사했다)의 살신성인에 우리는 모두 공감할 수 있었다. 우리 모두가 그럴 수 있었기 때문이다.

해병대는 내 인생의 자부심이었다. 목숨을 바쳐서라도 조국을 지키기를 다짐했던 해병대 생활. 이렇게 나이가 들었는데도 해병대와 나라를 위해 좀 더 가치 있는 마지막 사랑을 실천하고 싶었다. 해병대에 대한 세간의 오해와 편견, 부족한 자료와 기록의 한계 속에서 해병대의 정체성과 잘못된 현재를 바로잡고 싶었다.

평생을 해병대의 역사와 함께한 해병대 수장으로서, 고귀한 명예와 자부심을 지키며 영원한 해병대원으로 살고자 노력했다. 이 한 권의 책으로 해병대의 위상이 되살아나고 잃어버린 제자리를 찾는 데 미력하나마 힘이 된다면 그것으로 족하다.

내가 평생 영원한 해병대원으로 남을 수 있도록 함께한 모든 분과 문서 정리 작업을 도와준 신운해 님, 안정환 해병대원(兵 1201기), 무엇보다도 악조건을 무릅쓰고 선뜻 원고를 정리하고 부족한 부분을 채워준 최향숙 작가님, 그리고 김석손(두리안과의원 원장), 전성민(前 재미 시카고 전우회장), 이종욱(경북일보 편집부국장), 이연길(미 제19전투지원사 감독관), 김광수(재일본 전우회연합회 부회장), 권오천((주) 은성C&S 대표) 등 간행추진위원에게도 깊은 감사를 드린다. 마지막으로 평생을 나와 해병대를 사랑해온 사람, 아내 유명자 님께 사랑과 존경을 보낸다.

제22대 해병대 사령관 전도봉

차례

3장 | 굴하지 말고, 모든 것에 당당하자

6장 | 해병대원들을 최고의 군기로 무장시켜라

1장

해병대 신화는
계속되어야 한다

"해병대는 군대도 아니라더라,
개병대라 카더라."

1965년 대학 졸업 후 군복무를 마쳐야 하는 상황에 어쩔 수 없이 선택했던 곳이 해병대였다.

대학에 다닐 때만 해도 훌륭한 외교관이 되어 전 세계에 대한민국을 널리 알리고, 한국이 부끄럽지 않은 나라로 인정받게 만들고 싶었다. 졸업 후에는 '정론직필(正論直筆)'로 사회의 잘못된 것을 바로잡겠다고 마음먹었다. 하지만 대한민국 남자라면 누구도 피할 수 없는 병역 문제가 끝내 발목을 잡았다. 병역을 필하지 않았으니 언론사 입사시험에 응시조차 할 수 없었다.

당시 육군 장교 후보생은 5년, 해군과 공군은 4년이 병역의무 기간이었는데 해병대 장교만 3년이었다. 병역 문제를 빨리 해결하고 싶었던 나로서는 복무 기간이 가장 짧은 해병대를 선택할 수밖에 없었다.

처음에는 육군 ROTC에 지원했다. 하지만 한일회담 반대 데모 참가, 깡패를 소탕한답시고 학교 앞 신촌역에서 싸움에 가담해 서대문구치소에서 군사혁명 재판에 회부된 전력 등으로 부적격 판정을 받고 말았다. 결국, 어머니의 반대를 무릅쓰고 해병대를 택하는 것이 나로선 최선의 선택이었다.

태어나서 처음 만난 해병대는 이제까지 보고 느낀 곳과는 전혀 다른 세상이었다. 해병대 입대 후 나는 그런 세계가 실제로 존재한다는 사실에 너무나 놀랐다.

해병대는 우리에게 완전히 달라진, 다른 인간이 될 것을 요구하고 강요했다. 그것은 비단 나뿐만 아니라 해병대와 만난 우리 모두에게 새로운 출발을 의미했다. 해병대는 그동안 사회에서 묻혀온 삶의 나태한 습관과 정신들을 깡그리 버리고 새로운 출발을 하도록 명령했다.

대한민국 해병대, 영어로는 ROKMC(Republic of Korea Marine Corps).

'누구나 해병대원이 될 수 있다면, 나는 결코 해병대를 선택하지 않았을 것이다'라는 슬로건에서도 볼 수 있듯이 대원들은 자신이 해병대를 선택한 이유를 잘 알고 있었다. 한번 해병대원이었던 사람은 언제나 해병대의 일원으로 남아 있기를 원한다. 현역이나 예비역이나 마찬가지다.

오랜 역사와 전통 속에서 얻은 해병대의 자부심은 누구에게 빌려줄 수도, 누가 훔쳐갈 수도 없으며, 돈으로도 사지 못한다. 그래서 '한번 해병대원은 영원한 해병대원'이라는 말 그대로 그들은 해병대의 일원으로 영원히 남게 된 것을 자랑스럽게 생각한다. 이처럼 해병대원들의 자부심은 뼛속 깊은 것이다.

그런데 3년이면 해결될 줄 알았던 해병대와의 인연은 끈질기게 나를 물고 늘어졌다. 그때만 해도 해병대의 수장(首將)인 사령관까지 하게 되리라곤 생각하지 못했다.

입대 전 해병대 장교가 되겠다고 말씀드리자 극구 만류하시던 어머니 모습이 지금도 생생하다. 어머니를 설득하는 건 결코 쉽지 않았다.

"이놈아, 해병대는 군대도 아니고 개병대라 카더라. 사회에서 못된 사람들만 가고, 거기 가면 술만 처마신다 카더라. 그래서 사람 못쓰게 되고, 버려서 나온다 카더라. 하필이면 네가 왜 해병대를 가겠다 그러느냐."

시골 조그만 어촌에 사시던 어머니까지도 어디서 어떻게 들었는지 해병대에 대해 이런 인식을 가지고 있었다. 어머니 말씀은 군 생활을 하는 중에도 내내 머릿속을 맴돌았다.

그럴수록 나는 당당한 해병대원이 되기 위해 애썼고, 지휘관이 된 뒤에는 해병대에 대한 일반인들의 왜곡된 이미지를 바꾸기 위해 엄청나게 노력했다. 나는 우리 대원들이 당당하고 품격 있는 군인으로 성장해서 각자가 해병대원으로서의 자부심을 지니도록 하는 것이 무엇보다 중요한 지휘관의 임무라고 생각했다.

그들은 6·25전쟁과 월남전 때 죽음을 불사하고 최전선에서 싸웠으며 조국을 위해 장렬하게 산화했다. 살아남은 자 역시 조국에 목숨을 바칠 각오로 싸웠다. 내가 경험한 해병대는 참으로 뛰어난 군인들로 뭉쳐 있는 곳이었다. 이처럼 한때 최고의 칭송을 받던 무적해병대가 지금은 왜 국민과 군대 속에서 신뢰를 얻지 못하고 외면받는지 그 원인을 찾아서 해결하는 것이 나의 숙제가 되었다.

더구나 그처럼 명예롭던 우리 해병대 전우들이 제대 후 왜 좋지 않은 눈길을 받는지 골똘히 생각했다. 전쟁 속 상처로 인한 오랜 트라우마가 그 원인이었다. 전쟁의 후유증은 눈에 보이지 않았지만 그 상처는 깊고 오래갔다.

일례로 1975년 월남전 종식 후 미국 해병대원들은 심각한 후유증을 겪고 있었다. 스스로 목숨을 끊는 이도 있었고, 고속도로에 기관총을 난사한 이도 있었으며, 하버드대학교 교회 종탑에 올라가 소총을 난사한 이도 있었다. 그들이 전쟁 후유증에서 완전히 벗어나기까지는 무려 16년이라는 세월이 필요했다. 1991년이 되어서야 미국 의회가 마침내 월남전의 상처가 모두 사라졌다고 발표했을 정도였다.

우리나라 해병대도 마찬가지다. 1953년 정전협정 이후 6·25전쟁의 트라우마가 가시지도 않은 1961년 5·16군사정변을 체험했고, 4년 뒤인 1965년 다시 월남전에 투입되어 그야말로 생사를 건 치열한 전투를 치렀다. 전쟁터에서 돌아온 그들은 정신과 육신이 파괴되고 찢긴 깊은 상처를 안고 살아가야 했다. 죽음을 각오하고 용맹스럽게 싸우다 살아남은 군인일수록 그 상처는 깊고 험했다.

정의와 자유의 기치를 앞세우고 용맹스럽게 싸운 후 전쟁터에서 살아 돌아온 해병대 역시 전쟁의 상처를 치유하는 데는 많은 시간이 필요했다. 우리는 그 사실을 간과했던 것이다. 이들은 평범한 사람이라면 도저히 상상할 수 없을 정도로 난폭자나 무법자가 되기도 했다.

자신들처럼 험한 곳에서 목숨 걸고 싸운 적이 없다는 이유로 다른 군대를 멸시하는 해병대원이 있는가 하면, 해병대만이 최고라며 다른 군대를 포용하거나 존중할 줄 모르는 해병대원도 있었다.

결국, 베트남에서 철수한 지 1년 만인 1973년 10월 10일 해병대사령부가 해체되고 해병대는 해군에 통합되고 말았다. 해군의 일개 '상륙병과'로 전락한 것이다. 이는 해병대 수뇌부가 타군 수뇌부에 보여준 오만함과 무례함이 일정 부분 반영된 결과였다.

아직도 나는 해병대를 생각하면 가슴 한편이 아릿하다. 전역하고 긴 세월이 지난 지금도 해병대가 그립고 안타깝기만 하다.

지금은 강한 군대가 필요한 시대다. 이제는 군 조직 속에서 새로운 사고를 가진 군인이 나타나야 할 때이다. 해병대는 시대가 요구하는 군대로 거듭 태어나야 한다. 해병대원들이 유연한 사고와 강인한 정신력을 겸비한 품격 높은 군인이라는 인식이 생길 때 국민의 전폭적 신뢰를 받을 수 있다. 나는 끝까지 해병대의 부활을 믿는다.

작지만 강한 소수 정예집단

해병대는 창설 당시부터 강한 정병 육성과 국민을 위한 군대를 목표로 했다. 타군과 전술 교리가 차별될 뿐 아니라 전투 방법, 심지어 역사와 문화까지 전통적으로 독특한 방법을 적용해 교육했다. 그 결과 최강 해병대의 전통을 계승하면서 '작지만 강하고 자긍심이 높은 정예군'으로 인정받을 수 있었다.

해병대원들은 '벽장 속 좀약'에 빗대어 전역 후 벽장 속에 보관한 해병대 군복이 좀약과 함께 썩어가도 모군에 대한 충성심만은 평생 변하지 않겠다고 다짐한다. 이는 자신이 해병대 출신이라는 사실에 평생 자부심을 가지고 살겠다는 의미이기도 하다.

해병대는 장교든 사병이든 모두 똑같은 훈련 과정을 거친다. 신병 입소 후 훈련교관이나 구대장은 이런 말을 가장 많이 한다.

"지금이라도 자신이 없으면 집에 돌아가라. 차라리 육군이나 공군에 들어가라. 해병대원은 국가를 믿고, 해병대를 믿으며, 동료와 그 자신을 믿는다."

해병대의 일원이 되려면 혹독한 훈련을 통해 인내심의 한계를 체험해야만 한다는 사실을 미리 주지시키는 말이다. 그 과정을 거쳐야만 진정한 해병대원이라는 명예와 자긍심을 스스로 가질 수 있기 때문이다.

그들은 해병대기가 가는 곳이라면 이유를 묻지 않고 따르며, 정글과 험준한 산악에서도 물불을 가리지 않고 싸우며, 상상하지 못할 고난과 역경 속에서도 아무런 불평 없이 싸우다 죽어간다. 혹독하고도 철저한 훈련과 엄정한 군기는 다가올 시련을 극복하도록 만들어주는 그들 자부심의 원천이다.

해병대원들은 적보다 강해지기 위해서 최고 수준의 교육훈련을 강요받는다. 이 과정을 이겨내면 언제 어디서 어떤 임무라도 수행할 준비와 능력과 의지를 갖추게 된다. 이로써 최고의 군인이라는 엘리트 의식을 가질 수 있다. 해병대식 강한 교육훈련을 받으며 기른 자신감은 인생을 변화시켜 거듭 태어나게 하는 원동력이 되기도 한다.

해병대의 모든 것은 팀워크를 통해 이뤄진다. 해병대원이 된다는 것은, 해병대원이 된 순간부터 팀의 일원이라는 사실을 의미한다. 위로는 해병대사령부에서 최말단 화력조에 이르기까지 전 해병대 조직은 하나의 팀으로 구성되어 있다. 즉 엄격한 선발 과정을 통해 이뤄진, 공동 목표를 지향하는 고도의 훈련된 그룹이라는 의미다.

그들은 전쟁에 나가거나 위험에 처했을 때 최고의 팀워크를 발휘한다. 총알이 난무하는 전쟁터에서 전우들이 싸우는 동안 전투 지역에서 멀리 떨어진 안전지대에 있는 해병대원들은 결코 마음 편하게 있지 못한다. 아니 오히려 고통스러워한다. 심지어 대원들에게 버림받은 듯한 느낌을 받기도 한다. 그들 모두 한결같이 동료와 함께 위기를 극복하는 것을 자신의 임무로 느끼기 때문이다. 팀워크가 발휘하는 강력한 힘은 모든 해병대원이 최선을 다해 싸우고 임무 완수에 기여하도록 해준다.

해병대만의 독특한 근성과 기질은 바로 '한번 해병대원'이었던 체험에서 생겨난다. '나는 해병대의 일원이다'라고 외칠 수 있도록 허락된 순간부터 해병대원들 마음속은 '결코 아무나 해병대원이 될 수 없다'는 자긍심으로 가득 채워진다.

커튼 속에 가려졌던 해병대사령관

1996년 6월, 나는 22대 해병대사령관이 되었다. 결코 쉽지만은 않은 과정이었고 장애도 만만치 않았다. 해군사관학교 출신이 아닌 데다 윗선들과 코드가 맞지 않는다는 사실이 결정적으로 문제가 되었다. 안병태 해군참모총장이 반대했으나 하늘의 도움인지 결국 사령관이 될 수 있었다.

보임 시 내게 부여된 공식 명칭은 '해병대사령관 해군 중장 전도봉'이었다. 1973년 해병대가 해체된 후 해병대사령관은 '해군 제2참모차장'으로 불리다가 1987년 해병대사령부가 재창설되면서 '해병대사령관'으로 명칭과 직함이 바뀌었다.

국군조직법에도 '해병대'는 분명히 존재하는 군대이며, 나는 해군이 아닌 해병대 장군이었다. 그런데 왜 '해군 중장'이라고 부르는가? 그러한 호칭을 받아들일 수 없었던 나는 청와대에서 국방부장관과 해군참모총장이 배석한 가운데 대통령께 보고하는 자리에서 "중장 전도봉은 1996년 6월 29일 부로 해병대사령관에 보직되었으므로 이에 신고합니다"라며 해군을 빼고 말했다.

나는 해병대 사관후보생으로 자원입대하여 해병대 생활을 해온 해병대사령관이다. 직함에서처럼 내가 해군 중장이라면 해군사관학교 교장, 해군작전사령관, 해군참모차장 등 해군의 3성 장군 보직도 맡을 수 있어야 한다. 더 나아가 해군참모총장이 될 수도 있어야 한다. 그러나 나는 해군이 아니라서 그럴 수 없다. 물론 군함을 지휘해본 적도 없다.

나는 안병태 해군참모총장과 김동진 국방부장관에게 공식 질의서를 보냈다. 엄정한 군의 위계질서 속에서 아무도 말하지 못한 잘못된 호칭 문제를 제기하기 위해서였다. 국방부장관은 최종적으로 공식 명칭을 '해병대사령관 해병대 중장 전도봉'으로 표기하는 것이 타당하다는 회신을 주었다. 소속 군이 해군이 아니라 분명 '해병대'임을 인정한 것이다.

이를 근거로 1996년부터 국립묘지에 해군으로 표식된 해병대원들 묘지명부터 바로잡았다. '해병대 병장 홍길동의 묘', '해병대 중사 홍길동의 묘' 등으로 소속 군을 정정했다. 국립묘지에 세운 비석은 국가를 위해 헌신한 호국영령들의 표징 아니었던가. 목숨을 바쳐 헌신한 해병대원들에게는 당연히 그에 걸맞은 합당한 존중과 대우가 있어야 한다.

지금도 내 귀에는 절규하는 부하들 목소리가 들린다.

"나는 해병대원이다. 국립묘지에 안장할 때 절대 '해군'이란 비문 아래 묻지 마라."

"나는 해군에 지원한 적도, 해군에서 복무한 적도 없다. 내가 왜 해군인가? 나의 병적에 '해병대'로 기록해달라."

취임 얼마 뒤 다시 한 번 충격을 받았다. 국방부장관 주최 군 주요 인사 환영 만찬장에서였다. 안내장교에게 자리 배정표를 받아 확인하는 순간, 할말을 잃고 말았다. 국방부장관과 각 군 참모총장이 자리한 곳에서도 까마득히 먼 출입구 바로 앞, 정확히 말석에서 두 번째 테이블이 내 자리였다.

'하늘처럼 섬겨왔던 해병대사령관 자리가 이 정도는 아닐 텐데' 하는 생각에 국방부 의전과장을 불렀다.

"어이, 의전과장! 해병대사령관 자리가 여기 맞는가? 확인 좀 해주게."

"네! 사령관님, 제가 잘 아는데 이 자리가 맞습니다. 진급 서열순이라 역대 사령관님들의 자리도 여기였습니다."

그 자리에 앉아 그들이 주는 밥을 차마 먹을 수가 없었던 나는 아내 손을 이끌고 만찬장을 나와 그 길로 사령관 공관으로 직행했다. 옮겨온 이삿짐 중에서 먹고 자기 위한 최소한의 짐만 풀고 언제든 떠날 준비를 하라고 가족과 공관 담당자에게 엄명을 내렸다.

해병대사령관!

이처럼 허수아비 같은 대우를 받으면서 치욕스럽게 오래 머물고 싶은 생각은 추호도 없었다. 군인사법상 육해공군의 3성 장군에겐 4년 임기가 보장된다. 반면 해병대사령관은 2년마다 교체되므로 해군에 통폐합된 후 지금까지 진급 서열이 거의 맨 끝이라고 했다. 군 체계상 있을 수 없는 일이다.

다시 국방부장관에게 공식 질의서를 보냈다. 사령관으로서 무너진 위상을 그대로 두고 볼 수만은 없었다. 우여곡절 끝에 해병대사령관의 의전 서열은 3성 장군 중 가장 높은 서열로 바뀌었다.

취임 후 상상하지 못했던 또 다른 난관에 부딪쳤다. 해병대 지휘권이 해병대사령관이 아닌 해군참모총장에게 있다는 사실이었다. 나는 해병대를 지휘할 사령부 참모들 보직을 해군참모총장에게 의뢰했다. 며칠 후, 의뢰서에 굵은 펜이 위에서 아래로 좍 그어져 내려왔다. 본인을 직접 알현하고 지침을 받아 명령을 상신하라는 뜻이다. 해군참모총장의 첫 번째 권한 행사를 본보기로 보여준 것이다.

해군참모총장의 권한은 막강했다. 중령, 대령 이상 장군의 모든 진급과 인사권이 해군참모총장에게 있다는 사실을 사령관이 되고 나서야 알았다. 예산권, 정훈권, 군수권 등 해병대를 지휘하는 데 필요한 권한들을 상실한 허수아비 사령관이었다. 그동안 수장으로 섬기고 받들던 직속상관들에게 속았다는 느낌이 들 정도였다.

해병대 원상회복과 지휘 관리 체계의 개선이 절실했다. 1990년 국군조직법 속에 되살아난 해병대의 임무와 권한 등을 다시 회복해야만 했다. 나는 이를 하늘이 준 사명이라고 여겼다. 허물 많고 상처투성이인 내가 해병대 수장이 된 것은 오로지 해병대 위상을 바로잡기 위함인 것만 같았다.

우선 국군조직법과 개별 법률, 법령의 미비점을 보완하여 몰수당한 해병대사령관의 지휘권을 반드시 찾아와야 했다. 안병태 해군참모총장과 김동진 국방부장관에게 전쟁에 대비해 해병대는 소수 정예 강군이 되어야 하며 그러기 위해서는 지휘권 원상회복이 절실하다고 수차례 진언했다. 법률적 정당성과 국군조직법을 들이밀며 강력하게 요구했지만 결코 만만한 일이 아니었다.

군통수권자인 대통령에게 직접 진언하기도 했다. 어찌 보면 신성불가침으로 여기던 군통수권에 대한 강력한 도전이기도 했다. 어떤 날은 무섭고 떨리는 마음에 뜬눈으로 밤을 지새우기도 했다. 해병대 원상회복 문제만 해결할 수 있다면 군복을 벗거나 이등병으로 강등되어도 좋다는 각오였다. 그 순간 나는 모든 것을 걸고, 모든 것을 내려놓았다.

온갖 모함과 유언비어가 난무했다. 해군참모총장은 지휘
계통을 거치지 않고 국회와 국방부 등 상급기관과 접촉했다
는 비위 사실을 들어 문서 경고를 보냈다. 청와대 사정비서관
에게 소환되기도 했다. 국방부와 청와대의 의견 차이로 마음
대로 전역을 할 수도 없었다.

드디어 취임 다음해인 1997년, 예상치 못한 기회가 왔다. 3
월 진해에서 열리는 해군사관생도 졸업 및 임관식에 대통령
을 비롯해 군 수뇌부와 정부 요인들이 참석했다. 잠시 환담하
는 시간이 있었다. 그런데 김동진 국방부장관이 느닷없이 일
어나더니 나를 가리키며 소리를 질렀다.

"대통령 각하! 저기 해병대사령관 때문에 장관 못해먹겠습
니다."

나는 이미 반기문 당시 외교안보수석에게 "제발 좀 조용히
있어달라"는 경고성 전화를 몇 차례 받은 터였다. 국방부장관
의 기습 공격에 나는 반사적으로 자리에서 벌떡 일어났다.

"오늘 임관하는 신임 장교들은 각기 다른 두 길로 나뉘어
가게 됩니다. 해군과 해병대는 한 뿌리에서 출발했지만 역사
와 전통, 싸우는 방법, 제복, 관습, 문화가 완전히 다른 군대입
니다. 전문성이 다르기 때문에 해군은 해군참모총장이 지휘
하고, 해병대는 해병대사령관이 지휘할 수 있도록 해달라는

것입니다.”

나는 분명하고 당당하게 군통수권자인 대통령에게 요구했다. 대통령은 긍정도 부정도 하지 않았다. 입을 굳게 다문 채 눈을 내리깔고 듣고만 있었다. 짧은 침묵이 흘렀다. 얼마 후 회의실 밖에서 김동진 장관이 나를 찾는다는 전갈이 왔다. 오늘 대통령 각하께 허락을 받았으니 둘이서 해병대 문제를 풀어가자고 했다.

그때부터 공식적, 공개적으로 해병대 지휘 관리 개선 문제가 대두되었다. 인사, 군수, 정훈, 재정 분야 등 여러 분야의 권한을 해군참모총장에게서 빼내어 해병대사령관의 권한으로 바꾸는 개정안이었다.

그러나 군통수권자가 관심을 두지 않는 문제를 해결한다는 것은 계란으로 바위를 치는 격이었다. 주일이면 청와대 관저 주일예배에 참석하는 목사님들을 통해 끊임없이 이 문제를 환기했다. 그렇지만 대통령은 끝내 개선안을 재가하지 않고 권좌를 떠났다.

이런 과정을 거치는 동안 해군뿐 아니라 육군의 수뇌부, 심지어 몇몇 예비역과 사령관까지도 내게 온갖 모욕과 중상모략을 해댔다. 상상을 뛰어넘는 고통이었다. 사령관직을 내놓아야 하는 상황이 닥쳤고, 부하들이 하나둘 불려가 관계기관에서 조사받고 군복을 벗어야 할 위기에 몰리기도 했다. 나는 이들의 수장으로서 고뇌와 두려움 때문에 밤잠을 이루지 못했다.

그러나 전역 후 또 한 번 불어닥친 시련과 고난은 스스로를 되돌아볼 좋은 기회였다. 나와 내 부하들, 그 가족들에게까지도 씌어졌던 수많은 혐의들은 이미 국방부와 정부 사정기관의 조사로 명명백백하게 억울함이 밝혀졌다. 인간이라면 그러한 행위를 해서는 안 된다. 평생을 바쳐 사랑했던 해병대 현역 및 예비역의 음해성 유언비어와 표적 사정에 의해 이런 일이 이루어졌다는 사실이 비통할 뿐이었다.

목숨보다 소중했던 해병대사령관으로서의 명예와 자긍심에 상처를 입고 전 재산마저 잃은 전역 후 3년 세월은 참으로 잔인했다. 나는 내 오명이나 허물을 씻기 위해 싸운 것이 아니다. 내 싸움은 해병대란 이름에 더해진 오욕을 씻기 위한 투쟁이었다.

물러설 곳이 없었던 그 당시, 수많은 해병대원들이 함께했기에 나는 결코 외롭지 않았다. 그들 덕분에 지치지 않았고, 그들 덕분에 해병대에 덧씌워진 오욕을 씻어낼 수 있었다. 미국과 캐나다를 포함한 미주 전역 해병대전우회 연합회 그리고 각 지역 전우회 회장단 및 회원들의 국경을 넘나드는 남다른 해병대 사랑은 감동적이었고 평생을 해병대로 살아온 것에 자부심을 갖게 했다.

1973년, 해병대가 해체되고 우리는 너무 많은 것을 잃었다. 조국과 해병대를 위해 기꺼이 목숨을 걸고 살아왔던 우리가 그런 수모를 겪고도 제대로 저항 한번 해보지 못했다. 왜 그랬을까? 얼마나 큰 죄를 지었기에?

해체 이후 해병대가 가진 모든 재산은 뿔뿔이 흩어졌다. 용산의 해병대사령부와 국방부장관 공관이 있던 서울경비대 부지는 육군 소유로 바뀌었다. 칼바람이 부는 활주로에서 전투 준비 태세 검열을 받던 포항비행장은 해군 소유가 되어버렸다. 포항의 해병대 가족들 숙소, 장교 BOQ(독신장교 숙소), 전투 수영장은 해군항공단이 가져갔다. 피와 땀과 눈물이 배어 있던 진해 교육기지사령부와 하사관 학교, 해병대 장교를 양성하던 해병대 학교와 해병대 대학도 모두 해군 소유로 바뀌었다.

더구나 해병대를 키워온 진해 상남교육훈련연대 부지는 이미 해군에서 민간인에게 넘어가 창원시의 고급 아파트 단지로 변해버렸다. 적의 심장을 향해 수없이 총을 쏘아대던 진해 덕산사격장과 전우의 M1 소총을 대신 둘러메고 헐떡거리며 오르내리던 A고지, F고지 등 그 넓던 교육훈련 부지가 사라진 지 오래다.

해병대사령관 직을 넘기는 순간까지 나를 지탱해준 몇 가지 원칙들이 있었다. 좋은 군인이 되는 것, 부하들을 좋은 군인이 되도록 이끄는 것, 훈련병에서 사령관에 이르기까지 국민과 국군 속에서 사랑받고 존경받고 신뢰받는 것, 해병대란 이름 석 자에 스민 무수한 목숨과 영욕의 상처, 피와 땀과 눈물을 기억하며 우리의 옛 명예와 자존심을 되찾는 것이었다.

군통수권자와 해병대

포항에서는 해병대 제1사단장이 전차, 수륙양용장갑차, K-9 자주포를 출동시켜 굉음을 내며 포항 시가지를 질주해도 이상하게 여기지 않는다. 포항 시민들이 해병대가 전쟁을 대비해 훈련하는 것으로 믿기 때문이다. 평범한 시민들에게도 이러한 믿음은 존재한다. 그러나 군대를 통수하는 대통령과 군대 사이에 형성되는 믿음은 이와 다르다. 믿음과 신뢰가 결정되는 데는 여러 가지 요소가 복합적으로 작용하기 때문이다.

해병대 해체는 박정희 전 대통령 지시로 알려져 있다. 군을 다루는 외교안보수석이 아니라 국정을 관장하는 김시진 정무수석을 통해서였다. 정확한 내막은 확인할 길이 없고 관여한 사람들은 이미 고인이 되었다.

대학 동기 중 대전고 출신이 넷 있었다. 그들의 주선으로 남산 외교구락부에 초빙되어 과거사 회고 시간을 가진 적이 있다.

모임을 주도한 김종필 당시 국무총리는 중앙정보부장 등 막강한 요직을 경험했기에 대통령이 해병대를 없앤 이유를 잘 알고 있을 것 같았다. 나는 정중하게 물었다.

"총리님께서는 박정희 대통령께서 왜 해병대를 없앴다고 생각하십니까? 아시는 대로 말씀해주실 수 있습니까?"

"어허, 그런 건 내가 대답할 분야가 아니여."

김 총리는 한마디로 일축했다. 군통수권자인 대통령의 권한이기에 자기가 관여할 사안이 아니라는 의미였다.

1979년 10월 26일 김재규 중앙정보부장 일행이 박정희 대통령 일행을 시해하는 불행한 사건이 발생했을 때 경호실과 중앙정보부 양측의 총잡이들 모두 해병대 출신이었다고 해도 과언이 아니다. 한마디로 양측 권력의 칼끝은 모두 해병대 출신들이 쥐고 있었다. 같은 해병대 출신들끼리 자기 보스를 위해 죽이고 죽어야 했던 사건이었다. 그런 연유로 권력의 중심으로 갈수록 해병대에 대한 경계와 신뢰는 상황에 따라 이리저리 표류할 수밖에 없었을 것이다.

전두환 전 대통령 역시 해병대에 대한 인식과 믿음이 그리 긍정적인 편이 아니었다. 그와 가까웠던 해병대 동기생이 하나 있었다. 그를 따라서 대통령 직에서 물러난 전두환 전 대통령과 두어 번 함께 자리할 기회가 있었다. 육사생도 시절 외출을 나가면 해병대 병사들이 얼마나 괴롭혔는지 그 기억이 지워지지 않는다는 것이 전 대통령의 말이었다. 정상적인 군대가 아닌 것처럼 보였다고도 했다.

1979년 12·12군사반란으로 전두환 군사정권이 탄생할 때 해병대 장군 일부가 협력한 사실을 알 만한 사람은 다 안다. 그런데도 전두환은 대통령이 되자마자 해병대가 1967년부터 해오던 공수훈련을 금지하고 장비와 장구 일체를 육군의 특전사령부가 몰수하도록 했다.

그러다 무슨 연유인지 전두환 정권은 느닷없이 해병대사령부를 재창설했다. 해군 제2참모차장에서 해병대사령관으로 명칭도 되살려주었다. 훗날 안 사실이지만, 당시 대선에서 김영삼 후보에 밀려 열세였던 노태우 후보를 당선시키기 위한 꼼수였다. 해병대 예비역들의 몰표를 끌어내기 위한 정치적 묘수였던 것이다. 이렇게 재탄생하긴 했으나 1990년 국군조직법 개정 전까지 4년간 그 법령 어디에도 없는 유령 같은 해병대와 해병대사령부였으니 웃지 않을 수 없는 일이다.

김영삼 대통령이 야당 인사였던 시절 고등학교 동기 동창들과 함께 그의 상도동 자택을 방문한 적이 있다. 그래서인지 그는 좀 친근한 이미지로 기억된다. 1974년 연평도 중대장을 하고 있을 때 당 총재 당선 기사를 보고 축하 전보를 보냈다. 당시는 편지를 비롯한 모든 우편물이 보안대에서 검열을 거쳐야 하는 시절이었고, 야당 정치인에게 축하 전보를 보냈다는 것 때문에 조사가 시작되었다. 군인의 정치적 중립 의무를 어겼다는 것이다. 한동안 시끄러웠지만 결국 없던 일로 마무리되었다.

여러 가지 이유로 김영삼 대통령만큼은 해병대를 잘 봐줄 거라고 내심 기대했다. 그러나 나만의 소망이었을 뿐 사실은 정반대였다. 김영삼은 대통령이 되고 군통수권자가 되자마자 육군의 하나회와 함께 해군과 해병대를 정리했다. 군 사조직인 하나회는 뿌리까지 다 뽑아버렸다. 해군에서는 김홍열 소장을 제외한 소장, 중장, 대장까지 별들의 옷을 모두 벗겼다. 해병대사령관은 물론 장군 한 사람도 감옥에 보냈다. 정신을 차릴 수 없을 만큼 밀어붙였다.

김영삼 정부는 또 다른 해병대 전직 사령관과 장군 한 사람을 엮어 감옥에 보내려 했다. 나는 당시 민정비서관이었던 김무성을 찾아가 거칠게 항의했고 간신히 전직 사령관과 현역 장군을 위기에서 건져냈다.

나는 사령관 임기 중에 인사, 군수, 정훈, 재정 등 많은 분야를 되찾아오겠다고 결심했다. 그러나 김영삼 대통령은 끝내 재가하지 않았다.

김영삼 대통령이 청와대에서 나온 지 3년째 되던 해 나는 상도동 자택을 찾아갔다.

"전도봉 장군! 내가 육군의 하나회를 정리하는 것을 보지 않았던가. 다시는 이 땅에서 군인이 총칼을 들고 나오는 일은 없어야 해. 5·16도 박정희가 한 것이 아니야. 박정희는 그럴 인물이 못 돼. 개병대, 너희들이 한 짓이야! 너희는 군사반란을 일으킨 군대야! 해병대 장군들 한 사람 한 사람 불러내 절대 총칼을 들고 나오는 일이 있어서는 안 된다고 밥 사주고 술 사주고 그렇게도 다짐받았는데 결국은 너희가 반란을 일으켰어.

지난번 선거 때 60만 해병대 전우들에게서 180만 몰표를 몰아주겠다며 날 찾아온 사령관 출신도 있었어. 하나회처럼 해병대가 다시는 정치에 개입할 수 없도록 만들고 싶었는데 해병대 예비역의 무서운 단결력 그리고 자네 때문에 그냥 둔 거야."

속내가 드러난 청천벽력 같은 말이었다.

"개병대, 너희들이 한 짓이야! 너희는 군사반란을 일으킨 군대야!"

이 대목에 큰 충격을 받았던 나는 지금까지도 그 말을 생생하게 기억한다.

1998년 정권이 바뀌고 김대중 대통령이 해군사관생도 졸업 및 임관식에 참석했다. 대통령은 행사 전 안병태 해군참모총장과 나를 따로 불렀다.

대통령은 안병태 해군참모총장에게, 젊은 시절 부친 소유의 선박 두 척을 해군이 징발해 갔는데 아직 돌려주지도, 보상도 해주지 않는다는 말을 했다. 나에게는 해병대에 두 번이나 신세를 진 적이 있다며 송인명 장군과 남상휘 장군을 거명했다. 해병대에 평생 몸담고 사령관까지 되었건만 두 장군의 이름을 들어본 적이 없었다. 확인해보니 5·16군사정변 이후 두 사람은 미국으로 망명한 것으로 드러났다.

송인명 장군은 김대중 대통령 당선을 위해 병역 문제 논란을 정리해준 장군이었다. 대통령 선거 때 병역 문제로 후보 간 첨예한 논쟁이 벌어지자 그는 해병대 목포 경비대장 시절 경비대 사무실에서 잡무를 보던 김대중 청년과 함께 근무했다는 확인서를 써주었다. 당시 병역 문제는 선거 당락을 좌지우지할 만큼 큰 사안이었으니 김대중 대통령이 이회창 후보를 누르고 대통령에 당선되는 데 일조한 셈이다.

지난 역사는 냉철하게 뒤돌아볼 필요가 있다. 해병대는 전쟁터에서 3군에 앞장서서 목숨 걸고 싸워 그 피의 대가로 명성을 얻었다. 그러나 아이러니하게도 두 번이나 군사반란이라는 죄를 지으며 지난날에 대한 역사의 짐을 지고 있다. 그 원죄를 시인하고 인정하지 않을 수 없다.

3만 해병대 현역과 100만 해병대 예비역의 현재 목표는 당당한 해병대로 다시 서는 것이다. 정치권력에 휘둘리고 강자에 굴복하여 정체성을 잃는다면 진정한 해병대원이 아니다. 오늘의 해병대는 오직 국가와 국민을 위한 정예로운 해병대로 거듭 태어났다고 확신한다.

지휘권이 없었던 해병대사령관

해병대사령관으로 취임했지만 지휘권이 없는 허수아비 지휘관으로 부하들 앞에서 폼을 잡기란 결코 쉽지 않았다. 권한도 없는 중장 계급장 자체가 부끄럽고 부자연스러웠다. 해군참모총장과도 자주 충돌할 수밖에 없었다. 명색이 사령관인데 이렇게 자리보전만 하는 허수아비라면 차라리 전역을 하겠다고 의사 표명을 했으나 그것도 뜻대로 되지 않았다.

해병대 해체 이후 많은 것이 달라졌다. 어쨌든 복원된 해병대의 수장으로 부름받은 이상 해야 할 일들이 산더미 같았다.

해병대사령부는 서울 용산구 후암동에 있었다. 베트남 청룡부대 소총 소대장 직을 마치고 귀국했을 때 뜻밖에도 해병대 상륙훈련단 조성준 장군 전속 부관으로 명령을 받고 찾아간 곳이 바로 해병대사령부였다.

상륙훈련단은 해병대사령부와 같은 곳에 있었다. 후암동 용산고등학교 정문을 지나 언덕길을 올라가면 붉은색 바탕에 '해병대사령부'라는 글자가 쓰인 문패가 정문 돌기둥에 새겨져 있는데 그때 처음으로 그 문패를 보았다. 해병대가 해체되고 문패 역시 사라졌다. 이제 그곳은 방위산업청과 국군홍보관리소가 차지하고 있다.

해병대사령부 재창설 후 포항에서 3연대장을 마치고 받은 보직이 해군본부 인사참모부 동원예비군 처장이었다. 보직이 끝나면 이름 그대로 예비군으로 집에 돌아가야 하는 직책이었다.

당시 노태우 정권은 김영삼 후보에 비해 절대적인 열세였음에도 '해병대사령부'를 재창설하겠다는 공약을 내걸었다. 기대에 부푼 예비역들의 활약으로 그는 전두환에 이어 권좌에 올랐다. 그러나 '해병대사령부 재창설'이란 공약은 '빛 좋은 개살구'일 뿐이었다. 겉으로 재창설이 되긴 했으나 실질적으로 군 관련 헌법과 법률 어디에도 '해병대'란 군 조직은 존재하지 않았다.

우리가 완전히 속은 것이다. 그런 이유로 '해병대사령부' 문패 역시 내걸 수 없었다. 해군 예하부대인 '해군해병9196부대'라는 문패를 정문에 달고 살 수밖에 없었다.

이런 연유로 17대 박구일 사령관부터 18대 최갑진 사령관, 19대 조기엽 사령관, 20대 임종린 사령관, 21대 이상무 사령관에 이르기까지 해병대사령부에 내건 문패에는 '해군해병9196부대'라고 되어 있었다.

나는 사령관 취임 즉시 해병대 바로 세우기에 돌입했다. 우선 필요한 것은 해병대사령부라는 명칭의 활성화였다. 나는 화성시 봉담읍 발안에 있는, 지금의 해병대사령부로 이어지는 43번 국도의 '해군해병9196부대' 간판과 사령부 정문 기둥의 '해군해병9196부대' 문패를 모두 떼어내고 '해병대사령부'로 교체하도록 명령했다.

경기도 경찰청과 협조하여 국도상 지명 안내판에도 '해병대사령부'라는 안내 표식을 추가해 설치했다. 해병대의 AAV, 전차, 야포, 차량, 불도저 등 모든 전투용 장비 우측 범퍼에 해병대 고유 색깔인 노란색 페인트로 '해병대'란 세 글자를 새겨 넣도록 명령했다.

보안부대에서는 난리가 났다. 나는 아랑곳하지 않고 밀어붙였다. 당시 임재문 국군 보안사령관의 협조가 없었으면 불가능했던 일이다.

다음으로 재정비할 곳은 의장대였다. 의장대는 그 군을 대표하는 상징이다. 해병대 의장대는 기본화기가 M1 소총이다. 어떤 총으로 의장 행사를 하느냐는 그 군의 상징성과 대표성을 보여준다.

M1 소총은 엄청나게 치열했던 전투에서 그 총을 들고 얼마나 많은 해병대원들이 숭고한 목숨을 바쳤는지 떠올리게 한다. 해병대는 이 총으로 6·25전쟁과 월남전이라는 두 번의 전투를 치렀다.

국립현충원에 가면 지나간 역사를 알 수 있다. 그곳에는 육군 다음으로 해병대 용사들이 많이 잠들어 있다. 그들이 전쟁터에서 목숨이 다할 때까지 움켜쥐고 있던 총이 바로 M1 소총이었다. 그래서 해병대사령부 의장대의 기본화기가 M1 소총이었던 것이다.

그러나 사령관에 취임해서 보니 의장대 기본화기가 M16 소총을 개량한 K2 소총으로 바뀌어 있었다. 나는 의장대에 K2 소총 대신 M1 소총을 휴대하도록 명령했다. 또 한 번 난리가 났다. M1 소총은 의장대원들이 착검하고 기본 동작을 하기에 너무 무겁고 위험할 뿐 아니라 구하기도 어렵다고 했다.

나는 부산의 육군 병기기지창 창고를 뒤지도록 명령했고, 기름투성이인 오래된 M1 소총과 대검을 찾아냈다. 의장대원들을 모아놓고 선배들의 역사를 설명한 후 스스로 선택하도록 했다. 고맙게도 의장대원들은 무겁고 힘들고 위험한데도 하나같이 M1 소총을 선택해주었다. 그때부터 지금까지 해병대 의장대는 어느 군도 감히 휴대하지 못하는 M1 소총을 고

집스럽게 사용하고 있다.

하지만 현재 해병대 의장대는 유령 의장대로 전락하고 말았다. 군예식령 제3절 의장대의 편성 제58조를 보면 "의장대의 편성은 별표 제1호의 예우표에 정한 바에 의한다. 다만, 동표에 규정되지 아니한 부대의 의장대 편성 기준은 각 군 참모총장이 정한다"라고 규정되어 있다.

해병대는 동표에 규정되어 있지도 않고, 해군참모총장의 승인 없이는 의장대 편성도 할 수 없도록 되어 있다. 더욱 심각한 상황은 사령부 경비대를 불법 변형하여 해병대 의장대로 꾸려가는 지경까지 왔다는 사실이다. 이것이 육해공군과 함께 국군조직법 속에 법적 존재를 인정받고 있는 해병대의 현실이다.

더욱 안타까운 것은 해병대 재창설 이후 사령부 의장대와 함께 운영되어온 포항 해병대 제1사단 의장대를 최근 해체했다는 사실이다. 그동안 수도권에서는 사령부 의장대가, 남부권 지역에서는 포항 제1사단 의장대가 모병 활동의 중추적 역할을 해왔는데 무슨 연유에서인지 해체되고 만 것이다.

한때 해병대 의장대는 한국군 최초의 '의장대 쇼'를 선보이며 폭발적 인기를 끌었다. 해군사관학교 원양실습훈련단과 함께 해외 순회공연을 다니며 국가의 명예와 위상을 드높이는 데 일조하기도 했다. 더구나 대통령 취임식과 각종 국가

행사를 비롯해 국군의 날, 합동 임관식, 전역식 등의 행사를 전담해왔다. 육해공군과 달리 기본 편성조차 인정받지 못하는 해병대 의장대를 기본 편성하는 건 물론이고 포항 제1사단 의장대 역시 제자리에 복원하는 것이 마땅하다.

해병대사령부 문패와 의장대 복원에는 단순히 이름을 찾는 것 이상의 역할과 의미가 있다. 어떤 어려움도 이겨내고 이루어내고야 마는 고유의 기질이 '해병대'라는 이 세 글자에서 나온다. 해병대란 이름은 우리의 명예와 자부심의 상징이다. 적에게는 두렵고 무서운 존재이자, 국민과 아군에게는 든든한 믿음의 존재가 된다.

해병대를 상징하는 이 모든 것이 해병대의 전통이고 문화이며 전투력에 절대적으로 중요한 요인이다. 이것이 바로 해병대사령부를 바로 세워야 하는 이유다.

해병대 바로 세우기

해병대는 1949년 4월 15일 창설된 이후 1963년 5월 20일 개정 법률을 통해서 국군조직법상에 명문화가 되었다.

제2조 해군에 해병대를 둔다.
제3조 해군은 해상작전을 주임무로 하고 이를 위하여 편성장비되며 교육훈련을 한다. 해병대는 상륙작전을 주임무로 하고 이를 위하여 편성장비되며 교육훈련을 한다.
제10조 해병대에 해병대사령관을 두며 해병대사령관은 해군참모총장의 명을 받아 해병대를 지휘 감독한다.

1964년 월남전이 확대되자 1965년 9월 해병대 청룡부대가 월남전에 파병되었다. 청룡부대는 대한민국 역사상 첫 해외 파병 전투부대다. 그런데도 6년 5개월 동안 월남전에서 혁혁한 전공을 세우고 개선한 해병대는 1973년 10월 10일 국군조직법 개정을 통해 해체되고 말았다.

해체된 해병대는 그 위상과 기능이 크게 축소 또는 폐지되었다. 해병대원들은 정체성 상실은 물론 자존심도 크게 손상되었다. 그날 이후 다음과 같이 국군조직법상 어디에서도 해병대라는 이름을 찾아볼 수 없었다.

제2조 국군은 육군, 해군, 공군으로 조직한다.

제3조 해군은 해상작전 및 상륙작전을 주임무로 하고 이를 위하여 편성장비되며 교육훈련을 한다.

제14조 해군에 있어서는 제1참모차장과 제2참모차장 각 1인을 둔다. 해군의 제1참모차장은 해상작전에 관하여, 제2참모차장은 상륙작전에 관하여 각각 보좌한다.

해체된 지 14년 후인 1987년 11월 1일 전두환 정권은 해병대사령부를 재창설했다.

1990년 초 나는 첫 별을 달고 해병대사령부 참모장으로 소위 해병대 꽃보직을 받았다. 그러나 실상은 골리앗과 싸워야 하는 다윗이 총성 없는 전쟁터에 내던져진 운명이었다. 합동

참모본부 의장은 육해공군 군령권을 통합하려 시도하고, 각 군 참모총장은 군령권을 내놓지 않으려 각축하는 치열한 대결의 장이었기 때문이다.

그런데 해병대사령관에겐 임무 수행을 위한 실질적인 지휘권이 없었다. 전두환 정권이 국군조직법을 개정하지도 않고 주먹구구식으로 해병대와 해병대사령부를 설치했기 때문에 겉으로는 사령부가 있었으나 어떤 권한도 사용할 수가 없었다.

해군 측에서는 아예 해병대사령부를 해군본부 예하에 두도록 압력을 가했다. 해병대 제1사단은 육군 후방군사령부 작전 통제하에, 해병대 제2사단은 육군사령부 군단작전 통제하에, 해병대 제6여단과 연평부대는 해군함대사령부 작전 통제하에 두는 안이었다. 기가 막힐 노릇이었다. 해병대를 다시 한 번 공중분해하거나, 완전히 해군의 예속부대로 전락시키려는 계획이었다.

18대 최갑진 해병대사령관은 이런 해군의 안을 절대 받아들일 수 없다고 했으며 당시 참모장이던 나도 마찬가지였다. 당시 해군참모총장과 해병대사령관은 해군사관학교 동기생이었지만 4성 제독과 3성 장군이라는 지위 차이로 인해 직속상관과 부하 관계였다.

나는 목을 걸지 않을 수 없었다. 국군조직법을 바꾸지 않으면 해병대는 국군조직법상 존재도 없는 해군의 '상륙병과'로 남아야 했다. 따라서 부득이 해군참모총장과 반대되는 길을 걸어야만 했다. 해병대 실무 책임을 맡은 나와 해군 실무 책임을 맡은 작전참모부장 김성득 소장 사이에서는 총성 없는 필사의 사투가 계속되었다.

어느 날 최갑진 사령관이 조용히 나를 불렀다. 그는 이번 기회에 해군의 상륙병과에서 벗어나 '해병대'의 부활을 언급하며 육해공군 본부와 동일한 해병대 직제령을 다시 살리라고 명령했다.

"전 장군! 성공하지 못하면 별을 뗄 각오를 하게."

이미 달아봤으니 별에는 미련이 없었다.

드디어 1990년 9월, 국회에서 국군조직법이 개정되었다.

제2조 해군에 해병대를 둔다
제3조 해군은 해상작전 및 상륙작전을 주임무로 하고 이를 위하여 편성장비되며 교육훈련을 한다.
제14조 해군 예하에 상륙작전을 주임무로 하는 해병대사령부를 두며 해병대사령관과 필요한 참모 부서를 둔다.

해병대사령부 재창설에 따른 해병대의 위상과 기능도 다시 명시되고 육해공군 참모총장과 동일하게 해병대사령관이 지휘할 수 있는 권한이 생긴 것이다. 그러나 고약하게도 이 권한은 완벽한 것이 아니었다. 해병대사령관의 지휘권은 해군참모총장 승인하에서만 가능했으니 반쪽 지휘권인 셈이었다.

더 중요한 것은 해병대사령관의 인사 추천권이 여전히 해군참모총장에게 있다는 사실이었다. 예나 지금이나 인사권은 권력과 밀접한 관계를 가진다. 해군참모총장 입맛에 맞는 장군이 아니면 추천받을 수 없다는 치명적 결함을 지닌 인사권이었다. 이렇게 해서 해병대는 법적 지위는 인정받았지만 오히려 해군의 덫에 걸린 꼴이 되어버렸다.

최갑진 사령관은 자기 소신대로 해병대를 지휘할 수 없었다. 해병대의 모든 실제적 권한은 해군참모총장이 장악하고 있었으니 허수아비 사령관일 뿐이었다. 22대 사령관인 나 역시 마찬가지였다.

그런데 엉뚱한 사건을 계기로 해병대를 바로 세워야 할 필요성과 해병대의 중요성을 전 국민이 인식하게 되었다. 아직도 한반도 유사시 전시작전통제권은 한미연합군사령관이 가지고 있지만 한국 합참은 1994년 한미연합군사령관으로부터 평시작통권을 환수하였다. 한미연합군사령부가 평시에는 남북한 간 교전에 개입할 수 없게 된 것이다.

북한은 이를 악용해 서해의 북방한계선(NLL) 무력화를 위해 잦은 도발을 가했다. 1999년 제1연평해전, 2002년 제2연평해전, 2009년 대청해전, 2010년 천안함 피격 사건과 연평도 포격 사건 등 북한의 도발이 이어지자 해병대의 중요성을 인식한 정부는 2011년 서북도서방위사령부를 창설해 해병대의 조직과 전투력을 보강했다. 예전과는 다르게 별도 항목을 두어 명확하고 구체적으로 다음과 같이 해병대의 위상과 기능을 명시하고 있다.

제2조 해군에 해병대를 둔다.

제3조 해군은 상륙작전을 포함한 해상작전을, 해병대는 상륙작전을 주임무로 하고 이를 위하여 편성되고 장비를 갖추며 필요한 교육훈련을 한다.

제10조 해병대에 해병대사령관을 두며, 해병대사령관은 해군참모총장의 명을 받아 해병대를 지휘 감독한다.

제14조 해병대에 해병대사령부를 둔다. 해병대사령부에 사령관 외에 부사령관 1명과 필요한 참모 부서를 둔다.

한반도 전쟁 발발 시 한국 해병대는 미국 해병대와 함께 한미연합 해병대사령부를 구성해 전쟁터에 나가야 한다. 그런데 현재 국군조직법상 해병대사령관은 해군참모총장의 명을 받아 해병대를 지휘 감독한다고 되어 있다.

해병대와 해군은 싸우는 방법, 전술 전기, 역사와 전통, 문화와 의식 세계가 확연히 다르다. 해병대를 해군참모총장의 지휘, 관리, 감독하에 두고 전쟁에 대비한다는 것은 말도 안 되는 논리다. 해병대는 해병대사령관이 직접 지휘하고 독자적으로 전투력을 증강시켜야 마땅하다.

개헌이 필요하다. 해병대가 해군의 예하부대인 것처럼 되어 있고, 해병대사령관의 임명 권한을 해군참모총장이 갖고 있는 한 군의 상명하복 특성상 해병대사령관은 해군참모총장의 눈치와 명령에 복종과 충성을 강요당할 수밖에 없기 때문이다. 우선, 헌법 제89조 제16항 대통령의 임명 권한 가운데 '각군 참모총장'으로만 되어 있는데 이는 '각군 참모총장 및 해병대사령관'으로 개정되어야 한다. 그리고 국군조직법 제1장 총칙 제2조 '국군은 육군, 해군 및 공군으로 조직하며, 해군에 해병대를 둔다'를 '국군은 육군, 해군, 공군 및 해병대로 조직한다'로 개정해야 한다.

해병대사령관의 인사 추천권

해병대 구성원이 되었다고 해서 모두가 영원한 해병대원이 되는 것은 아니다. 나 또한 한때 해병대 수장이었으나 해병대의 모든 것을 알지는 못한다.

해병대의 일원이 되어본 사람들은 전통, 가치, 제복 등에서 느끼는 감정 그 이상의, 말로는 표현하기 힘든 해병대만의 느낌을 갖고 있다. 나 역시 해병대의 한 사람으로서 부족하고 허물이 많았지만 해병대와 조국에 사심 없이 헌신하라는 하늘의 뜻으로 여기고 어떤 경우에도 최선을 다했다.

해병대의 상관과 부하는 상명하복의 종적 관계가 아니라, 상하종횡(上下縱橫)으로 서로를 존중하고 이해하는 특별한 인간관계를 형성한다. '해병대'란 이름이 없어지고 '해군의 상류병과'로 20여 년을 숨죽이며 버티던 시절에도 해병대 구성원들 간의 특별한 인간관계는 무너지지 않았다.

김동진 국방부장관은 해병대 해체 23년 만에 3성 장군 중 해병대사령관을 의전 서열에서 가장 선임 자리에 세웠다. 그러나 인사 추천권이 없는 해병대사령관은 해군에서 합당한 존경과 대우를 받지 못했다.

1998년 2월 새로운 정부가 들어선 후 신임 국방장관은 군 통수권자의 부담을 덜기 위해 육해공, 해병대의 주요 지휘관이 자리를 비워달라고 요청했다. 이에 따라 육군의 주요 지휘관과 나는 임기 2개월을 남겨두고 사령관 자리를 인계할 수밖에 없었다.

차기 사령관 추천을 위해 계룡대 해군본부로 갔는데 뜻밖에도 해군의 3성 제독 셋이 이미 도착해 있었다. 어이없게도 차기 해병대사령관을 이들이 심의 추천한다고 했다. 3성 장군 중 의전 서열 1번인 해병대사령관을 하급자인 해군의 3성 제독들이 추천하는 말도 안 되는 상황을 도저히 묵과할 수 없었다.

나는 유삼남 해군참모총장에게 강력하게 항의했다. 해병대사령관 적임자는 총장과 사령관이 의논해서 추천해야지 이게 무슨 짓이냐고 따졌다. 이런 해괴한 추천심의위원회 구성은 중장 서열 1번을 포기하라고 해병대사령관을 압박하는 것과도 같았다.

"눈밭 함부로 걷지 마라. 내 발자국이 다음 사람의 길이 되리니."

서산대사의 선시를 떠올리며 두 시간을 넘게 다투었으나 끝내 내 의견은 묵살당했다. 울분이 솟구쳤지만 역부족이었다. 심의 의결 보고서에 이런 심의에 동의할 수 없다는 의견을 기록하고 회의장을 나왔다.

예상했던 결과지만 해군 측에서는 전도봉 사령관이 끝까지 고집하고 반대하여 후임 사령관 추천이 지연되었다며 내게 화살을 돌렸다. 그들의 잘못된 추천 행태를 바로잡으려는 의도는 이렇게 엄청난 오해로 각색되었다.

깊은 내막을 모르는 후임 해병대사령관은 전도봉 사령관이 본인의 취임을 반대한다며 흥분했다. 저들의 의도대로 나는 나쁜 전임 사령관이 되어버린 것이다. 화가 난 후임 사령관은 나의 과거 기록물과 행적들을 모조리 불사르고 지우는 소동을 일으켰다. 거기다 국립묘지의 '해병대 병장 ○○○의 묘'라고 표기했던 비문까지 해군 소속 비문으로 다시 바꾸는 부끄러운 일까지 벌어졌다. 어리석고 가슴 아픈 일이 우리 안에서 일어난 것이다.

해병대와 해군은 군종이 다르다

해병대는 바다를 통해 육상에 상륙한 적 또는 육상의 적을 격퇴하는 데 가장 효율적인 군대다. 해병대가 가장 해병대다운 기질과 문화를 갖추었을 때 전투력을 극대화할 수 있고 강한 해병대를 만들 수 있다.

해병대는 해군에서 체력이 강하고 용맹한 인원을 선발하여 해군과 함께 국가 보위 임무를 수행하도록 창설되었고 이는 법적으로 명시되었다. 해군은 해병대라는 또 다른 군을 보유함으로써 한 지붕 두 가족을 가지게 되었다. 하나의 몸통에 두 개의 날을 가진 칼이 된 것이다.

해군은 전시에 전투력 투사는 물론 함포 지원과 전쟁 물자 수송 임무를 수행하고 상륙작전 시 목표하는 해안까지 해병대를 이송, 철수, 엄호하는 등 갖가지 수단을 제공한다. 해병대와 해군은 작전 특성상 서로 밀접한 관계에 있다고 볼 수 있다.

그러나 해병대와 해군의 협력으로 작전 능력과 효과가 극대화된 경우는 6·25전쟁 시 통영상륙작전, 인천상륙작전, 월남전 등에 국한되었다. 그동안 상륙훈련 외에 공동으로 작전 계획을 수립하고 시행한 실적이 거의 없었다. 해병대와 해군은 군종이 완전히 다르다는 것이 그 이유다. 해병대와 해군은 합동으로 작전을 수행하지만 모병에서 양병, 용병까지 지휘, 관리, 감독 체계가 확연히 다르다.

그러므로 육해공 3군 체제라는 미명 아래 해군과 해병대를 하나로 대충 묶어두는 것은 적합하지 않다. 해병대가 해군의 예하부대가 맞다면 마땅히 해군참모총장의 지휘, 관리, 감독하에 두어야 한다. 그러나 다시 한 번 강조하지만 해병대와 해군은 확연히 다른 군종이다.

해병대 장군이나 장교, 하사관, 병이 해군 전투함의 함장이나 정장, 포술장, 간판사관을 할 수는 없다. 마찬가지로 해병대 장군이 해군 작전사령관이나 해사 교장, 해군참모총장을 할 수도 없다. 시켜줘도 하지 못한다. 해군의 장성, 장교, 부사관, 사병이 해병대의 소총수, M60 기관총 사수, 박격포 반장, 소대장, 중대장, 연대장, 사단장을 할 수 없는 것과 마찬가지 이유다. 이런데도 해병대를 해군 취급하면서 해군참모총장이 지휘, 관리, 감독하는 것이 합당한 일일까?

해병대는 이미 옛날의 해병대가 아니다. 작지만 더욱 강해진, 세계 최고 수준의 전투 능력을 갖춘 국가 전략기동부대다. 지금까지 쌓아온 해병대의 위상과 자긍심을 전투력 강화에 활용하여 군 전체의 전투력을 강화해야 할 시점이다. 그런데 왜 3군 체제라는 미명하에 시대에 맞지 않게 해병대를 해군 예하에 묶어두는 것인가?

통폐합 이전에는 해군참모총장과 해병대사령관은 동격이었고 육해공군과 동등하게 국방부장관의 지휘, 관리, 감독하에 있었다.

한미연합군사령부처럼 4개 구성군이면 어떻고 6개 구성군이면 어떤가? 지금과 같이 통합 군제가 아닌 합동 군제하에서는 별다르지 않고 예산이 더 드는 일도 아니다.

한 발 더 나아가 상기해야 할 부분은 바로 임무와 권한의 변화다. 해군도 이제는 연안해군이 아니다. 이지스 구축함을 갖추고 한국형 항공모함을 준비하는 대양해군이 되었다. 이에 따라 해군참모총장의 지휘 폭은 엄청나게 커졌다. 해병대까지 지휘 감독하기에는 그 범위가 너무 방대하다.

해병대사령부가 병행하고 있는 서북도서방위사령부의 임무 역시 해병대 단독으로 도서를 방어하는 것이 아니다. 육군, 공군, 해군을 배속받아 해병대를 주축으로 합동군을 편성

하여 도서를 방어하고 있다. 그렇기 때문에 해병대사령관의
지휘 폭 역시 엄청나게 넓다.

근본적 문제 제기지만 해군참모총장이 여기까지 다 감당할
수 있겠는가?

해병대 신화는 계속되어야 한다

해병대는 상륙작전을 주임무로 '다목적 신속 대응군' 역할을 수행하는 가장 적합한 핵심 전력이다. 역사적으로 해병대의 전성기는 6·25전쟁과 5·16군사정변을 거쳐 월남전에서 활약하던 시기였다.

사관후보생 시절부터 귀에 못이 박히도록 듣던 말은 "해병대는 전쟁에서 3군에 앞장서서 조국을 지켰고, 그 자부심과 명예를 지키기 위해서는 어떠한 고난과 역경도 이겨내야 한다"는 것이었다.

해병대사령부가 해체되고 해군에 통합 운영되다가 이후 다시 재창설된 시점까지는 시련기였다. 1990년, 해병대의 존재를 법적으로 보장받은 이후 해병대 바로 세우기 노력은 점차 탄력을 얻고 있다. 2019년 해병대 창설 70주년을 맞아 해병대 예비역을 중심으로 해병대의 원상회복과 완전한 독립을 외치는 목소리가 커져간다.

그러나 철저한 준비 없이 해병대 독립을 외쳤다가는 요란한 빈 수레가 되기 쉽다. 현역이든 예비역이든 해병대 독립이라는 절대적 목표를 생각하기 전에 해병대원으로서의 자부심과 역할을 다시 한 번 재정비할 필요가 있다. 또한 육해공군의 집요한 방해에도 굴하지 않고 끝까지 목표를 이루어내는 해병대 특유의 기질도 이끌어내야 한다. 어떤 경우에도 해병대는 국가를 방위하고, 자유민주주의를 수호하며, 평화통일에 기여하는 최고의 집단이 되어야 한다.

해병대는 싫다는 청년을 억지로 잡아다 해병대답기를 요구하지 않는다. 스스로가 선택한 길이기에 아무리 힘든 훈련일지라도 받아들이는 자세부터 다르다. 자의 반 타의 반으로 어쩔 수 없이 간 군대와는 근본적으로 구별되는 것이다. 정신과 육체의 기본자세가 다르고 자부심이 다르다.

해병대원은 태어나는 것이 아니라 만들어진다. 그리고 그 과정에는 뼈를 깎는 인고의 시간이 있다. 처음 시작은 개인이었으나 각자가 부여받은 소임을 완수하는 동안 그들은 해병대다운 구성원으로 변모한다. 이렇게 만들어진 대한민국 해병대원은 최고의 인간, 최고의 군인임을 경험한다. 그러기에 스스로 모인 해병대원들이 서로를 돕고 존중하면서 하나가 되는 것이다.

해병대원 모두는 독립된 군으로서 새 역사를 이어갈 수 있도록 만반의 준비를 해야 한다. 국민에게 사랑받고 신뢰받는 윤리 규범과 행동 규범도 바로 세워야 한다. 외모와 옷차림, 언어와 동작, 태도와 예절 및 행동은 내재된 정신에서 나온다. 해병대만이 가질 수 있는 독특한 문화와 관습 또한 끊임없이 다듬고 개발해야 한다.

해병대가 해병대답지 못할 때 어디에도 설 곳이 없어진다는 진리를 잊어서는 안 된다. 해병대 본연의 모습을 찾기 위해서는 누구도 넘볼 수 없는 강력한 전투력을 가진 소수 정예 해병대가 되도록 끊임없는 노력을 멈추어서는 안 된다.

해병대라는 이름 아래 피와 땀과 눈물, 목숨까지 바치면서 지키고자 했던 선배들의 명예와 자부심을 기억해야 한다. 해병대라는 이름으로 나라를 위해 목숨을 바친 호국영령들은 물론 전쟁의 상처로 평생을 그늘에서 보낸 분들까지도 낱낱이 마음에 새겨야 한다. 또한 국립현충원에 누워 계신 영혼의 목소리도 들을 수 있어야 한다.

이제 해병대 구성원 모두는 그 힘을 정의롭게 쓸 줄 아는 해병대로 거듭나야 한다. 해병대는 이미 두 차례 군사반란에 참여한 오점으로 얼룩져 있다. 군통수권자의 위치에서는 당연히 경계하고 의심할 수밖에 없다.

총칼을 앞세워 무력을 행사하던 집단은 권력 찬탈에 해병대를 이용했고, 그렇게 거머쥔 권력을 지키기 위해 역으로 해병대를 없애고자 했다. 이것이 해병대 해체의 직접적 원인이면서 지금까지도 해군참모총장 지휘권 아래 전락해 있는 이유이기도 하다. 다시는 해병대가 정치에 이용당하거나 정권에 휘둘리는 일이 있어서는 안 된다.

1961년 5·16군사정변 후 해병대는 정권의 혜택을 보았다. 쿠데타에 주도적으로 참여했던 김동하 장군은 "군은 정치 전면에 나서지 말고 민간에 정권을 이양해야 한다"고 주장했다가 박정희 전 대통령의 미움을 사서 '반혁명분자'로 몰리고 감옥살이까지 해야 했다.

하지만 그 밖의 많은 해병대 출신들은 중앙정보부와 청와대 경호실, 행정부, 국세청 등의 요직에 발탁되어 전성기를 누렸으며, 국가재건최고회의 분과위원장, 국방부장관, 국회의원이 되어 떵떵거렸다.

당시 해병대사령관의 위상은 육해공군 참모총장과 동등했으며 어떤 면에서는 육해공군 참모총장보다도 영향력이 컸다. 해군참모총장이 되려면 지금과는 정반대로 해병대사령관을 찾아와서 이른바 '빽'을 써야만 했다. 1979년 12·12군사반란 이후에도 마찬가지였다. 군사정권 탄생에 협력한 공이 있는 장교들은 보상으로 철도청장, 국회의원, 수협중앙회장을 역임하기도 했다.

시대가 바뀌었다고 이러한 오욕의 시간들이 잊히는 것도, 역사가 지워지는 것도 아니다. 사람들은 분명히 이 모든 것을 기억한다. 당시 해병대원들의 죄가 아니다. 지금의 해병대에 책임이 있는 것도 아니다. 그러나 해병대가 짊어지고 가야 하는 역사에 대한 원죄가 현재로 이어지고 있는 것만은 분명하다.

진해 덕산비행장에서 380명으로 시작된 해병대는 6·25전쟁 초기 낙동강 방어 전투에서 한국 최초의 단독 상륙작전인 통영지구 전투를 승리로 이끌었다. 이때부터 '귀신 잡는 해병대'라고 극찬받으며 국민과 국군 속에 우뚝 섰고, 인천상륙작전, 한강 도하 및 연희동 104고지 전투, 중앙청 탈환 및 국기 게양, 도솔산지구 전투, 김일성고지 전투 등 6·25전쟁사에 높이 평가되는 승리를 이루었다.

판문점 휴전회담 기간 동안 서부전선을 이상 없이 지켜내며 '무적해병대'라는 명성을 얻었던 선배 해병대원들의 명예를 기억해야 한다. 월남전에서 전투사에 길이 빛날 청룡부대의 짜빈동작전, 츄라이작전을 잊어서는 안 되며 뚜이호아, 호이안에서 젊음을 바쳐 해병대의 신화를 이룬 선배 해병대원들의 정신을 마음에 새겨야 한다.

해병대원은 백령도, 연평도, 교동도, 김포반도, 포항, 진해,

제주도, 국방부, 계룡대, 연합사, 해군대학, 국대원 등 어느 곳에 있더라도 자신이 해병대를 대표하고 있음을 잊지 말아야한다. 해병대라는 한 뿌리 위 각자가 소속된 자리에서 최선의일을 찾아내고 실천해야 한다. 그래야 누구도 범접하지 못할강한 힘을 가질 수 있다.

현역 해병대원들은 전투력을 최고의 상태로 기르고 유지해야 한다. 군인다운 형상, 군인다운 체력을 최고 수준으로 갖추어야 한다. 열심히 해병대식 교육훈련을 받고, 전쟁 억제전력을 갖추어 호국충성의 해병대를 만드는 것이 현역 해병대원들의 기본자세다.

적에게는 "언제든 좋다, 올 테면 와라" 하는 대비 태세를 갖추어야 한다. 적이 두려워서 공격하지 못하도록 방비 태세를확립해야 한다. 유사시 3군에 앞장서서 가장 먼저 적진을 누빌 전투력을 연마해야 한다.

해병대원이 가져야 하는 최소한의 전투력은 사격과 기동력이다. 사격과 기동력으로 대표되는 유형의 전투력 그리고 사기, 군기, 신념, 단결 같은 눈에 보이지 않는 무형의 전투력을최고 수준으로 끌어올릴 수 있어야 한다.

또한 해병대의 모든 구성원은 명사수가 되어야 한다. 보급,수송, 통신, 공병, 항공 등 병과는 다르지만 기본적으로 소총명사수가 될 필요가 있다. 전장에서 최후의 결전은 소총을 통해 이뤄지기 때문이다.

해병대의 모든 구성원은 우선 전투에 필요한 기동력을 키워야 한다. 기동력은 전투에 반응하는 속도다. 고지를 오르고, 탄약을 나르고, 적을 잡아채고, 수류탄을 던지고, 부상한 전우를 들쳐업고 적진을 뚫고 나올 수 있는 힘이 필요하다.

유사시 가장 먼저 적진에 침투하여 임무를 수행하려면 전술 전기를 연마해야 한다. 무형의 전투력인 사기, 군기, 신념 등 정신력에 있어서도 육해공군이 범접할 수 없는 탁월함을 갖춰야 한다.

사격과 기동, 사기와 군기, 신념과 단결 같은 용어는 해병대 구성원의 육체와 정신에 커다란 변화를 가져왔다. 이는 3군의 최선봉으로 어려운 조건 속에서도 가장 먼저, 가장 완벽하게 임무를 수행하는 힘의 원천이기도 했다.

21세기 전장 환경에서 해병대는 작전 수행에 최적의 부대라 할 수 있다. 해상 대테러, 대마약작전 지원과 평화유지작전 수행, 국가 시책 지원을 위한 군사 활동 그리고 국가 차원의 비상사태 및 재해 복구 지원 등 인도적 활동을 수행할 준비 태세를 갖추고 있다.

해병대사령부 부활이 해병대가 온전하게 독립된 군대가 되었음을 뜻하지는 않는다. 권한이 없는 해병대는 의미가 없다. 해병대원 모두는 아직 칼집에 칼을 꽂을 때가 아님을 명심해야 한다.

해병대원은 스스로 힘을 길러야 한다. 힘을 기르는 것은 반드시 전쟁에서 이기기 위한 것만은 아니다. 심신을 강건하게 유지할 때 선과 악, 의와 불의, 해야 할 일과 해서는 안 될 일, 도리와 비리를 옳게 구별하여 지키고 실천할 수 있기 때문이다.

정의와 자유를 지키기 위해서는 강해져야 한다. 사랑받고 존경받는 존재로 자신을 단련하는 것은 강해지기 위한 시작이다. 그렇게 되어야만 가족과 사회를 위해 기꺼이 희생정신을 발휘할 수 있다. 이타적인 삶의 자세를 갖는다는 건 자신을 사랑하는 또 다른 방법이다.

해병대는 어려운 여건 속에서도 특유의 충성심과 단결력으로 국민에게 사랑받았다. 창설 이래 영광과 시련의 세월을 딛고 이제 호국충성의 강건한 해병대로 거듭나고 있다. 해병대가 지녀야 할 기본 사명에 충실할 때 국민이 나서서 해병대의 완전한 독립을 이루어주리라 믿는다.

2장

해병대원은
이렇게 만들어진다

해병대 창설

우리나라는 동북아시아의 관문이라는 지정학적 조건으로 인해 예부터 열국 분쟁의 초점이 되어왔다. 이러한 조건과 더불어 분단이라는 정치적·군사적 환경 때문에 수륙양면작전을 전개할 수 있는 국가 전략기동부대로서의 해병대 창설이 필요했다.

1948년 10월 19일 여수·순천 사건이 터졌다. 이를 진압하는 과정에서 해병대의 필요성이 절실했다. 해병대는 1949년 4월 15일 손원일 초대 해군총참모장의 적극적인 노력으로 진해 덕산비행장에서 창설기념식을 거행하게 되었다.

해군 신병 13기생 중 체력이 강하고 용맹한 인원 300명을 선발해 해병대 신병 제1기로 편입시켰다. 이렇게 해서 장교

26명, 하사관 54명을 포함해 380명으로 구성된 해병대가 탄생했다.

장비, 생필품, 예산 등이 열악한 가운데 해병대를 창설한다는 것은 그야말로 무에서 유를 창조하는 일이었다. 급식과 자재난은 이루 말할 수 없었고 쉴 새 없이 계속된 작업에 심신은 극심한 피곤에 시달렸다. 침구류도 부족했고 병사(兵舍)의 지붕이 뜯겨나가고 찬바람이 들이닥쳐도 어찌할 수 없었다. 장비로 지급된 99식 소총은 오랫동안 방치되어 부식이 심했고, 그나마 턱없이 부족한 실정이었다.

이러한 열악한 환경 속에서도 해병대원들은 온갖 고난과 역경을 견디며 '무에서 유를 창조한다'는 해병대 정신으로 굳건한 초석을 다지기 시작했다.

해병대는 창설 당시부터 국가와 국민을 위해 자유를 수호하고, 역사를 창조하는 정병 육성을 강조하면서 다음과 같은 교육훈련 이념을 제시했다.

첫째, 해병대는 일치단결하여 유사시에 대비한 교육훈련에 정진하자.

둘째, 국민에게는 양이 되고 적에게는 사자가 되자.

셋째, 국가와 국민을 위하여 자유를 수호하는 역사를 창조하자.

해병대는 인간의 한계에 도전하는 강인한 훈련으로 '해병대 혼'과 '해병대 정신'을 주입받았다. 그 결과 해병대 창설 후 이어진 6·25전쟁에서 항상 이기고 패망하지 않는다는 '상승불패(常勝不敗)'의 전통을 수립할 수 있었다. 특히 정신적·육체적 도장으로 삼았던 천자봉 완전무장 구보와 행군은 오늘날까지 해병대 장병들에게 전통과 자긍심을 기르는 훈련으로 면면히 맥을 이어온다.

창설 초기 간부들은 해병대만의 군가가 있어야 한다는 의견을 냈다. 그때, 제1기 신병교육대 2중대 2소대에 있던 신영철 소대원이 작사를, 수도경찰청 악대에서 활약하던 김형래가 작곡을 맡아 〈나가자 해병대〉를 만들었고, 이 곡이 최초의 해병대 군가로 제정되었다. 〈나가자 해병대〉는 6·25전쟁에서 오늘날에 이르기까지 '해병대 혼'과 '해병대 정신'을 다지는 해병대 군가로 대표된다.

해병대 정신

해병대는 해상이나 공중에서 적의 해안에 침투해 교두보를 확보하는 특수한 목적을 띠고 탄생한 군대다. 이를 위해서는 육체는 물론 정신의 변화가 반드시 필요하다.

세대를 거듭하면서 국민들은 해병대라는 용어에 특별한 의미를 부여했고, 적에게는 두려움을, 국민들에게는 믿음을 주는 군대로 인식했다. 보훈교육연구원에서 조사한 바에 따르면 단결력과 강인함은 물론 전투력과 사기가 가장 높은 군대로 조사 대상 64.4%가 해병대를 꼽았다.

해병대는 적을 압도하는 필승의 신념으로 물러서지 않겠다는 배수의 진을 치고, 치밀한 전략과 전술을 바탕으로 인간 병기가 되어 적진 깊숙이 침투한다. 한마디로 한 치도 예상할 수 없는 험지에서 죽기살기로 적과 싸워야 하는 군인이 해병대인 것이다.

그렇게 이기면 살고, 지면 죽을 수밖에 없는 절박한 상황 속에서 해병대의 기질과 혼이 생성되었다. 살아남으려면 적과 싸워 이겨야 했고, 또 이기기 위해서는 강해져야 했다. 이런 비장한 각오와 승리에 대한 강한 신념이 바로 해병대 정신의 근간이요, 뿌리라고 할 수 있다.

해병대원은 혹독한 훈련 과정을 통해 육체적·정신적 변화를 체험한다. 전투 기술과 군사 지식, 군기 확립, 희생정신을 배우고 최악의 상황에서 살아남기 위한 방법을 스스로 터득한다. 그러는 가운데 형제애, 독립심, 명예심, 승리를 향한 확고한 신념을 갖게 된다.

6·25전쟁 중에 편찬된 《해병 전투사》에는 다음과 같은 말이 나온다.

"해병대가 창설 초기 강한 교육훈련을 통하여 6·25전쟁에서 치른 수많은 작전과 전투에서 혁혁한 전공과 업적을 이룩해왔는데 그 바탕에 있는 가족적 단결 정신, 애민 정신, 인내의 정신, 임전무퇴의 정신이 바로 해병대 정신이다."

1997년에는 해병대 정신의 근간인 '해병대 혼'을 정립하기 위해 '무적해병대의 상승불패 정신', '무에서 유를 창조하는 정신', '정의와 자유를 수호하는 정신'을 해병대 3대 정신으로 재정립했다.

첫 번째 '무적해병대의 상승불패 정신'은 그중 가장 핵심 정신이다. 배수의 진을 치고 공격하는, 해병대의 임전무퇴 정신은 수많은 전투를 승리로 이끈 힘이었다.

적진 속 일촉즉발의 위기 상황에서 살아남으려면 강도 높은 단결력은 물론 지휘관과 부하 사이에 깊은 신뢰가 있어야 한다. 그래서 타군에서는 찾아볼 수 없는 강하고 엄한 특수훈련을 실시하는 것이다. 이러한 훈련 과정을 통해 자연스럽게 인내심을 키우고, '하면 된다', '할 수 있다'는 신념을 가지게 된다.

두 번째 '무에서 유를 창조하는 정신'은 난공불락의 요새 앞에서도 피로써 전우애를 다지며, 최후의 승리를 쟁취할 때까지 포기하지 않는 정신이다. 이를 마음에 새기며 '안 되면 될 때까지, 불가능이란 없다'는 신념으로 강하고 질기게 투쟁하는 기질을 생성시킬 수 있다.

'안되면 될 때까지'는 끝까지 최선을 다해 초인적 목표를 달성하게 만드는, 해병대를 최강의 군대로 성장시킨 특별한 정신이다. 교육훈련단에 첫발을 내딛는 순간부터 귀에 못이 박히도록 듣는 것도 이 슬로건이다. 불가능은 없다는 도전 정신과 끈기를 강요받고 결국 이를 실천하게 된다. 이렇게 생성된 해병대 특유의 정신은 군 생활뿐 아니라 사회에서도 영원히 해병대와 함께하는 구호가 되었다.

세 번째 '정의와 자유를 수호하는 정신'은 대한민국의 자유와 독립을 보존하고 국제 평화 유지에 이바지한다는 국군의 숭고한 사명을 완수하는 데 있다. 1967년 해병대원의 존재가 치는 정의와 자유를 지키는 데 있다는 '해병대 부대기 운영 규정'이 공포되었다. 6·25전쟁과 월남전에서 해병대는 그러한 정신을 발휘하며 정의와 자유를 수호하는 핵심적인 최강의 군임을 확인해주었다.

그러나 안타깝게도 이런 해병대 정신과 정체성이 갈수록 약해지고 사라져간다. 해병대라는 이름으로 살아가는 현역들과 예비역들 모두의 각성이 필요하다.

운명적으로 해병대란 이름으로 살아갈 수밖에 없다면 해병대 정신을 잊어서는 안 된다. 그리고 현역 해병대원들은 해군에 편승하여 그들 흉내를 내려고 해서는 안 된다. 결코 해병대의 정체성을 망각해서는 안 될 일이다. 인지하지 못하는 사이 하나씩 해병대의 흔적이 사라져가는데 이러한 어리석은 행동들을 멈추기 바란다. 차라리 아무것도 하지 말고 가만있기를 당부한다. 해병대 문화와 정신은 오늘날 우리가 감히 바꾸고 없앨 수 있는 것이 아니다.

역사의 질곡 속에서도 꿋꿋이 해병대 역사를 만들어온 선배들에 대한 존경심을 가지고 그분들 뜻을 지켜야 한다. 그것이 해병대란 이름으로 살아가는 모두의 역할임을 잊어서는 안 된다.

한때 해병대원이었다고 영원한 해병대원이 되는 것은 아니다. 해병대 구성원은 물론이고 그 가족에게도 보람과 긍지, 자부심을 회복시켜야 한다. 또 국민과 국군 속에 사랑과 신뢰, 존경을 받는 해병대가 되어야 한다. 그러기 위해서는 '해병대'란 이름 앞에 처음 만났던 그때의 모습으로 되돌아가는 훈련을 멈추어서는 안 된다. 지금은, 무늬만 해병대로 살아가는 건 아닌지 되돌아볼 때이다.

해병대원의 행동 규범

해병대원의 존재가치는 정의와 자유를 지키는 데 있다. 불의에 타협하지 않고 정의와 자유를 수호하기 위해 실천해야 할 행동 규범은 바로 '명예', '용기', '헌신'이다.

해병대원의 명예란 도덕적 또는 사회적으로 주어지는 존경이다. 이는 해병대가 본보기로 삼는 가장 중요한 척도다. 객관적으로 부끄럽지 않다고 확신할 때 명예로울 수 있으며, 해병대원이면 반드시 지켜야 할 행동 규범이기도 하다.

명예심은 전투에서 반드시 이기고야 말겠다는 강한 투지를 갖게 한다. 이는 패배보다는 명예로운 죽음을 택하겠다는 굳은 각오다. 전투에서 패배하고도 비굴하게 살아남기보다는 차라리 용감하게 싸우다 명예롭게 죽겠다는 비장함이다. 명예심을 가진 해병대는 포연탄우(砲煙彈雨) 속으로 돌진하고, 불리한 상황에서도 책임감 있게 행동하며, 끝까지 완벽한 임무 수행을 위해 노력한다.

해병대의 명예는 저절로 생겨난 것이 아니다. 국가와 국민을 위해 해병대가 쌓아온 업적과 활약이 축적되어 형성된 것이다. 해병대는 6·25전쟁 때 진동리지구 전투, 통영상륙작전, 인천상륙작전, 서울수복작전, 도솔산지구 전투, 김일성고지 전투 등 수많은 전투에서 용전분투했다.

그 결과 지금의 경기도 금촌에 위치했던 해병대사령부에서 해병대 제1연대에 이어 제2연대를 증창설하는 기념으로 이승만 대통령에게서 '無敵海兵(무적해병)'이라는 휘호를 받았고, 미국 기자 마거리트 히긴스(Marguerite Higgins)는 '귀신 잡는 해병대'라는 칭호를 붙임으로써 한국 해병대의 우수성을 전 세계에 알렸다. 최강의 무적해병대는 이렇게 만들어졌다.

상대를 존중하고 배려하는 예의가 밑바탕에 있을 때 나의 명예도 가능해진다. 그렇다면 해병대원은 어떤 내적·외적 조건을 갖추어야 하는가? 해병대는 다음과 같은 요건에 중점을 둔 최고 수준의 3M 해병대원을 양성한다.

첫째, 밀리터리 어피어런스(Military Appearance), 즉 군인다운 최고의 형상(외적 용모, 태도, 언행)이다.

둘째, 밀리터리 피지컬(Military Physical), 즉 군인다운 최고의 체력(지구력, 근력, 인내력)이다.

셋째, 밀리터리 커티지(Military Courtesy), 즉 군인다운 최고의 예절(타군 및 외국군은 물론 상급자에 대한 예절)이다.

명예 다음으로 중요한 가치는 용기다. 해병대원은 도덕적 용기와 육체적 용기를 두루 겸비해야 한다. 도덕적 용기란 불의를 보고 지나치지 않고 반드시 바로잡으려는 신념을 말한다. 이것은 껍질뿐인 대의명분에는 물러서지 않고 끝까지 불의에 항거하는 정의로운 힘이다. 육체적 용기란 두려움과 죽음 앞에서도 스스로 자제할 수 있는 힘이다. 적군 앞에서도 의연한 태도로서 비굴하지 않을 수 있는 대담함을 말한다.

이러한 용기를 갖추었다면 정신적·도덕적·육체적 강건함을 통해 개인적 행동은 최고의 가치를 지향하게 된다. 이렇게 단련된 정신과 육체는 어떠한 압력과 고난에도 굴하지 않고 올바른 이성으로 단호한 결정을 내릴 수 있다.

정의와 자유를 수호하기 위한 또 다른 덕목은 헌신이다. 상관은 부하를 위해, 부하는 상관을 위해, 각각의 대원은 전우들을 위해 나를 버리고 희생하는 것이 해병대의 헌신이다.

헌신은 부대와 자신을 위해 엄격한 군기를 갖춘 최고의 군인이 되게 하고, 국가와 국민을 위해 자신의 몸을 바치게 하는 필수 요소다. 자신의 생명조차 아낌없이 바치겠다고 가슴속에서 항상 다짐해야만 가능한 덕목이다. 또한 이는 해병대원을 최고의 군인으로 만들고, 타군들과의 관계에서 경쟁력을 길러주는 확고부동한 가치다.

초대 해병대사령관은 "군인이란 특권을 부여받은 것이 아니라 오직 국가와 민족을 위해 멸사봉공하는 의무 외 아무것도 없으며, 국민을 사랑하는 것이 군인 본연의 자세"라는 말로 헌신을 강조하기도 했다.

해병대의 명예, 용기, 헌신은 인간 개조 용광로라는 해병대 교육훈련 과정을 통해 해병대원 개개인에게 부여되며, 이들을 해병대 정신으로 무장한 최고의 군인, 최고의 인간으로 거듭나게 한다. 이 정신은 전역 후 육해공군을 거쳐 간 젊은이보다 더 나은 사회생활을 하도록 해주는 힘이 되기도 한다.

해병대의 행동 규범으로 무장한 해병대원이 국가와 국민을 위해 그 어떤 조직보다 헌신하고 공헌할 때, 무한 신뢰를 받는 군으로 거듭날 수 있을 것이다.

모든 해병대원은 소총수

'모든 해병대원은 소총수'라는 신조는 해병대 특유의 실질적·정신적 요구에 의해 생성되었다. 상시 출전 준비 태세를 완비하고 상륙작전을 주임무로 하는 특수목적군인 해병대의 부대 구조는 이 신조의 의도를 잘 나타낸다. 해병대는 특수목적군이기 때문에 장비 및 물자가 경량화되어야 한다.

해병대에 후방 지역이란 있을 수 없다. 또한 어느 해병대원도 전투 지역에서 멀리 떨어져 있을 수도 없다. 모든 작전의 성공은 신속성과 융통성, 이 두 가지를 전투력으로 직결시키는 해병대원들 능력에 달려 있다.

1951년 8월 27일, 김일성고지와 모택동고지 전투에서 해병대 제1연대 군의관 장익열 중위는 부상병 치료에 눈코 뜰 새가 없었다. 그런 와중에 북괴군 1개 연대가 연대본부를 기습 공격했다. 해병대 제1연대의 공격력을 둔화시킬 목적으로 야음을 이용해 쳐들어온 것이다.

이때 연대본부의 최선임자가 장 중위였다. 장 중위는 1개 중대를 급조 편성해 북괴군 기습에 성공적으로 방어했다. 후에 연대장이 치하하자 그는 전투에 참가한 부하들에게 공을 돌리며 다음과 같이 말했다.

"저는 그저 연대본부를 지키는 사명을 다했을 뿐, 우리 위생병과 취사병들의 용감한 전투 덕분에 적들이 물러갔습니다."

장익열 중위나 여러 해병대원들이 보여준 이 같은 영웅적 행동은 모든 해병대원들이 소총수라는 사실을 지속적으로 확인해준다. 전쟁터에서 이와 비슷한 일화들은 수없이 많다. 사람들은 해병대에 보병 이외의 다른 병과가 있다는 사실을 알면 놀라곤 한다.

우리에게는 해병대라는 표식 외에 병과 표시가 없다. 하지만 해병대의 모든 병과 대원들은 자신은 소총수라는 특별한 인식을 갖고 있다. 모든 해병대원이 소총수이자 전투요원이라는 개념을 바탕으로 탁월함을 유지하는 것이다.

6·25전쟁 중 도솔산지구 전투를 비롯한 수많은 전투에서 '모든 해병대원은 소총수'라는 전통과 정신이 입증되었다. 격전의 현장에서 그들은 전장의 위험과 난폭함 속에 드리워진

죽음의 그림자를 함께 나누었다.

지금도 태백산맥 자락 도솔산 높은봉 1148고지에는 "해병대가 명예 걸메고 목숨 내건 싸움터"라고 쓰인 도솔산지구 전투 전적비가 있다. 승리와 불굴의 투혼을 간직한 선배들의 업적을 보며 후배들은 산화한 선배들의 넋을 기린다.

이곳은 미국 해병대가 1차 실패한 전선을 받아 전우의 시체 위에서 최후의 승리를 쟁취한 곳이다. 그들은 해병대 특유의 '해병대 혼'을 일깨우며 '안 되면 될 때까지', '불가능이란 없다', '하면 된다'는 정신으로 싸웠다.

전적비는 세계 최강 미국 해병대마저 눈 아래 굽어보겠다는 선배들의 처절하고 끈질긴 투쟁 의식까지도 내포한다. 이곳은 '해병대가 쌓아 올린 승리의 산' 도솔산과 함께 해병대의 상징으로 영원히 기억될 것이다.

해병대원에게 동료 해병대원보다 더 고귀한 것은 없다. 이러한 전통적 유대는 장교, 사병 구별 없이 모든 해병대원이 공통적으로 받는 교육훈련에서 기인한다. 이들은 다짐한다.

"저 대열 속 해병대원들은 나의 가족이다. 그들은 누구보다 나와 가까운 친구들이다. 그들은 나를 저버리지 않았으며 나 또한 그들을 저버릴 수 없다. 어떤 순간에도 나만 사는 길을 택하지는 않을 것이다. 나는 지금 분명히 알고 있다. 그들은 부대기나 국가 또는 해병대의 영광 같은 추상적인 것을 위해 싸우지 않는다. 오로지 전우를 위해 싸운다. 전쟁터에서 자신을 위해 죽어줄 전우가 없거나, 전우를 위해 기꺼이 목숨 바칠 뜻이 없다면 진정한 해병대원이 아니다."

해병대원이 실무부대에 전입신고를 하면 부대의 지휘관은 그가 해병대원이라는 자체만으로 전문적인 무엇인가를 갖추었다고 인정한다. 어떤 인물인지는 모르지만 '소총수(Rifleman)'라는 사실만은 가슴속에 각인되어 있음을 인정하는 것이다.

이 같은 해병대의 자신감은 전투와 훈련에서 비롯된다. 해병대원들은 이를 통해 자신과 동료의 능력에 대한 자신감과 믿음을 갖게 된다. 이로써 위기 상황에서도 확고부동한 군기를 가지고 전투에 임할 수 있으며 이는 해병대 전체의 확신으로 이어진다.

'세상에서 가장 치명적인 무기는 해병대원과 그들 손에 들려진 소총이다.'

해병대 지휘관의 리더십

해병대는 창설 초기부터 리더십 교육에서 '솔선수범'이라는 전통에 무게를 두어왔다. 해병대에서는 지휘자가 모범을 보이는 것이 어느 군대나 사회집단보다 중요하다. 아무리 고도의 훈련을 받았다 할지라도 상륙작전 시 배수진을 치고 싸우는 것은 호락호락한 일이 아니기 때문이다. 이때 부하들의 사기와 전투력을 결정하는 것이 지휘관의 솔선수범과 리더십이다.

해병대 리더십의 기본 목표는 '우리는 싸우는 전사'라는 사실을 주입하는 것이다. 훈련을 통해 해병대다운 기질과 문화를 단련함으로써 실전에서 제대로 된 전투력을 발휘하도록 이끌어야 한다. 국가는 해병대가 전쟁에서 싸워 이겨주길 바란다. 그것이 바로 해병대가 필요한 이유다.

해병대 지휘관의 사고방식은 처음부터 끝까지 대원 중심이어야 한다. 대원이 없으면 분대장, 선임부사관, 소대장도 필요 없고, 대대장, 연대장도 존재할 수 없다.

해병대에 입대한 대다수가 23세 이하 청년이라는 점을 감안할 때 장교 및 부사관들이 가지는 책임의 무게는 극히 크다. 젊은 해병대원들이 입대했을 때보다 신체적·정신적·도덕적으로 훨씬 성숙한 시민으로 변해서 전역할 수 있도록 이끌어야 한다. '해병대 정신으로 정의로워져야 하고, 연약한 자는 강해져야 하며, 무능한 자는 능력을 갖추어 사회에 돌아가야' 한다. 반드시 이런 해병대원이 되어야 한다. 국가와 민족에 필요한 훌륭한 젊은이를 배출하겠다는 사명감을 가져야 한다.

해병대 리더십은 책임감에서 시작된다. 지휘관은 자신이 맡은 직무에 투철한 책임 의식을 가져야 한다. 전시에 지휘관은 인간의 생명을 자원으로 사용하는 상황에 처할 수도 있기 때문이다.

문제가 발생했을 때는 회피하지 말고 정면돌파해야 한다. 해결 방안이 보이지 않고 밤잠을 못 이룰 만큼 고통이 따른다 해도 기꺼이 감수하고 받아들이겠다는 적극적 태도를 보일 때 의외로 일이 쉽게 풀리기도 한다. 특히 해병대 지휘관은 젊은 부하들의 군기를 확립하고 군사훈련을 완수해야 하며,

그들에게 최상의 신체적·정신적·도덕적 수준을 배양하는 책임을 회피해서는 안 된다.

열악한 환경에서 태어난 해병대는 초창기부터 어려움과 역경을 극복해야 했고 그러는 가운데 해병대원 모두는 하나가 되었다. 해병대만이 그 혹독한 훈련을 이겨낼 수 있으며, 해병대만이 싸워서 이기는 자신만의 방법을 알고 있으며, 해병대만의 신념, 관습, 규범을 가지고 있다. 해병대원은 전쟁터에서 떨어진 수류탄에 몸을 던져 후배와 전우를 지켜낸 지휘관을 보며 리더에 대한 존경심과 상명하복을 체득한다. 견디기 힘든 지옥훈련일지라도 지휘관과 대원들은 한몸이 되어 강한 정신력으로 이겨낸다.

해병대 리더십은 인간관계를 중심에 둔다. 해병대에서는 특유의 상경하애(上敬下愛) 정신으로 상관과 부하가 각자의 위치에서 서로를 존중하고 이해하는 특별한 인간관계를 형성해왔다. 이는 글이나 말이나 명령으로 만들어진 것이 아니다. 리더와 대원들이 상하종횡의 관계 속에서 진심으로 서로를 존중하고 이해하며, 끈끈한 인간애를 형성함으로써 강한 힘을 가진 군대가 될 수 있었다.

창설 초기부터 선배나 리더, 지휘관들이 자기희생을 감수하면서 후배들을 아끼고 사랑하는 모습을 보아온 해병대원들에게는 자연스럽게 상명하복이 몸에 배었다. 그래서 매서운 추위와 두려움 속에서도 상관의 명령에 따라 죽기를 각오하고 적진을 돌파할 수 있었다. 또한 이러한 경험을 통해 선배의 권위와 명령을 신뢰하고, 자연스레 일치단결, 상명하복의 자세를 갖추었다.

해병대 리더십의 핵심은 상관과 부하의 관계에 있다. 상관과 부하, 장교 및 부사관의 관계는 아버지와 아들, 형제간의 관계와 같아야 한다. 지휘관은 부하들과 산야에서 함께 뒹굴며 동고동락하는 기회를 많이 가짐으로써, 가족 같은 단결력과 야전에 대한 적응력을 동시에 키울 수 있다. 꾸밈없는 마음으로 부하들과 함께 굵은 땀방울을 흘리다 보면, 어느 순간 그들과 한몸이 되어 있는 스스로를 볼 수 있다. 이때 부하들은 자연스럽게 부대 내에 자신의 혼이 배어 있음을 느낄 것이다.

지휘관은 부하들 마음속에서 충성심, 존경심, 복종심을 우러나게 하기 위한 몇 가지 원칙을 가지고 있어야 한다.

첫째, 지휘관은 대원들의 신상을 섬세하게 파악해야 한다. 전입 온 대원이 병아리인지 오리 새끼인지, 강아지인지 호랑이 새끼인지를 지속적인 관심으로 파악해야 한다. 오리 새끼를 닭처럼 관리해서도 안 되고, 강아지를 호랑이 새끼처럼 사육해서도 안 된다. 닭과 오리를 한 틀에 넣어서도 안 된다.

지휘관은 양 치는 목자와 같아서 최소 하루 한 번씩 양의 털도 만져보고, 눈빛도 보고, 콧물이 흐르는지, 발톱이 상하지는 않았는지, 풀을 뜯는 이빨은 건강한지 확인해야 한다. 병사들 뒷모습만 보아도 이름과 직책을 알 수 있어야 하고, 표정과 눈빛만 보아도 신상의 변화를 읽을 수 있어야 한다.

둘째, 지휘관은 반복 교육을 실시해야 한다. 강력한 해병대식 교육훈련이야말로 사고를 미연에 방지하고 부대를 안전하게 유지, 관리하기 위한 가장 확실한 방법이다.

단, 기합과 교육훈련은 분명히 구별해야 한다. 교육훈련을 주관하는 자와 피교육자 간에는 인식의 차이가 생기기 마련이다. 잘못을 지적할 때 감정을 섞으면 상대방은 기합으로 인식한다. 그러므로 반드시 교육 목적과 필요성을 먼저 주지한 후 훈련에 나서야 한다. '꼬라박기, 원산폭격, 주먹질, 해병대빳다'는 분명 기합이고 폭력이다. 이런 체벌은 육체와 정신과 마음의 변화를 건전하게 유도하는 데 아무런 도움을 주지 못한다.

'목봉체조, 오리걸음, 쪼그려 뛰기, 풋샵, 한강철교' 등은 단결심과 협동심, 인내심을 키우는 교육훈련이다. 이러한 훈련을 통해 위기 상황에서 자신은 물론 전우와 부대를 구하는 힘을 기를 수 있다. 해병대는 기합이 센 곳이 아니라 훈련이 센 군대로 알려져야 한다.

셋째, 지휘관은 사건 사고들을 사전에 예방해야 한다. 군대만큼 변화무쌍한 조직은 없다. 군 조직은 휴가, 외출, 외박, 전입, 전출, 전역, 파견, 복귀 등 쉴 새 없이 변화하는 특성이 있다. 군사적 교육훈련에 앞서 나약한 대원의 정신 상태에 더 섬세한 관심을 기울여야 한다.

평범한 부하들만 관리하기는 어렵지 않다. 소외되고 곤경에 처한 부하를 따뜻하게 감쌀 수 있어야 유능한 지휘관이다. 부대 지휘 통솔에서 가장 중요한 것은 안전관리와 사고 예방이다. 사고자에 대한 잘못된 신상 파악이나 지휘관의 무관심과 대화 차단은 수습을 어렵게 하고 문제를 확대할 수도 있다.

넷째, 지휘관은 대원들을 대할 때 모닥불의 이치를 생각해야 한다. 여러 개의 나무토막이 함께 타고 있을 때는 마른 나무도, 젖은 나무도 함께 잘 타오른다. 그런데 그중 하나를 밖에 따로 끄집어내면 곧바로 불이 꺼져버린다. 이처럼 대원들도 단체에서 이탈했을 때 탈이 난다.

강건한 육체와 정신을 소유하지 못했거나, 편안함만을 추구하는 나약한 부하일수록 적극적으로 동참시켜야 한다. 이러한 부류의 대원은 어미닭이 병아리를 품고 다니듯 한동안 옆에 끌고 다녀서라도 활기를 되찾아주어야 한다. 대원을 나약한 자와 강건한 자로 나누고 비교적 정적인 임무와 동적인 임무를 알맞게 부여하는 노력을 해야 한다.

다섯째, 지휘관은 대원들이 해병대에 대한 사랑을 고취하고 마음과 육체, 정신을 훈련받아 좀 더 성숙한 인간이 되게

끔 노력해야 한다. 대원들이 일상 과업을 즐겁게 하도록 애쓰는 동시에 일순 나태해지지 않도록 경계하고 지휘해야 한다. 또한 체력 단련을 통해 최상의 신체 조건을 갖출 수 있도록 해야 하고, 전역 후에도 배움의 노력을 지속하도록 이끌어야 한다.

대원들은 지휘관이 지닌 리더십의 자질에 민감하게 반응한다는 것을 항상 기억해야 한다.

붉은 명찰과 팔각모,
상륙돌격형 두발

　해병대 구성원들은 해병대원이 되는 것을 매우 특별한 일이라고 믿는다. 그들은 오른쪽 가슴에 붉은 명찰을 달 때 비로소 해병대의 일원으로 인정받는다. 붉은 명찰은 해병대원들에게는 단순히 이름을 나타내는 표식물이 아니다. '해병대 홍길동'은 해병대의 일원으로서 책임과 의무를 다하라는 명령인 동시에 징표인 것이다.

　진홍색 바탕의 붉은 명찰은 피, 정열, 용기, 신의 그리고 약동하는 젊음을 조국에 바친 해병대의 전통을 상징한다. 이름은 황색으로 새겨 넣는다. 해병대는 신성하며, 해병대원 모두는 언제나 예의 바르고 명랑하고 활기차며, 땀과 인내의 결정체를 상징한다.

팔각모는 해병대를 상징하는 것으로 팔각(八角)에는 화랑도 정신인 오계(五戒)와 세 가지 금기를 포함하는 팔계(八戒)라는 뜻이 담겨 있다. '국가에 충성하라, 뜻 없이 죽이지 말라, 벗에게 믿음으로 대하라, 욕심을 버려라, 부모에게 효도하라, 유흥을 삼가라, 전투에 후퇴하지 말라, 허식을 삼가라'가 그것이다. 또한 '지구상 어디든지 가서 싸우면 승리하는 해병대'임을 상징하는 '팔극(八極)'의 의미가 함축된 것이기도 하다.

　또한 팔각은 지휘관을 중심으로 해병대가 걸어가야 할 여덟 가지 길을 가리키기도 한다. '평화의 독립 수호, 적에게 용감, 엄정한 군기, 긍지와 전통, 국가에 대한 희생정신, 불굴의 투지, 가족적인 단결 도모, 필승의 신념으로 승리를 쟁취'가 그것이다.

　해병대의 최고 상징은 앵커라고 해도 과언이 아니다. 팔각모의 상층부, 해병대의 상징인 앵커가 있는 부분에는 어떠한 계급장이나 표식도 붙이지 못한다. 계급장은 하단 팔각모 테두리 부분에만 달 수 있으며, 해병대 앵커보다 높이 달아서는 안 된다. 이는 해병대의 상징인 앵커에 대한 존중과 존경심의 표현이다.

　해병대원들은 옳은 길이라고 판단되면 혼자라도 묵묵히 그 길을 걷는 자세를 가져야 한다. 그러나 더 중요한 것은 옳은 길이 아닐 때는 멈춰 설 줄도 알아야 한다는 것이다. 오로지

나 하나일 때도 멈춰 설 수 있어야 한다. 이것이 해병대원들의 또 다른 덕목이다.

아무에게나 해병대란 이름이 주어지지는 않는다. 땀, 눈물, 고통의 고비를 넘고, 인간의 한계를 넘나들며 해병대식 교육 훈련을 이겨낸 대원들만이 그 이름을 받을 수 있다.

해병대, 그 이름 석 자에 스며들어 있는 매력은 해병대와 사랑에 빠지게 한다. 그 사랑은 전염성이 강해서 쉽게 헤어날 수가 없으며 그것이 바로 해병대의 전투력으로 이어진다.

해병대원들은 붉은 명찰과 팔각모만 보아도 해병대 정신을 공유하고 있음을 느낀다. 바로 단결심, 자긍심, 명예심이다. 그들은 해병대란 이름 앞에 전우와 함께 기꺼이 목숨까지도 바친다. 용기와 헌신으로 가득 찬 그들과 함께할 때 두려울 게 없다. 하지 못할 일도, 해낼 수 없는 일도 없다. 그들은 모든 것이 가능하다고 여긴다. 행동할 힘을 가진 사람들이다.

독특해 보이는 해병대의 머리 모양은 상시 전쟁터로 떠날 준비가 되어 있다는 의지의 표현이다. 머리를 짧게 깎는 것은 위급 시 군의관의 쉬운 응급 처치를 위한 것이기도 하다. 일명 상륙돌격형 헤어스타일이다. 또한 해병대가 타군과 다른 군인이라는 것을 실증해 보이겠다는 내재적 의지의 표현이기도 하다. 야간 전투 시 빛이 나거나 반사되지 않는 쎄무워카는 해병대만의 신발이 되었다.

해병대는 하루 일과가 끝나면 타군처럼 이름을 불러 존재를 확인하는 점호 대신 해병대 순검을 한다. 선임이 일일이 순회하면서 개개인의 위생 상태 및 다음 과업의 준비 태세까지 세세히 점검하는 것이다.

　이처럼 선배들이 만들고 후배들이 면면히 이어온 해병대만의 고유한 문화와 전통, 명예는 해병대 정신으로 살아가고자 했던 선배들이 남긴 유산이다.

해병대의 슬로건

해병대 선배들이 역사 속에 남긴 명언들은 해병대의 역사와 전통을 이어가고 해병대 정신을 지탱하는 주춧돌이 되었다.

'한번 해병대원은 영원한 해병대원', '귀신 잡는 해병대', '무적 해병대', '신화를 남긴 해병대', '해병대 혼', '무에서 유를 창조하는 해병대', '해병대원은 태어나는 것이 아니라 만들어지는 것이다', '안 되면 될 때까지', '국민과 함께 해병대와 함께', '누구나 해병대원이 될 수 있다면 나는 결코 해병대를 선택하지 않았을 것이다' 등의 슬로건은 누구나 한 번쯤 들어본 적이 있어 익숙할 것이다.

흔히 얘기하는 해병대 정신은 '필승의 신념'으로 승리에 대한 확고한 믿음과 자신감을 가지고 불가능을 가능으로 만드는 것이다. 이는 선배 해병대원들의 정신 체계를 수립한 핵심 가치로서 해병대 혼의 기초가 되었다.

해병대의 모든 구성원은, 현역은 물론이고 예비역이 되어 해병대를 떠난 후에도 강한 자부심 및 명예와 전통을 드러내는 표어들을 항상 기억해야 한다. 자신이 해병대원임을 자랑스럽게 여겨야 한다.

1991년 별 하나를 달고 지금의 해병대 교육훈련단 단장으로 보임되었을 때까지만 해도 나는 완전한 해병대 교육훈련 권한을 가지지 못했다. 1987년 해병대사령부가 재창설되었지만 해병대의 교육훈련 일부는 해군의 관리를 받고 있었고, 해병대 교육훈련단 임무는 신병 및 지금의 부사관 양성 교육, 동원예비군 훈련에 국한되었다. 장교 양성 교육은 아예 해군이 관리하는 실정이었다.

나는 해병대를 지원한 젊은이들을 최고의 군인으로 만들고 싶었다. 고민 끝에 교육훈련에 임하는 정신 자세를 위한 몇개의 슬로건을 새로이 만들었다.

'해병대의 미래는 여기서 시작된다', '인간 개조의 용광로, 해병대', '누구나 해병대원이 될 수 있다면 나는 결코 해병대를 선택하지 않았을 것이다' 등이다.

붉은 바탕에 노란 글씨로 이 슬로건을 적어 넣은 현수막을 여러 개 만들었고, 해병대 사관후보생 38기 참모장 최원복 대령과 함께 교육훈련단 정문과 훈련장, 천자봉 등 곳곳에 걸었다. 해병대를 지원한 젊은이들이 자부심을 가지고 훈련에 임해 최고의 군인이 되도록 용기를 주기 위해서였다.

1996년 사령관이 되어 내건 슬로건은 '작지만 강한 해병대'였다. 세월이 흘러 지금의 해병대 교육단은 신병, 부사관, 장교 모두를 양성하는 명실공히 해병대 교육훈련의 산실이 되었다.

사실 해병대 슬로건은 미국 해병대 슬로건에서 많은 영향을 받았다. 1977년 미국 해병대 상륙전학교 유학 시 미국 해병대 신병훈련소 및 해병대 부사관과 장교를 양성하는 MCS(Marine Corps School) 정문에 붙어 있는 슬로건을 보고 깊은 인상을 받았다. '해병대의 미래는 여기서 시작된다'는 'Here Begins The Future of Marine Corps'라는 그곳의 슬로건에서 따온 것이다.

'세상에서 가장 치명적인 무기는 해병대원과 그들 손에 들려진 소총이다' 역시 미국 해병대가 내건 '모든 해병대원은 소총수이다(Every Marines Rifle Man)'에서 나왔다. 보병, 포병, 기갑, 공병, 통신, 수송, 병기, 정훈, 헌병, 의무 등 모든 병과를 불문하고 해병대원은 반드시 소총수로서 명사수여야 한다는 것이 미국 해병대의 슬로건이다. 전투에서 적과 싸워 이길 수 있는 마지막 수단은 소총을 잘 쏘는 것임을 강조한 말이다.

이처럼 많은 것을 미국 해병대에서 빌려오긴 했어도 우리 나라 환경과 조건에 맞게 우리 것으로 재탄생한 슬로건들이 다. 슬로건들 속에 담긴 본래의 뜻을 바로 알고 이해하는 해 병대원이 될 때 해병대의 위상 또한 바로 세울 수 있다.

해병대 슬로건은 일반 사병뿐 아니라 부사관, 장교 등 해병 대 구성원 모두를 아우르는 용어로 바뀌어야 한다. 가령, '누 구나 해병이 될 수 있다면 나는 결코 해병대를 선택하지 않았 을 것이다'라는 슬로건은 '누구나 해병대원(장교, 부사관, 병)이 될 수 있다면 나는 결코 해병대를 선택하지 않았을 것이다'로 정확하게 표기해야 한다.

그리고 '한번 해병은 영원한 해병' 역시 '한번 해병대원이 면 영원한 해병대원'으로 바꾸어야 한다. 국어사전이나 우리 말대사전을 보면 '해병'이란 용어는 해병대의 일개 병사로서 해병대의 구성원 중 장교나 부사관은 포함되지 않기 때문이 다. 더욱이 도서방위사령부 같은 경우 육해공군에서 파견되 어온 병력을 포함, 해병대가 주축이 된 합동군으로 도서를 방 어하고 있기 때문에 그들까지도 포함하고 아우르는 용어로서 해병대원=해병대 구성원으로 변경되어야 한다.

해병이 아닌,
해병대원이 정확한 표현이다

'한번 해병대원은 영원한 해병대원'은 해병대의 대표적 슬로 건이다. 해병대는 장교, 부사관, 병으로 구성된다. 한번 해병 대의 구성원이 되어본 사람은 영원히 해병대의 구성원이다. 해병대 마크는 해병대 구성원임을 자랑스러워한다는 사실의 표상이자 무한한 충성과 명예심의 표현이다. 바다와 육지에 서 용맹스럽게 적과 싸워 승리를 거두는 정의와 자유의 상징 인 것이다.

그런데 해병대 용어 중에 대표적으로 잘못 사용되는 것이 '해병'이란 표현이다. 현역에 있을 때나 예비역이 된 지금도 나는 각 지역 전우회마다 'ㅇㅇㅇ해병 전우회'라는 문장을 쓰 는 것이 듣기도, 보기도 싫다. 'ㅇㅇㅇ해병대 전우회'라고 써야 정확한 표현이다.

'해병'이란 표현은 일반 병사를 부를 때 사용한다. 우리말로 '해병'은 바다의 용사를 의미하며 오히려 해군의 '수병'이라는 호칭에 가까운 말이다. 그러므로 해병대 사병은 '해병'이 아니라 '해병대원'이라고 하는 것이 합리적 표현이다.

지금도 흔하게 잘못 사용되는 표현이 '한번 해병은 영원한 해병'이라는 말이다. 이는 미국 해병대의 'Once a Marine, Always a Marine(한번 해병대의 일원이 되어본 자는 영원토록 해병대의 일원임을 잊지 말자)'에서 유래한 것으로 정확한 표현은 '한번 해병대원은 영원한 해병대원'이 맞다. 25년이 넘는 시간 동안 교육하고 강조해왔지만 잘못 굳어진 표현을 바로잡는 것은 수많은 시간과 노력으로도 쉽지 않은 일이었다.

'해병 혼'과 '해병 정신' 역시 같은 이유에서 잘못된 표현이다. 미국 해병대에는 'Marine Corps Sprits' 혹은 'Corps Spirits'란 말이 있다. 이 표기대로라면 '해병대 정신', '해병대 혼'이라고 해야 맞다. 미국 해병대는 장교, 부사관, 병을 막론하고 신분 구분 없이 'a marine(해병대)'으로 지칭하기 때문이다.

미국 해병대에서 유학을 마치고 복귀한 후에도 나는 왜 '해병대 정신', '해병대 혼'이 아닌 '해병 정신', '해병 혼'이라고 했는지가 늘 궁금했다. 해병대는 병사 개개인의 정신과 혼이 아닌 조직 전체에 초점을 맞춰야 한다. 그러므로 우리가 몸담고 있는 조직은 '해병'이 아니고 '해병대'이며, 당연히 '해병대 정신', '해병대 혼'이어야 한다.

차량과 복장에 붙이는 해병대의 심벌인 앵커 주위에도 '해병'이 아닌 '해병대'라고 표시하는 것이 맞다. 앵커는 해병대 전체를 표시하는 것이기 때문이다.

이렇게 잘못된 표현이 언제부터 시작되었고, 왜 그렇게 정착되었는지 궁금했지만 그 의문을 명확히 풀어줄 문헌이나 사람을 만날 수가 없었다. 그러다 전역 후 2012년쯤 강기천 사령관에게 해답을 들을 수 있었다.

강기천 사령관은 5·16군사정변 후 1963년 국가재건최고회의 법사위원장으로 있었다. 그는 국군조직법과 관계 법령을 개정, 해병대사령관도 육해공군 참모총장과 동일하게 군무회의의 정식 구성원이 되게 했다. 육해공군 참모총장과 동격으로 만들어놓은 것이다. 당시 이러한 개정이 가능했던 것은 해병대가 혁명의 주체로서 권력의 핵심에 있었기 때문이다. 당연히 해병대에 유리하게 법을 개정할 수 있었다.

이는 그동안의 육해공 3군 체제하에서 일어난 획기적인 변화였다. 해병대원의 호칭 역시 '해병대 소위 홍길동', '해병대 하사 홍길동' 등으로 표기하게 하려 했으나 5·16군사정변 이후 타군의 견제도 있으니 당분간 '해병'으로 표기하면 좋겠다는 국방부장관의 요구를 수용했다고 한다. 이것이 '해병대'라고 표기하지 못한 근원적 이유였다.

이후 해병대사령부가 해체되고 해병대 부활을 꿈꾸는 예비역들이 만들어낸 구호가 바로 '해병'이다. 당시는 해병대 예비역 단체를 만들지 못하게 했고, 해병대라는 말만 꺼내도 체제를 비판하는 불순 세력으로 간주하던 시절이었다.

더 정확히 표현하면 해병대를 '무적해병', '신화를 남긴 해병', '귀신 잡는 해병' 등 '해병'으로 축소해서 사용한 것은 해군에 통폐합된 후 해군의 끊임없는 압력 때문이었다. '해병대'라고 표기하는 것을 가장 싫어한 사람이 바로 해군과 해군참모총장이었기에 해군해병 제1사단, 해군해병 제2사단 등의 명칭을 사용하도록 했던 것이다.

1992년 한국 해병대와 미국 해병대가 한반도 평화를 위해 '한미연합 해병대사령부'를 설치할 때 해군참모총장이 '해병대사령부'라는 말에 반대해서 '한미연합 해병사령부'라고 했던 것도 바로 이런 맥락이었다. 그 당시 사령관이었던 임종린과 참모총장이었던 김홍열은 해사 16기 동기였다.

해병이라는 구호에 결정적 영향을 끼친 건 바로 이승만 대통령의 '無敵海兵(무적해병)'이라는 휘호였다. 6·25전쟁 중 도솔산지구 전투에서 해병대는 난공불락의 적진을 탈환했다. 이를 치하하기 위해 이승만 대통령이 도솔산지구에 찾아와 해병대에 이 휘호를 써준 것으로 알려져 있다.

그런데 왜 이승만 대통령은 '無敵海兵隊(무적해병대)'라고 하지 않고 '無敵海兵'이라고 했을까? 이 의문을 풀기 위해 수년간 역사 자료를 샅샅이 뒤졌고 서울시 종로구 이화동 이승만 대통령기념관에서 원본을 발견해 의문을 풀 수 있었다.

전쟁 후 해병대사령부가 지금의 경기도 고양시 금촌에 주둔할 때였다. 서부전선 방어 임무를 수행하며 해병대 제1연대에 이어 해병대 제2연대를 창설한 것을 기념해 이승만 대통령은 또다시 '無敵海兵'이란 휘호를 하사했다. 평소 사자성어 형식을 즐겨 쓰던 그가 '無敵海兵隊' 역시 네 글자인 '無敵海兵'으로 줄여 쓴 것으로 풀이된다. 당시 금촌 해병대사령부 정문의 '無敵海兵隊'라고 커다랗게 쓰인 현수막을 찍은 사진 자료에서 유추할 수 있다.

6·25전쟁 중 조선일보와 동아일보 등 당시 주요 언론사가 '귀신 잡는 해병대', '무적 해병대'로 표현한 기사가 남아 있다. 월남전 때의 '신화를 남긴 해병대'라는 표기 역시 언론사 자료실에 그대로 보관 중인 것을 확인할 수 있었다.

해병대원들은 이런 역사의 뒤안길을 잘 알지 못하고 또 교육으로 알려주는 사람도 없었기에 '해병'과 '해병대'의 의미를 혼돈해서 사용할 수밖에 없었다. 이제는 어떤 경우에도 '해병'이 아닌 '해병대'로 불러야 하며 장교, 부사관, 병 모두를 '해병대원'이라고 표현하는 것이 정확하다.

해병대는 국민의 군대다

해병대는 국민을 지키고 국민의 신뢰를 받는 국민의 군대다. 해병대는 육체적·정신적으로 최고의 전투력을 발휘할 준비가 되어 있어야 한다. 강자에게는 강하고, 약자에게는 순한 양이 되어야 한다. 해병대는 정의와 자유를 위해 눈동자, 목소리, 걸음걸이에도 자신감과 해병대다움을 갖추어야 한다.

해병대원들이 현역 시절 배우는 윤리 규범과 행동 강령은 다음과 같다.

하나, 나는 대한민국 해병대의 일원이다. 나는 국가와 민족의 생명과 재산을 보호하는 국민의 군대로서 이를 위해 생명을 바칠 수 있다.

둘, 나는 국가 전략기동부대의 일원으로서 어떠한 상황에서도 책임을 완수하는 상승불패의 해병대원이 되겠다.

셋, 나는 임전무퇴의 해병대 정신으로 적과 싸움에 임하여서도 죽음을 무릅쓰고 절대로 물러서거나 항복하지 않겠다.

넷, 나는 만약 적에게 포획된다면 가용한 수단과 방법을 이용해 적에게 저항하거나 탈출을 시도할 것이며, 또한 타 동료의 탈출을 지원하겠으며, 동료 포로에게 불리한 정보를 제공하지도, 적에게 선서나 특별한 은전을 받지도 않겠다.

다섯, 내가 만약 포로가 되어 적의 심문을 받게 되면 나의 계급, 군번, 성명, 생년월일만 말하고 기타 사항은 내 능력 범위 내에서 언급을 회피하며, 국가와 연합군, 해병대와 동료에게 불리한 정보를 제공하지 않으며, 동료 포로와의 신의를 지키겠다.

여섯, 나는 대한민국 해병대의 일원으로서 모든 행동에 책임을 지며 조국의 자유와 해병대원의 명예를 위해 최선을 다할 것을 조국과 해병대 앞에서 선서한다.

전우애와 형제애는 훈련캠프와 전장에서 대원들 간에 생겨난다. 수많은 전투에서 승리할 수 있었던 것도 동료 간의 신뢰와 전우애 덕분이었고, 지휘관과 대원들 간의 형제애와 그들이 보여준 헌신 덕분이었다.

그 정신은 '어떠한 경우에도 전우를 버리지 않는다', '전투에 있어서 해병대원에게 기대되는 능력, 결단, 명예, 용기, 헌신 외에도 자신의 희생 여부에 관계없이 전우를 불리하게 하지 않으며, 부상 혹은 사망한 동료 전우를 전장에 남기거나 방치해서는 절대 안 된다'는 것이다.

해병대원들은 자신의 위험을 생각하지 않고 전우를 위해 끝까지 저항하거나 사상자를 수습한다. 이러한 전우애와 신뢰를 바탕으로 할 때 전장에서 불리해지거나 부상당하거나 죽는 예가 거의 없다는 것이 해병대원들 사이에 존재하는 믿음이다.

동료들과의 사이에서 형성되는 이러한 정서적 구조를 귀중한 전력을 잃게 하는 비합리적 사고(思考)로 볼 수도 있다. 그러나 부상과 죽음을 불사하는 전우애는 해병대원들의 연대의식과 단결심의 밑바탕이자 조직의 기동력을 유지해주는 근원이다.

해병대원이 해병대 유니폼을 입었을 때는 최소한의 행동규범을 지켜야 하는 것이 상식이다.

첫째, 해병대는 유니폼 주머니에 절대 손을 넣지 않는다. 아무리 날씨가 추워도 마찬가지다. 언제든지 도움을 필요로 하는 국민의 손을 잡아줄 준비가 되어 있어야 한다.

둘째, 해병대는 대중교통을 이용할 때 의자에 절대 앉지 않는다. 지정된 좌석에 앉아야 하는 항공기, 선박 등을 제외한 대중교통 수단을 이용할 때 비록 비어 있을지라도 의자에 앉지 않는다. 의자는 노약자, 임산부, 어린아이 등 나보다 약한 이들을 위해 남겨둔다. 의자에 앉으면 바지의 무릎 부분이 튀어나와 자세가 흐트러지고 따라서 마음도 흐트러진다.

셋째, 해병대는 규정된 정복이나 전투복을 입었을 때 비가 장대같이 쏟아져도 절대로 우산을 사용하지 않으며, 지정된 우의를 입어야 한다.

예비역 해병대원들이 흔히 입고 있는 유니폼은 현역 시절 전투복이다. 해병대원들 중에는 자식도 해병대원인 가족이 많다. 전투복을 입고 봉사 활동을 하는 많은 예비역 대원들은 해병대 정신을 기억하면서 이타적인 삶을 실천한다. 그러나 해병대 전투복을 입고 정치 행사에 참여하거나 시민들의 눈살을 찌푸리게 하는 행동을 한다면 해병대의 명예를 실추시키는 일이다.

군인은 정치에서 자유로워야 한다. 군인의 본분은 국민의 생명과 국가를 지키는 것이다. 예비역 해병대원들이 정치적 견해를 갖는 것은 민주시민으로서 당연한 권리다. 하지만 해병대 유니폼, 전투복을 입고 정치적 행위를 하는 것은 100만

예비역 해병대원들을 특정한 정치적 성향으로 몰아넣는 위험한 행위로서 해병대 정신에 부합하지 않는다.

미국 대통령은 연례적으로 신년 초 각계 저명인사들을 백악관에 초청해 만찬을 가진다. 만찬 장소에 들어서는 사람들은 은은하면서도 감미로운 음악을 들으며 긴장을 푼다. 만찬장의 음악은 전통적으로 미국 해병대 군악대(The Drum & Bugle Corps)가 연주한다. 해병대 군악대는 미국에서 가장 오래되었으며 대통령을 위해 연주하는 유일한 군악대다.

미국 대통령 관저인 화이트하우스의 전속 악단은 해병대 군악대가 맡고 있다. 이는 오랜 세월 미국의 국가 이익을 지키기 위한 선봉군으로서 전투에 임해 주어진 책임과 의무를 훌륭하게 수행해온 해병대에 대한 대통령과 미국 국민들의 격조 높은 신임의 표시다.

만찬 행사가 끝날 무렵 군악대가 〈해병대 찬가(Marines' Hymn)〉를 연주하기 시작하면 만찬장 인사들이 자연스럽게 일어나 부동자세를 취한다. 일반적으로 대통령이 참석한 식장에서는 대통령 신변 경호상 자리에서 일어설 수 없다는 원칙이 있다. 그러나 신년 초 만찬장에서 〈해병대 찬가〉가 연주될 때만은 예외가 인정된다. 미국 국민들에게는 이처럼 해병대원들에게 존경과 경의를 표하는 것이 일반적 관습이 되었다.

대한민국 해병대는 미국 해병대 못지않게 힘든 상황에서도 전쟁에서 혁혁한 공을 세우고, 주어진 책임과 의무를 훌륭하게 수행해왔다. 한국 해병대는 국민들에게 과연 어느 정도 사랑받고 있을까.

200년이 넘는 역사를 가진 미국 해병대와의 비교는 무리일 수도 있다. 그러나 우리 해병대도 국민들의 사랑과 신뢰를 향해 한 걸음 한 걸음을 내디뎌야 한다. 미래를 생각하면 지금 우리는 출발점에 있다고 할 수 있다.

해병대는 평시인 지금 가장 유용한 전쟁 억제 전력으로서의 소임을 다해야 한다. 군인다운 덕목을 가꾸며 명예와 전통을 올바르게 이어가야 한다. 해병대 정신 속에서 언제나 준비된 자세로 스스로를 키워나갈 때 국민들은 용맹스런 군대인 해병대를 위대한 인간의 대열에 세워줄 것이다. 조국을 위해 헌신하는 해병대에 기립박수를 보낼 것이다.

3장

굴하지 말고,
모든 것에 당당하자

해병대, 역사 속으로 사라지다

1973년 10월 10일, 박정희 대통령은 해병대를 해체해 해군에 통폐합했다. 해병대사령관을 직위해제하고 해군본부의 '해군 제2참모차장'이라는 직책으로 변경해 제대로 힘을 발휘할 수 없도록 와해시킨 것이다. 군대는 있는데 지휘를 해야 할 해병대사령부가 사라져버렸다. 해병대는 형식적인 이름만 남겼을 뿐 해군참모총장이 인사작전을 포함한 모든 권한을 직접 행사하게 했다.

원래 국군조직법에는 "해군에 해병대를 둔다"고 표기되어 있었다. 그동안 육해공군 3군 체제하에서 육군, 해군, 공군, 해병대 4군종 체제로 운영되어온 것이다. 그러나 해병대 해체 후 국군조직법은 "해병대를 해군의 예하부대로 둔다"로 바

꿰었다.

왜 해병대가 해체되었는지 말해주는 이도, 그 이유를 정확히 아는 이도 없었다. 해체 이유를 어디서도 분명하게 규정하지 않았지만 군통수권자의 부정적 평가가 주요 원인이라는 말이 설득력이 있었다.

1972년 1월 월남전에서 철수한 전투부대인 해병대 제2여단 청룡부대는 지금의 김포에 배치되어 수도 서울 서측방을 지키게 되었다. 그러나 전쟁터에서 갓 돌아온 혈기 왕성한 해병대 청룡부대가 한 시간 이내에 서울에 접근 가능한 지리적 위치에 있다는 사실이 군통수권자로서는 달갑지 않을 터였다. 거슬러 올라가 1961년 박정희 장군이 주축이 된 5·16 반란군은 해병대 제2여단의 도움으로 정권을 탈취하고 군사정권을 수립한 경험이 있었다.

1972년 10월 박정희 대통령은 비상계엄을 선포하고 유신헌법을 통과시켰다. 대통령 권한이 대폭 강화된 장기집권의 시작이었다. 그는 유신헌법 통과 후 장충체육관에서 실시한 통일주체국민회의 대의원들의 추대로 제8대 대통령에 재임되었다. 야당은 극렬히 반대했고, 여기저기서 소요가 발생했으며, 정부는 극심한 언론 탄압을 했다. 김대중 납치 사건 여파로 미국 정부와 의회에서는 주한 미군 철수와 민주화에 대한 압박을 가중시켰다.

정부는 미군 철수에 대비해 군 조직 개편을 위한 군특명검열단을 설치했고, 김희덕 특검단장이 주축이 되어 통합군제로 국군의 재편성을 시도했다. 국방부 예하에 국군 총사령부를 두고 총사령부 예하에 5개 작전사령부와 해병대, 특수전사령부를 합한 전략군사령부 및 군수, 통신, 교육, 보안, 헌병 등 지원사령부를 편성했다.

그런데 해병대사령관만이 이를 반대했다고 전해져 군통수권자와 군 상층부의 반감을 샀다.

"현재 해병대가 1개 사단 1개 여단 규모인 데 비해 사령부 장성이 9명이나 되니 문제가 있는 것 아닌가? 해병대가 너무 비대해졌으니 국방비의 효율적 관리를 위한 방안을 검토해보라."

박정희 대통령의 이 같은 의중이 검열단장 김희덕 중장에게 내려갔다.

이렇게 해서 군특명검열단은 본격적으로 해병대 해체 작업을 시작했다. 군인의 기질상 의심스럽거나 믿을 수 없을 때 어떤 조치를 할지 자명하게 예측할 수 있다. 이미 해병대의 위력을 경험한 박정희 정권은 해병대를 장기집권의 장애 요인으로 여기고 아예 해체하기로 결정했다.

해병대 내부에서도 균열이 발생했다. 해병대 해체 안이 나오자 모두 눈치만 보며 침묵했다. 창설 이후 6·25전쟁에서 혁혁한 전공을 세우면서 이룬 빛나는 역사와 전통을 뒤로한 채 5·16군사정변을 계기로 완전히 정치적 군대가 되어버린 것이다. 월남전 참전에도 가세한 해병대 지휘부는 무소불위의 힘을 정치적으로 활용해 이득을 챙겼다. 권력을 등에 업고 타군을 경시하는 풍조까지 만연해 국군과 국민 속에서 유리되기 시작했다.

해병대가 해체된 그날, 사령부는 완전히 초상집 같았고 사령부 건물의 유리창은 모두 박살이 났다.

용산구 후암동 해병대사령부에는 정보참모부에 있던 나를 포함해 관리참모부 김광수, 서울지구 헌병대보안과 김무일, 서울경비대 이강오, 병무감실 이유경, 경리감실 방민환까지 6명의 동기생이 모였다.

특히 정보참모부에 있던 나는 다른 동기생들보다도 헌병대보안과 김무일과 수시로 만나고 통화를 했다. 공식 해체 전인데도 벌써 해군본부가 필요한 서류 뭉치를 차량으로 싣고 가는 모습도 보였다. 초급 장교였던 우리가 얻을 수 있는 정보에는 한계가 있었다.

너무나 억울한 심정이었다. 해병대가 왜 해체되어야 하는지 알 수 없었다. 해병대를 미워한 육군이 주도했다는 유언비어까지 나돌았다. 우리는 분개했다. 해병대를 없앤 주동자가 누구인지 알아내어 저격해야 한다는 주장이 나올 정도였다. 당시 헌병대에 근무하던 김무일은 항상 실탄과 총기를 휴대하고 다녔다. 우리는 언젠가는 해병대를 다시 세우고 되찾자는 데 의기투합했다. 그리고 김무일과 나는 후일을 위해 군복을 벗지 않고 그대로 남기로 합의했다.

황병호 장군은 해병대사령부가 해체되는 날까지 직접 모셨던 마지막 장군이다. 황 장군은 해병대가 해군에 통합된다는 소식을 들은 그날부터 떠날 준비를 했고, 해병대 해체와 함께 집으로 돌아갔다. 해병대는 그렇게 공중분해되었다.

해병대와 백령도, 그리고 김일성

그 후 나는 도서경비부대가 있는 서해 최북단 백령도로 전속
명령서를 받았다. 마지막으로 보는 해병대사령부는 흡사 동
화 속 유령의 집 같았다.

인천에서 열두 시간 넘게 배를 탔다. 가도 가도 바다뿐이었
다. 그곳에 부임해 김치현 도서경비부대장을 만났다. 제주도
출신으로 키가 작고 다부진 몸매였으며 열정적이고 술을 좋
아하는 호탕한 사람이었다.

백령도는 육지와는 다른 분위기였다. 해병대가 해군에 통
합되었다지만 이곳에서는 그나마 우리끼리 해병대 기분을 낼
수 있었다. 육지와 멀리 떨어져 있어 돌아가는 꼴을 안 보고
안 들으니 오히려 뱃속이 편했다.

부대장은 나에게 정보참모 직을 주었다. 백령도 인근 적정을 살피는 것이 정보참모의 할일이었다. 매일같이 장산곶, 월내도, 해주항에 대한 적의 활동을 감시했다. 백령도는 위치상 북한 장산곶과 지척에 있다. 특히 북한군 해군기지가 있는 월내도는 바로 코앞에 있었다. 따라서 정보참모는 이들의 일거수일투족을 추적하고 분석하는 매우 중요한 업무를 수행해야 했다.

해병대가 해체되고 난 후 북한 김일성 집단은 호기를 잡은 듯 그 이듬해 느닷없이 억지를 부리기 시작했다. 1953년 휴전 이후 줄곧 해병대가 지켜왔던 백령도를 포함해 5개 도서가 자기네 영토라는 주장이었다. 급기야 당장 내놓으라고 으름장까지 놓는 형편이었다. 그때 도서경비부대는 지금과는 비교가 되지 않을 정도의 작은 규모로 백령도를 방어하고 있었다. 연평도와 우도에만 일부 병력이 배치되었을 뿐 대청도와 소청도에는 아예 병력도 배치되지 않은 상태였다.

백령도에 발령받은 지 약 한 달쯤 지난 11월 어느 아침, 합동참모본부에서 이병형 합참본부장 등 고위 장성급 참모진이 현황 파악을 위해 백령도를 방문한다는 전문을 받았다. 나는 작전참모와 함께 며칠 동안 거의 뜬눈으로 지새면서 적의 능력을 파악하고 대비책을 준비해 보고서를 작성했다. 그날따라 김치현 부대장은 정보참모인 나에게 직접 부대 OP(관측소)

에 올라 함정의 이동 사항을 관측하고 적의 동태를 파악, 보고하라고 지시했다.

백령도에 도서경비부대가 창설된 이래 가장 높은 분들의 방문이었기에 부대장이 몹시 신경을 쓰는 듯했다. 본부장 일행은 해군 고속수송함(APD) 81함에 승선해 백령도 용기포항에 도착할 계획이었다. 나는 북한 땅 주변을 살핀 뒤 대청도 쪽으로 망원경을 돌렸다. 함정 한 척이 시야에 들어왔다. 망원경 렌즈를 클로즈업하자 함정 머리 쪽에 '81'이라는 글자가 눈에 들어왔다. 우리나라 고속수송함 '81함'이었다.

보고를 마친 뒤 다시 망원경을 들어 대청도 쪽으로 시선을 고정했다. 그런데 이게 웬일인가. 조금 전 보이던 81함 대신 갑작스레 고속정 다섯 척이 나타났다. 이 배들은 대청도 인근에서 흰 물보라를 일으키며 81함 주위를 고속으로 항해하며 맴돌았다.

갑자기 어디서 고속정이 나타났을까. 아군일까, 적군일까. 나는 북한군 소속 고속정이라고 판단했다. 백령도와 대청도 일대에는 즉각 비상이 걸렸다. 백령도에 설치된 각종 포문이 동시에 열렸다. 잠시 후 81함 주위를 빙빙 돌던 고속정 다섯 척은 쏜살같이 북쪽으로 사라졌다.

상황을 판단해보면 북한군이 우리 영해를 침범해 아군 함정을 포위했다는 말이 된다. 81함에는 합참본부장 등 고위급

장성들이 타지 않았는가. 상상만 해도 아찔한 상황이었다.

갑작스런 북한군의 고속정 출현에 놀랐는지 81함은 함수를 돌려 대청도 뒤쪽으로 한 바퀴 돌아 나왔다. 본래의 항로를 바꿔 남쪽으로 우회 항해를 한 것이다. 항구도 용기포항이 아니라 장촌항이었다. 81함이 백령도에 도착하자 이병형 합참본부장 등 10여 명의 합참 장성들이 배에서 내렸다.

처음 북한군 고속정을 발견했을 때는 정말 섬뜩했다. 금방이라도 전쟁이 벌어질 것 같았다. 교전 규칙상 영해를 침범한 적함에 대한 교전권은 81함 함장에게 있었다. 그런데도 81함은 아무런 조치를 취하지 않았다.

북한군 고속정이 남측 영해 깊숙이 들어왔다는 사실 하나만으로도 충분히 응사할 수 있는 상황이었다. 더욱이 81함 주위를 맴돌며 무력시위를 벌인 것은 엄연한 도발 행위였다. 아마 상급기관의 상급자가 승함하고 있었기에 함장 마음대로 교전을 결정할 수 없었을 것이다.

도서경비부대의 현황을 서둘러 둘러본 합참본부장 일행은 황급히 중화동에서 인천으로 회항했다. 서울에 돌아온 이병형 합참본부장은 곧장 청와대로 갔고 대통령에게 백령도와 대청도 일대를 완전히 요새화해야 한다고 건의했다. 곧이어 박정희 대통령의 승낙이 떨어졌다.

이것이 바로 백령도, 대청도, 소청도, 연평도, 우도 등 서해

5개 도서를 요새화한다는 이른바 '서해 5개 도서 요새화 계획'이다. 81함에 승선했던 참모들이 함정의 이름을 따서 '81계획'이라고 명명했고 그 참모들이 주축이 되어 81계획은 급물살을 타게 되었다.

'81계획'의 내용은 △병력 증강 △전체 해안 콘크리트 방어벽 설치 △철도 레일로 해안 바리케이드 설치 △전체 해안에 해안포 배치 등이다. 이 공사에는 예산 40억 원이 책정되었다. 서해 5개 도서 인근 해역에 91함인 충무함, 96함인 전북함 등 구축함 두 척도 증강 배치되었다.

일촉즉발의 위기 상황을 맞았던 81함은 포위한 적함에 총한 방 쏘아보지 못하고 2000년 12월 폐함되어 퇴역했다. 함장이었던 정현경 대령은 그 후 해군참모차장을 지내고 중장으로 예편했다.

이와 관련해 당시 상황을 짤막하게 기술한 해군 기록이 있다.

"1973년 11월 27일부터 29일까지 이병형 합참본부장 외 장성 10명이 서해 도서 지역을 시찰하다가 북한 경비정 수척과 조우했다. 81함은 2,130톤이며 정현경 대령이 함장이었다."

이병형 전 합참본부장은 그날의 상황을 이렇게 증언했다.

"당시 북한은 처음으로 북방한계선(NLL)을 언급하기 시작했다. 또한 북한 방송은 북쪽 지역을 항해하는 남쪽 선박은 미리 통보하지 않을 경우 북한이 어떤 조치를 취해도 남쪽에 그 책임이 있다고 주장했다. 그래서 나는 서해 5개 도서를 돌아보기로 했다. 당시 81함에는 합참 소속 장교 외에 국방부 장교들도 함께 승선해 있었다. 연평도를 먼저 들른 뒤 27일 오후 백령도로 향했다.

당시 일어났던 긴박한 상황은 국민들이 불안해할까 봐 언론 보도를 하지 않았다. 그래서 돌아오자마자 박 대통령을 만나 백령도의 중요성을 강조했다. 박 대통령도 흔쾌히 81계획을 승낙했고 곧바로 국회 보고를 통해 관련 예산을 확정했다.

이는 휴전 이후 백령도 일대에서 북한 해공군이 우리의 영공과 영해를 침범, 무력시위를 벌인 사건이었다. 당시 우리 해군의 고속정이 변변치 못하다는 사실을 간파한 북한 군부가 합참본부장 일행을 태운 81함 길목을 가로막으며 백령도 일대를 안방 드나들 듯이 기동했다는 것은 실로 놀라운 일이 아닐 수 없다."

적은 내부에 있다

서해 5개 도서 요새화 작업의 예산 40억 원은 어디로 갔는지 작업은 가장 원시적 방법으로 이루어졌다. 전적으로 병력을 동원한 수작업으로 진행된 것이다. 지렛대를 이용해 바위를 운반하고, 망치와 정, 삽, 쇠파이프 등으로 구멍을 내서 바위를 부수었다. 병사들 고생은 이만저만이 아니었다. 심지어 먹는 것까지 부실했다.

1974년부터 나는 몹시 바빠졌다. 김일성은 백령도, 대청도, 소청도, 연평도, 우도 등이 자기네 영토라고 우기며 즉시 반환하지 않으면 강제 점령하겠다고 선전포고를 했다. 전략적 요충지이자 적의 코앞까지 전진 배치되어 있는 이들 섬을 돌려주는 건 말도 안 되는 소리였다. 하루가 다르게 긴장이 고

조되었다.

다시금 적의 능력을 분석하고 다각도로 대비책을 강구했다. 중국군 상륙 저지를 위해 요새화한 대만 정부의 금문도를 방문해 도서 요새화 방법을 배워오기도 했다. 화기 및 병력, 장애물이 증강 배치되기 시작했다.

그런 와중에 나는 대위 계급장을 달고 소령 계급의 직책인 연평도 중대장에 명받았다. 연평도는 섬이 크고 중요해 중대급 병력이 배치되며, 본래는 보병중대장을 마친 소령급 장교를 임명하는 자리였다. 대위인 나에게 연평도 수장인 중대장직을 주었던 것은 김치현 도서경비부대장의 특별한 배려와 절대적 신임 덕분이었다. 전통적으로 연평도 중대장은 힘을 실어주는 장군 이상의 배후가 없으면 갈 수 없다고 여기던 때였다.

연평도 중대장에 부임한 지 얼마 되지 않은 여름부터 이른바 서해 5개 도서 요새화를 위한 81계획이 급진전을 탔다. 3~4개월 사이에 큰 변화가 생겼다. 부대가 대대급으로 증강되어 중령이 대대장으로 부임하더니 곧이어 다시 연대급으로 증강되고 대령급 부대장이 부임했다. 화기도 증강되었다. 해군 함정에 장착되었던 3인치 포 등 이전에 보지 못한 화기들이 속속 들어왔다.

개인적 변화도 컸다. 그동안 나는 혼자 우뚝 서서 연평도를

다스린 제1수장이었는데 연대급으로 증강되면서 2단계 밑
나락으로 떨어졌다. 여럿 가운데 묻혀 눈에 띄지 않는 졸이
된 셈이다.

백령도와 마찬가지로 연평도에서도 요새화 작업은 중요한
과제였지만 작업 조건은 백령도보다 더 열악했다. 화기 진지
를 선정하고 구축하는 것이 보통 어려운 작업이 아니었다. 북
괴군의 요새처럼 절벽 바위를 뚫고 들어가 포 진지를 구축해
야 했다.

정이니 쇠망치니 하는, 돌을 깨고 부수는 도구가 넉넉지 못
했으니 더욱 어려웠다. 우리는 매일 돌과 사투를 벌였다. 그러
나 돌을 파고들어 간 그곳에 포를 설치하는 것은 더욱더 어려
웠다. 영화 〈콰이강의 다리〉에서 영국군 포로들이 목조 다리
를 만들던 것과는 비교가 되지 않을 만큼 어려운 작업이었다.

인원만 많다고 무거운 쇳덩이를 들 수 있는 게 아니었다.
온갖 방법이 동원되었다. 부둣가 마을과 인천에서 배 수선에
쓰는 도르래, 쇠줄, 긴 장대를 공수했다. 삼각대를 만들고, 도
르래를 걸고, 쇠줄을 연결하고, 그 무거운 쇳덩이를 1미터씩
옮겼다.

어려운 작업 조건과 힘듦을 해병대 정신으로 이겨내자고
대원들을 독려하며 버텼다. 날이 갈수록 또다시 점점 큰 어려
움이 등장했다. 바로 배고픔이었다.

윤상덕 중령이 대대장으로 부임했을 때 우리는 다소 긴장했다. 들리는 소문에 윤 대대장은 북한 괴뢰군 소위 출신으로, 전향 후 해병대 사관후보생 23기로 재임관한 장교라고 했다.

해병대 장교 23기는 주먹 쓰는 사람이 많은 깡패 기수로 소문이 나 있었다. 그래서 성질 고약한 괴뢰군을 연상했는데 그분은 상상한 것과 정반대였다. 외모와 다르게 깨끗하고, 정직하고, 청렴한 분이었다. 부대에서 나오는 것은 하나도 빼먹지 않고 전달해 배고픔을 달래게 했다.

그런데 새로 연대장이 부임한 후부터는 주식은 물론 부식이 엉망이었다. 여러 번 건의도 했으나 달라지지 않았다. 하는 수 없이 중대장인 내가 야구방망이를 들고 보급관이 중대에 쌀과 부식을 전달하는 시간에 맞춰 중대본부 앞을 지키고 섰다. 보급관은 트럭에서 쌀과 보리 푸대를 받아 어깨에 메고 중대 창고로 옮기고 있었다.

그런데 어깨에 멘 쌀자루 푸대 모양이 요상했다. 안에 든 내용물이 너무 적어 양쪽으로 축 늘어지고 끝부분만 조금 볼록해서 보기에도 흉했다. 나는 야구방망이로 보급관을 사정없이 내려쳤고 그는 수송 차량을 버린 채 도망쳤다. 보급관은 돌아가서 부대장에게 중대장이 무서워 21중대에는 보급품 수송을 할 수 없다고 보고했다.

그 뒤에도 몇 번 야구방망이를 들고 보급관을 기다렸다. 그는 매번 중대 입구에서 나를 보고 도망쳤다. 소대장들은 배고픈 대원들을 데리고 더는 작업을 강행할 수 없다고 하소연했다. 중대장인 나는 당연히 소대장들보다 사정을 훤히 알고 있었다.

반찬이라고는 바닷물에 끓인 미역국 한 그릇이 전부였다. 간을 맞출 소금, 간장, 고춧가루는 구경도 할 수 없었다. 중대 보급하사관이 궁리 끝에 나를 찾아왔다. 중대장님 식사를 드려야 하는데 부대본부에서 나눠 준 것은 이렇게 누렇고 불그스레하게 물든 미역뿐이라고 했다.

"뭐가 문제인가?"

"소금이 하나도 없습니다. 조금이라도 사와야 되겠습니다."

버럭 소리를 질렀다.

"야, 임마! 소금이 없으면 바닷물 퍼다 끓이면 될 거 아냐!"

그건 그릇된 생각이었다. 그날 저녁, 그리고 그다음 날 아침도 나의 반찬은 바닷물로 끓인 미역국 하나였다. 하지만 쓰기만 한 미역국을 도저히 먹을 수가 없었다. 나는 숟가락을 놓고 말았다. 전방소대는 물론이고 중대본부 아래 있는 우물가에는 먹다 버린 누런 미역 가닥들이 흐르는 개울물과 함께 줄줄이 흘러가고 있었다.

하루는 전령이 진지 작업 중인 나를 찾아왔다. 부대장이 찾는다고 하는데 이유가 짐작되었다. 보급관 놈이 우리 중대 상황을 낱낱이 일렀다는 소문도 들었다. 노크 후 들어가니 심상치 않은 분위기였다. 부대장이 버럭 고함을 질렀다.

"21중대장은 오늘 부로 보직 해임이야."

"부대장님, 화만 내시지 말고 제가 왜 보직 해임이 되어야 하는지 이유를 말씀해주셔야지요."

"네놈은 군용물 불애호죄야."

군대 경력도 짧고 군법에 대해 잘 알지도 못한 처지라 '군용물 불애호죄'가 뭔지 명쾌히 이해할 수가 없었다.

"부대장님, 그건 어떤 죄입니까? 제가 무슨 죄를 지었는지 이해가 되지 않습니다."

"너희 중대에 가봐! 가는 곳마다 온통 내다버린 미역 천지야."

보급관을 못살게 굴어서가 아니라 미역국 때문이었다.

"네! 그 미역국은 저도 먹지 못하고 버렸습니다. 그게 죄가 된다면 좋습니다. 부대장님, 구두가 아니라 문서로 보직 해임서를 발송해주십시오. 돌아가겠습니다."

문을 쾅 닫고 나와서는 중대본부에 돌아와 다시 우물가를 돌아보았다. 정말로 온통 미역 천지였다. 나뿐 아니라 부하들 모두 먹지 못했구나. 나처럼 지치고 배가 고플 텐데 오죽하면 모두 버렸겠는가. 얼마나 상관을 원망했겠는가. 목이 메었다.

부하들을 생각하며 끝까지 중대를 지키기로 마음을 굳혔다.

연평도 부대에는 벌써 21중대장이 총대를 메고 부대장에게 덤비다 보직 해임되었다는 소문이 퍼졌다. 그러는 중에 소일영 22중대장이 싸울 수 있는 분은 선배님뿐이라고 격려 전화를 해주었다. 군수참모 남명우 대위에게서도 전화가 왔다.

나는 내가 요구한 대로 부대장의 서면 보직 해임서가 도착할 때까지 중대장 직을 계속 수행하겠다고 부하들에게 선언했다. 갑자기 중대의 사기가 높아졌다. 중대장이 자신들을 위해 보직을 걸고 윗분과 투쟁하는 데 대한 감사와 충성, 격려의 표시였다.

매주 화요일이면 지휘관 회의가 열리는데 그날까지도 보직 해임 문서가 중대에 전달되지 않았다.

"오늘 부로 보직 해임이야!"라며 버럭 고함을 지르던 부대장 앞에 등장하는 건 좋은 모양새가 아니었다. 하지만 나는 회의에 참석하겠다고 마음먹었다. 할일이 남았기 때문이다. 바로 진지 공사와 관련된 문제였다. 요새화 계획에 따른 진지 작업은 모두 예산이 걸린 사업이었다.

진지 작업 시작 전 부대장이 우리 중대장들에게 은밀하게 약속한 것이 있었다. 이 작업은 일반 민간 노무자들이 하기엔 너무 힘든 데다 보안이 요구된다. 그러니 작업은 우리 해병대가 맡고, 대신 그 예산으로 각 중대에 그에 상응하는 혜택, 즉 돼지고기 등을 하달하겠다는 것이었다. 하지만 몇 달이 지나도록 그 약속을 한 번도 지킨 적이 없었고 부대원들은 굶주려야 했다. 엎친 데 덮친 격으로 부대에서 제공하는 주식과 부식은 전임 대대장 때와는 비교가 안 되게 빈약해졌다.

그런데 이 은밀한 약속을 소대장도, 소대원도 모두 알고 있었다. 그냥 넘어갈 수 없는 상황이란 사실을 부대장만 모르는 듯했다. 그날 지휘관 회의에서도 부대장은 나에게 질책을 계속했다. 회의가 끝나자 모든 참모와 지휘관들이 나를 격려하고 위로했다.

나는 부대장 방으로 갔다. 헌병과 보안대장은 2주가 지나도록 보직 해임을 시키지 못하는 진짜 사정을 귀띔했다. 연평부대 상황을 보고받은 상급부대 부대장인 백령도 여단장이 중대장 해임 반대 의견을 부대장에게 전달했다고 한다.

부대장은 지난번처럼 험상궂은 표정은 아니었다. 나는 중대장 직을 계속 수행하겠으며, 주식과 부식을 개선하겠다는 약속을 꼭 지키라고 했다. 부대장은 나를 바라보기만 할 뿐 아무 대답이 없었다.

연평도 옹진호 사건

월남전에서 복귀하고 해병대사령부 정보참모부 근무 중 해병대가 해체되면서 백령도로, 다시 연평도로 옮겨 다녔다. 서해 5개 도서 요새화 작업을 하며 대원들과 함께 보낸 시간은 하루하루가 전쟁 같았다.

1974년 추석 명절을 전후한 9월은 부대 체육대회 준비로 부대 전체가 들썩였다. 축구, 배구, 릴레이, 무장 구보, 줄다리기 등 종목도 많았다. 단연 우리 중대가 우승하리라 여겼다. 연평도를 지켜온 토종 중대인 데다 선임중대였으므로 전통을 세우고 지켜가지 않으면 안 된다고 벼르던 중이었다. 그런데 갑자기 해군본부로 전속 명령이 났다.

알고 보니 해병대사령부 정보참모부에서 일처리가 우수했

다는 소문을 듣고 해군본부 정보참모부장이던 임경섭 장군이 요청한 것이었다. 나는 연평도 부대 사정을 알리고 한 달 뒤로 부임을 미뤄달라고 요청했다. 우승 준비가 우선이었다.

결전의 날, 모든 종목에서 우리 중대가 앞섰다. 마지막 남은 무장 구보는 승패를 결정할 만큼 점수가 컸다. 그런데 마지막 결승점 100여 미터 앞에서 우리 중대원 하나가 쓰러졌다. 그는 이를 악물고 일어서려다 주저앉고 말았다. 대원들이 무장을 나누어 진 채 그를 들쳐업고 결승점까지 왔다. 부상당한 중대원은 피로골절로 정강이 가운데가 두 동강이 난 상태였다. 결국 22중대에 우승을 넘겨주었고 우리 중대는 눈물을 삼키며 준우승에 머물러야 했다.

연평도 중대장을 관두며 10여 기 후배인 남명우 대위에게 중대를 인계했다. 연평도를 떠날 때는 그동안 전관예우로 암암리에 전해지던 환송 선물과 전별금을 일절 받지 않았다. 어려운 처지에 있는 부하들 주머니를 축내선 안 될 일이었다. 후임인 남명우 중대장에게도 떠날 때는 그리하라고 일렀다.

연평도를 떠나는 날, 여객선 옹진호 사건이 벌어졌다. 그날따라 여객선 선착장은 인산인해를 이뤘다. 백령도에서 연평도를 거쳐 인천에 들어가는 여객선은 보름에 한 번씩 왔으므로 배를 놓치면 한 달을 고스란히 기다려야 했다. 때마침 태풍으로 여객선이 한 번 결항된 후였기에 추석 명절에 고향에 왔다가 육지로 나가려는 사람과 체육대회 등 부대 사정으로 밀렸던 휴가를 가는 장병들로 북적였다. 거기다 이들을 환송하고 구경하는 사람들까지 합류해 부둣가는 온통 사람들 물결이었다.

직감적으로 질서 유지가 힘들 거라 생각했다. 우선 여객선 사무소에 가서 이 많은 인원이 다 탈 수 있는지 확인했다. 그들은 충분히 여유가 있다고 자신 있게 말했지만 내심 불안했다.

배를 타려고 대기하는 장병들 중에서는 내가 최고 선임이었다. 여객선이 부둣가 선착장에 닿기 전 공터에 장병들을 집합시켰다. 연평도 주민과 민간인이 모두 승선하기 전에는 일체 승선해선 안 된다고 일렀다. 민간인이 모두 타면 그다음 순서로 해군부터 태워주라고 지시했다.

해병대의 새로운 변화를 보여주고 신뢰와 사랑을 받자고 외쳤다. 그러지 않고서는 날쌔고 동작 빠른 대원들이 무슨 일을 저지를지 알 수 없었기 때문이다. 선착장에 배가 닿았을 때도 질서가 잘 유지되었다. 주민과 민간인이 차례대로 모두 승선했다.

이제부터는 해군이 탈 차례였다. 그런데 이게 웬일인가? 마지막 민간인을 태우고 군인들이 승선하려는 순간 여객선이 움직이기 시작했다. 모두가 소리쳤으나 아랑곳하지 않고 여객선은 떠나갔다. 부둣가는 걷잡을 수 없는 혼란에 빠졌다.

여객선에 박격포 사격을 하라고 소리치는 사람, 어서 기관총을 가져오라며 야단법석을 떠는 사람도 있었다.

드디어 해군기지 쪽에서 뱃머리 쪽에 기관총 사격을 하는 소리가 났다. 뱃머리 앞에 실탄이 떨어져서 물보라가 일어나는 것도 보였다. 그래도 여객선은 포구 밖으로 점점 멀어져가기만 했다. 일대 혼란이었다. 대원들은 몰려다니며 여객선 사무소와 임시 검문용 경찰 파출소를 습격해 기물을 부수고 닥치는 대로 폭력을 휘둘렀다.

한 달이 미뤄진 휴가인데 또다시 보름을 더 기다려야 한다는 것은 대원들에게 참기 힘든 분노를 유발했다. 그들을 제지할 수 없었다. 나 역시 그들처럼 분노로 가득했기 때문이다.

이때 해군 레이더기지에서 연락이 왔다. 근해에서 여객선을 호송하려 대기 중이던 해군 함정에서 이 소식을 듣고 여객선을 회항시켜 선착장으로 돌아온다는 것이었다. 분노로 벌겋게 달아오른 장병들은 술까지 마신 후였다.

여객선이 부두에 다시 돌아오자 대원들은 때를 놓치지 않고, 여객선 승무원들과 승선한 경찰관을 묵사발로 만들어놓고, 그제야 분이 풀렸는지 흥분을 가라앉혔다. 한참 만에 겨우 사태를 수습하고 장병들 모두를 태운 여객선은 인천항으로 향했다. 육지로 간다는 설렘이 어떤 것인지, 얼마나 고대한 시간인지, 오래도록 섬에 갇혀보지 못한 사람은 알 턱이 없다.

누군가 인천의 불빛이 보인다고 소리치는 통에 쪽잠을 자다가 벌떡 일어났다. 바다 건너편 휘황찬란하게 수놓은 인천항 불빛이 보였다. 섬에 들어간 지 얼마 만에 보는 육지인가. 가슴이 울렁댔고 흥분을 감출 수가 없었다. 여객선 난간에 서서 부두에 닿을 때까지 찬란한 불빛을 계속 바라보았다. 다시 아내와 아이들을 만날 수 있다는 기쁨이 잔잔한 물결처럼 밀려들었다.

그런데 이게 또 무슨 일인가? 부두에 해군 헌병 몇십 명이 오와 열을 갖춘 채 김일성광장의 북한군같이 꼼짝 않고 서 있는 게 아닌가. 사태를 직감할 수 있었다. 서울 헌병감실에서도 수사관들이 내려와 있었다. 그때 이미 나는 연평부대 소속이 아니었고, 해군본부 정보참모부 소속으로 되어 있었다.

그들은 나를 정중히 대하면서도 모든 대원들의 하선을 금지했다. 나는 헌병대 수사관들에게 전후 상황을 대충 설명했다. 이 대원들은 1초라도 빨리 육지에 발이 닿고 싶어 하는 자들이라고 말했다.

그들은 죽을힘을 다해 해안 진지를 팠고, 부르튼 손으로 피와 땀을 흘리면서 진지 공사를 마친 휴가자들이다. 모든 책임은 내가 지고 어떤 처벌도 받겠으니 병사들은 제발 여기서 바로 휴가를 떠나게 해달라고 간청했다. 다행히 그 청이 받아들

여겼다. 서해 5개 도서 지역의 급박함과 장병들의 상황을 파악하고 있던 상급부대에서는 이미 어떤 복안을 갖고 있는 듯했다.

나는 부둣가 간이 사무실에서 아내와 세 아들, 처남을 잠깐 만나고 곧바로 서울로 압송되었고 그날 바로 서울지구 헌병대 구치소에 수감되었다.

옹진호 여객선 사건으로 신문과 방송은 야단이었다. 긴장이 고조되어 있는 서북 도서에서 인천으로 휴가 나오던 군인들이 집단으로 술을 먹고 선상 난동을 벌였다느니, 선원과 경찰에게 행패를 부렸다느니 악의적 보도가 이어졌다.

사령부가 해체되는 날까지 모셨던 황병호 장군이 구치소에 직접 면회를 오셨다. 그분은 해군 측 장성들에게 선처해달라는 당부를 했고 반응도 괜찮은 편이라고 알려주었다. 대학 동창, 고교 동창들은 매일같이 면회실에 몰려들어 위로해주었다.

연평부대에서는, 모든 것을 책임지겠다며 구치소에 수감된 옛 중대장과 다친 선원들, 경찰관을 위한 모금 운동을 벌였다. 해군도 점점 긍정적 분위기로 돌아섰고 헌병과 법무감실도 점차 호의적으로 바뀌어갔다.

그런데 청와대가 문제였다. 박정희 대통령의 격노는 해군 안에서 조용히 처리될 수 있는 선을 넘어선 상태였다. 진행 상태와 처리 결과를 대통령에게 직접 보고하는 체제였기에 해군참모총장도 자기 뜻대로 함부로 할 수 없었다.

하루는 대학 동창인 김기덕, 윤한중, 김영용 등 신문, 방송 언론계에서 일하는 친구들이 면회를 왔다. 헌병감실에서는 그들을 특별 배려해 수사계장실에서 조금 자유롭게 면회를 하도록 허용했다. 여러 가지 이야기가 오가던 중 서울 구파발 기자촌에 살던 김기덕 KBS 기자가 묘안이 있는 듯 불쑥 말을 꺼냈다.

"우리 뒷집에 청와대에 근무하는 고위직 군인이 사는데 아주 영향력 있는 사람 같더군. 내가 그 집에 대해 좀 더 알아보고 다시 오겠네."

다음 날 그는 다시 급하게 면회를 왔다. 그 군인은 오두창이라는 현역 육군 대령으로 국내외에서 발생하는 중요 사항을 대통령께 보고하는 청와대 상황실장이라고 했다.

그날 저녁 구치소를 관리 감독하는 헌병감실의 동기생 김도삼 수사계장과 이 문제를 놓고 다각적으로 합의를 했고 그를 졸라 다섯 시간만 감옥에서 나가게 해달라고 부탁했다.

물론 밤 12시 전에는 틀림없이 복귀하겠다고 약속했다. 엄청난 모험이었다. 감옥에 수감된 사람을 임시 석방해 무려 다섯 시간이나 자유를 주는 것은 해군참모총장이나 할 만한 일이었다. 일개 수사계장의 업무 범주를 벗어난다는 사실을 나는 잘 알고 있었다.

주요 직위에 있던 사람들은 모두 이 문제가 해군 안에서 해결될 수 없는 엄청난 사안이라는 것을 모르지 않았다. 위험을 무릅쓰고 큰 모험을 감당한 김도삼 동기에 대한 고마움을 평생 잊을 수 없다.

자정까지 감옥으로 돌아올 것을 약속하고 탈주 계획을 수립했다. 구치소 수감 복장으로는 그분을 만날 수 없었다. 서울을 떠나 백령도에 들어갈 때 벗어두고 간 오래된 정복을 수사계장실에 갖다 놓도록 부탁했다.

구치소 안에서 저녁을 먹은 후, 헌병감실 수사과에서 조사할 것이 있다는 연락을 신호로 김도삼 수사계장실에 갔다. 옷을 갈아입고 고무신을 구두로 바꾸어 신은 후 김기덕 기자와 함께 유유히 정문을 빠져나와 기자촌으로 향했다. 택시를 타고 가는 동안 오두창 청와대 상황실장에게 접근할 방법을 궁리해보았지만 별다른 묘수가 떠오르지 않았다.

그의 집 앞에 도착하자 김기덕 기자가 초인종을 눌렀고 이웃에 산다는 말에 그는 반갑게 맞아주었다. 힘차게 거수경례를 하고 김 기자와는 아주 친한 대학 동창이라고 나 자신을 소개했다. 그는 해병대 장교 중에 연세대학교 출신도 있냐며 호감을 보였다.

응접실로 안내되자마자 단도직입적으로 말을 꺼냈다.

"상황실장님, 실은 제가 지난번 백령도에서 나오던 여객선에서 벌어진 옹진호 사건의 장본인입니다. 한 번만 용서해주시면 대통령 각하와 조국에 충성을 다하겠습니다."

똑바로 서서 군인답게 우렁찬 목소리로 외쳤다. 오두창 대령은 깜짝 놀란 표정으로 되물었다.

"그런데 내가 그 일을 담당한다는 건 어떻게 알고 찾아왔는가?"

"이 친구가 자기네 이웃에 높은 분이 사신다기에 막무가내로 만나게 해달라고 졸랐습니다. 상황실장님, 젊은 장교에게 한 번 더 재기할 기회를 주십시오."

예상치 못한 답이 돌아왔다.

"내일 해군참모총장님을 찾아뵙고 나를 만났었다고 말씀드리게. 청와대 일은 내가 책임질 테니 나머지 일은 총장님께서 알아서 처리하시라고 전해드리게."

일시에 모든 문제가 해결되는 듯했다. 그동안 임경섭 정보참모부장과 함명수 의원도 선처를 당부했으나 청와대 때문에 어렵다는 것을 알고 있었다. 차 한잔을 어떻게 마셨는지도 모르게 훌쩍 마시고는 그 댁을 나섰다. 김기덕 기자의 집으로 가던 중 이내 찜찜함이 가시지 않은 이유를 깨달았다.

현재 감옥에 수감된 신분인 내가 이분을 만난 사실을 참모총장님께 어떻게 설명할 것인가? 모든 게 정상을 벗어난 상태에서 이루어졌던지라 정신을 차려보니 낭패 그 자체였다.

김기덕 기자를 졸라 그 댁으로 되돌아가서 초인종을 눌렀다.

"저는 지금 수감 중입니다. 상황실장님을 만나 뵈려고 다섯 시간 동안 탈옥한 상태입니다."

나의 당돌함에 기가 찼는지 물끄러미 바라보기만 하던 오두창 상황실장이 마침내 한마디 던졌다.

"좋아, 전 대위. 내일 아침 총장님께 직접 전화를 하지."

대방동 서울구치소로 돌아오는 내 마음은 구름 위를 나는 듯했다. 다음 날 나는 즉시 석방되었다.

오두창 대령은 큰 은인이고 쉽게 잊히지 않는 분이다. 죄송하게도 나는 오랫동안 '구두창'이라는 단어를 통해 그분의 성함을 기억하고 살았다. 절대 잊어서는 안 되는 이름이었으니까. 그러나 그 순간에도 내 인생 항로를 새롭게 변화시킬 깜짝 놀랄 일이 또 하나 진행되고 있었다.

미국 해병대로 유학을 가다

연평도 옹진호 사건으로 한 달 보름 동안 수감 생활을 한 후 해군본부 정보참모부 예산담당관으로 자리를 옮겼다. 그곳에서 임경섭 소장을 만나면서 어둡기만 했던 군 생활은 새로운 전기를 맞게 되었다. 임 소장은 해병대 간부 4기 출신으로 당시 해군본부 정보참모부장이었다.

임 소장은 내게 각별한 애정을 쏟았다. 평소 내가 관여되었던 여러 사건을 접하면서 사나이다운 성격과 인물 됨됨이를 알고 있었다고 했다. 임 소장의 배려가 없었다면 나는 적어도 대위 정도에서 군복을 벗는 것으로 해병대 생활을 마무리했을 것이다.

감옥에서 석방될 무렵 해군 내부에서는 정기 진급심사가

예정돼 있었다. 나는 소령 진급 대상에 포함돼 있었지만 감옥에서 풀려났다고는 해도 군사재판을 남겨놓은 처지였다. 진급심사와 맞물려 있는 재판이 예정대로 열릴 경우 한 달 반 동안의 수감 생활 때문에 일단 유죄로 판정받을 게 뻔했다. 그렇게 되면 아예 진급심사에서 제외될 가능성이 높았다.

이런 사정을 잘 아는 임 소장은 해군본부 법무감실 이영한 검찰부장에게 지시해 재판을 보류하도록 했다. 이로 인해 자연스럽게 진급심사 대상에 포함될 수 있었고 그해 11월 소령 진급 예정자가 되었다. 그러나 5개월 뒤인 이듬해 4월에나 정식 계급장을 달 수 있으니 여전히 걸림돌이 존재하는 상태였다. 그사이 재판이 시작되어 유죄 판결을 받으면 소령 진급도 무효가 되기 때문이다.

이번에도 임 소장이 앞장섰다.

"이봐, 검찰부장, 4월에 계급장을 달 때까지 전 대위의 재판을 연기해줄 수 없겠나. 전 대위는 해병대에 반드시 필요한 군인일세."

이렇게 해서 소령 진급 후에 재판을 받을 수 있었고 징계위에 회부되어 '근신 일주일'을 선고받았다.

소령으로 진급하고 정보참모부에서 바쁜 일상을 보내던 중 또 하나의 장애물과 맞닥뜨렸다. 규정상 중대장에서 소령으로 진급하면 고등군사반 교육을 받아야 했다. 그래야 중령 진급 자격이 주어지기 때문이다. 임 소장의 배려로 소령 계급장은 달았지만 고등군사반 교육 이수가 숙제로 남았다.

보병장교였던 나는 그동안 필수 교육 과정인 초등 군사반과 고등 군사반 과정을 졸업하지 못했다. 1966년 8월 8일 김해 공군비행학교와의 충돌 사건으로 퇴교당해 해병대를 떠났기 때문이다. 1년 뒤 해병대 소위로 다시 임관했지만 그때는 군 생활을 오래할 생각이 없었으므로 후배들과 함께 교육받는 과정이 싫어서 거부했던 것이다. 그렇게 해서 결국은 초등 군사반 과정도 졸업하지 못했다. 선택의 폭은 좁았다. 어디든 탈출구를 찾고 싶었고 그중 하나가 미국 유학이었다.

1976년, 내 책상에는 미국 유학생 선발 모집 공문이 결재함 속 서류들과 뒤섞여 놓여 있었다. 당시 해병대는 해군에 통폐합된 후 모든 병과가 폐지되었고, 해군의 일개 전투 병과인 '상륙병과'로 분류되어 있었다. 이 상륙병과 장교 중에서 미국 해병대와 미해군의 상륙전학교 유학생을 선발한다는 모집 공문이었다. 유학을 결심한 나는 매일 밤늦게까지 머리를 싸매고 공부하면서 틈틈이 유학 관련 자료들을 수집했다.

해군본부는 어느 부서든 해군사관학교 출신들이 헤게모니를 쥐고 있었다. 때문에 유학시험 관련 자료나 정보는 해군사관학교 출신이 아닌 사람에게는 철저히 차단된 상태였다. 가까이 지내던 후배 장교들마저 유학 관련 자료를 보다가 내가 나타나면 급히 서랍에 넣고 자리를 뜨기 일쑤였다.

유학을 떠날 수 있는 유일한 방법은 오직 실력으로 승부하는 것뿐이었으므로 미친 듯이 영어 테이프를 듣고 공부에 매달렸다. 6개월 뒤 해군 고시관실 주관으로 1977년도 유학생 선발시험이 실시되었다.

기적이 일어났다. 해군사관학교 출신들의 독무대였던 유학생 선발시험에 별종 하나가 합격한 것이다. 그 소문은 삽시간에 퍼져나갔다. 해군들은 경이롭다는 듯 나를 바라보았다. 정말로 자기 실력인가? 아니면 임경섭 정보참모부장의 압력으로 선발된 걸까? 사람들이 의심스러운 눈빛을 보내는 듯했다.

하지만 나로서는 그리 놀라운 일이 아니었다. 대학교 입학시험에서 수학은 만점, 영어는 단 한 문제만 틀릴 정도의 실력으로 연세대학교 정치외교학과에 합격했었다. 10년이 조금 지났다 해도 외교관 지망생이던 나에게 영어는 필수 학문이었고 해병대 입대 후에도 틈틈이 《타임》이나 《뉴스위크》 읽기를 게을리하지 않았다.

틈만 나면 술 먹고 주먹을 휘두르던 무뢰한으로 알려진 나였으니 그야말로 획기적 사건이었다. 물론 해군사관학교 출신들을 제치고 선발되었다는 사실에 가장 놀란 사람은 임경섭 정보참모부장이었다.

그러나 놀람과 기쁨도 잠시, 해군 인사참모부는 합격자 복무 기록을 확인해 감옥에 3회씩이나 수감되었던 사실을 발견했다. 해군 규정에는 징계 이상의 사유만 있어도 유학생 선발에서 제외한다는 조항이 있었다. 규정대로 처리한다면 내가 선발되는 건 어림도 없는 일이었다.

해군본부 수뇌들은 전도봉 소령의 문제로 또 한 번 회합을 했다. 불과 얼마 전 옹진호 여객선 사건으로 해군뿐 아니라 온 세상을 떠들썩하게 한 자가 이번에는 유학시험에서 좋은 성적을 받아 선발되었다. 하지만 복무 기록과 관련된 규정에 걸림돌이 있으니 이러지도 저러지도 못해서 최종 선발 여부를 결정하기 위한 회합이었다.

후에 들은 이야기지만 당시 회의에서는 해군의 관련 규정을 고쳐서라도 유학을 보내자는 의견이 지배적이었다고 한다. 보기 드물게 책임감과 의협심이 강할 뿐 아니라 경이적인 영어 실력을 갖춘 자인데 과거의 죄과로 유학의 길을 막으면 바람직하지 못하다는 판단이었다.

당시 함경도에서 피난 왔다가 거제도를 거쳐 해군에 입대해 인사참모부 인사처장으로 재직 중이던 대령이 주도적으로 분위기를 이끌었다. 물론 임경섭 정보참모부장의 배후조종도 결정적 역할을 했던 것으로 안다. 탈도 많고 사건도 많던 나는 우수한 성적으로 시험에 합격하고 1977년 8월 19일 미국 버지니아 콴티코에 위치한 미국 해병대 상륙전학교에 입교했다.

미국 해병대는 최고였다

어렵게 유학 기회를 잡았지만 가족은 두고 가야 했다. 요즘은 원하면 가족들과 함께 떠날 수 있지만 당시로선 엄두도 낼 수 없는 일이었다.

1970년대의 우리나라는 경제적으로 몹시 어려웠다. 실제로 북한보다 국민총생산(GNP)이 낮았으며 말레이시아, 태국, 필리핀보다도 생활수준이 낮은 시절이었다. 일반 국민들보다 국가관이나 충성심이 월등하다고 자부하던 군 장교들도 미국 유학 후 귀국하지 않으려는 사례가 빈번했기에 정책적으로 가족과 함께 떠나는 것을 금지한 것이다. 그러니 온 가족을 인질로 잡아놓고 단신으로 유학을 가는 꼴이었다.

1977년 7월, 나는 미국행 비행기에 몸을 실었다. 버지니아주 콴티코에 있는 미국 해병대 상륙전학교는 워싱턴D. C. 근처에 있다. 이곳은 미국 해병대 교육기지 사령부로 미국 해병대와 FBI 교육의 메카로 유명하다.

드디어 말로만 듣던 신천지에 도착했다. 모든 것이 새로웠고 온통 익숙지 않은 것뿐이었다. 댈러스공항에 도착하니 말쑥하게 군복을 차려입은 미국 해병대 대위가 거수경례로 맞아주면서 나를 위해 지명된 미국 해병대의 안내장교라고 자신을 소개했다. 그는 지구 반대편 작은 나라에서 온 나를 과분할 정도로 정중하고 예의 바르게 영접했다. 들고 간 짐을 챙겼고 해병대 차로 유학 기간 머물 장교 숙소 리버세지홀까지 친절히 데려다주었다. 숙소에 짐을 푼 다음에는 식당을 비롯해 각종 내부 시설들을 안내하며 자세한 설명을 했고, 다음 날 만나기로 약속한 후 돌아갔다. 모든 것이 서툴고 익숙지 않았지만 예상보다 순조롭다고 생각했다. 그러나 예기치 않은 어려움이 기다릴 줄이야.

처음으로 맞닥뜨린 곤란은 식당에서 주문하는 일이었다. 저녁 식사를 해결하려고 안내장교가 알려준 장교 식당에 가니 여러 명의 미국 해병대 장교가 길게 줄을 서서 기다리고 있었다. 맨 뒤에 섰던 나는 마침내 차례가 되어 미국 땅에서 처음으로 먹을 저녁을 영어로 주문했다.

"밥(rice)과 쇠고기(beef) 구운 것, 달걀(egg)을 달라."

배식구 건너편 병사는 전혀 알아듣지 못해서 난감한 표정이었다. 그는 고개를 내 쪽으로 내밀고 귀를 가까이 들이대며 다시 주문해달라고 했다. 한 번 더 똑같이 말했지만 여전히 모르겠다며 "I beg your pardon, Sir(다시 한 번 말씀해주세요)"만 되풀이했다.

뒤에서 배식을 기다리며 줄을 선 사람들을 모른 척하고 계속 통하지 않는 영어로 버틸 수 없어서 슬그머니 뒤돌아 방으로 왔다. 누구에게 도움을 청할 용기도 없었고 어떻게 해야 할지 방법도 생각나지 않았다. 풍요로운 미국 땅에서 맞는 첫날밤에 쫄쫄 굶으며 잠을 자야 하다니 어이가 없었다. 하지만 별다른 도리가 없어서 고픈 배를 움켜쥔 채 잠을 청했다.

다음 날 아침 용기를 내어 다시 장교 식당을 찾았으나 어제 저녁과 마찬가지 결과였다. 그들은 나의 영어를 전혀 알아듣지 못했다. 나는 지금도 "I beg your pardon"이라는 말을 영어 문장 중에서 가장 싫어한다.

이곳에 오느라 진해에 있는 영어학교에서 2개월간 유학 준비 과정을 거쳤다. 읽고, 듣고, 이해하고, 글쓰는 많은 과정이 있었지만 어떤 시험이든 95점 이하를 받아본 적이 없었다. 그런 내가 이렇게 허무하게 무너지다니 상상도 할 수 없는 일이었다.

일과 시간이 다가오자 안내장교가 숙소로 찾아왔고 그동안 불편함이나 어려움은 없었는지 물었다. 배가 너무 고팠지만 식당에서 말이 통하지 않아 어제저녁부터 지금까지 굶고 있다는 말을 차마 할 수 없었다. 대한민국 소령 계급장을 단 멀쩡하게 생긴 장교가 제대로 말을 하지 못해 두 끼씩이나 굶고 있다고 말하는 건 자존심이 허락지 않았다. 차라리 굶는 편이 훨씬 마음 편했다. 미국 도착 후 처음 이틀은 이렇게 꼬박 굶었다.

하루 한 번씩 일정한 시간에 안내장교가 꼬박꼬박 숙소로 왔다. 그는 나의 행동과 안색을 보고 드디어 뭔가를 감지한 듯했다. 지금 생각하면 태평양을 건너는 긴 여정으로 피로가 쌓인 데다 꼬박 이틀을 먹지 못하고 굶주렸으니 몰골이 말이 아니었으리라. 나는 얼떨결에 배를 만지며 배가 좀 아프다고 했다. 그는 놀란 표정으로 어디엔가 전화를 걸었고 10분도 채되지 않아 현관 앞에 앰뷸런스가 도착했다. 그와 함께 기지 내에 있는 병원으로 갈 수밖에 없었다.

병원에서는 군의관으로 보이는 의사가 가슴에 청진기를 대고 호흡, 맥박, 혈압, 심지어 배 속까지 온몸을 검진했다. 검진 결과는 예상했지만 그들이 하자는 대로 몸을 맡기고 가만있을 수밖에 없었다. 검진을 마친 의사는 별문제 아니라는 듯약국에서 주는 약을 하루 세 번씩 식후에 먹으라고 처방했다. 식후라니, 밥을 먹어야 식후도 있을 게 아닌가. 약보다 밥이 더 필요한 순간이었지만 하는 수 없이 약을 받아 들고 BOQ로 돌아왔다. 안내장교가 돌아간 뒤 이런저런 생각으로 배고픔을 달래던 차에 묘책이 떠올랐다.

BOQ에서 마을 쪽으로 2킬로미터쯤 떨어진 기지 입구 트라이앵글을 지날 때 중국음식점을 얼핏 본 기억이 났다. 몇 끼를 굶어서 머리가 맑아졌나 보다 생각하며 걸어서 그곳을 찾아 나섰다. 도중에 머릿속은 우동, 짬뽕, 짜장면, 탕수육 등 그동안 중국집에서 먹어본 음식으로 가득 차 있었다. 아는 사람도 없고 주변을 의식하지 않아도 되는 곳에서 체면이고 뭐고 편안한 마음으로 실컷 좀 먹겠다고 기대했다.

걷다 보니 '차이니즈 레스토랑(Chinese Restaurant)'이라고 쓰인 휘황찬란한 간판이 눈에 확 들어왔다. 그러나 식당에 들어서자마자 이내 한국에서 정겹게 드나들던 중국집이 아님을 알 수 있었다. 얼굴에 환한 미소를 머금은 미국인 웨이터가 메뉴판을 가져왔다. 익숙한 짜장면, 짬뽕은 찾아볼 수 없고 낯선 음식이 와글와글 나를 노려보았다. 이곳 역시 다른 세계였다. 사방을 두리번거리던 나의 눈에 벽에 붙어 있는 여러 장의 그림이 들어왔다. 그중 밥과 새우, 조개가 보였고 우리나라에서 먹던 해물덮밥 비슷한 그림을 웨이터에게 손짓으로 가리켰다.

음식을 기다리며 굶은 끼니를 세어보니 다섯 손가락을 꽉

채울 정도였다. 무려 여섯 끼니째에 밥을 먹게 된 것이다. 이처럼 나는 언어 때문에 생긴 배고픔을 시작으로 미국 유학 생활을 시작했다.

상륙전학교에 다니면서는 미국 해병대 제2사단 제6연대 작전보좌관 직책을 맡았다. 여러 차례 실전에 가까운 훈련을 직접 지휘하기도 했다. 월남전 참전 등 이미 전장 경험이 풍부했던지라 미국 해병대에서도 모든 훈련을 깔끔히 처리해냈다.

미국 유학 중 인상 깊었던 일은 미국 대통령이 선정한 특수 해병대에서의 경험이었다. 미국 대통령은 통상 해병대 1개 대대를 선정한다. 이 대대는 유사시 대통령의 직접 지시로 24시간 이내에 세계 어디든 긴급 출동할 수 있는 준비가 완벽히 되어 있다. 이 특수부대 요원들의 자부심은 대단했다. 1년 내내 휴가도 없이 완전군장을 하고 잠도 자지 못한 채 연병장에 대기해도 아무런 불평이 없었다.

선택받지 못한 부대들은 기회만 있으면 대통령에게 점수를 따려고 노력한다. 합참의장 등 군 수뇌부들을 부대에 초청해 전투력을 보여주면서 "우리 부대가 백악관 직속부대로 안성맞춤 아니냐"며 항의 아닌 항의를 한다는 것이다.

해병대는 해군, 공군 등과 함께 수시로 출동 태세 점검을 받는데 해병대 항공대가 다른 군을 제치고 늘 1위를 차지한다고 했다. 그래서인지 미국 해병대는 현재 수직 이착륙 전투

기를 포함, 스텔스 전투기까지 보유하고 있으며, 신속한 출동 기동력을 보여주는 것으로 정평이 나 있다.

시공간적으로 전투력을 과시하기 위해 미국 해병대 스스로 군 수뇌부들을 불러 시범을 보인다는 사실이 매우 인상적이었다. 미국의 국방장관이나 합참의장 등 군 수뇌부들은 특정 부대의 전투력이 어느 정도며, 어떤 특징이 있는지까지 상세히 알고 있었다. 우리나라 국방장관이나 합참의장 등 군 수뇌부들이 각 부대의 전투력을 얼마나 파악하고 있는지 궁금해졌다.

놀라운 건 이뿐이 아니었다. 미군의 보안부대 시스템은 지휘관을 평가하는 소속 보안부대장이 지휘관에 대한 보고서를 미리 보여주는 등 논의 과정을 거친 다음 상부에 보고하는 식이었다. 지휘관을 몰래 감시하는 것이 아니라 부대 전투력을 위해 상관과 부하가 상호 보완적으로 밀접히 상호작용하는 것이 매우 부러웠다.

유학 기간 동안 미군은 철저하게 친미화 정책을 구사했다. 모든 교육 프로그램이 '위대한 미국'을 보여주기 위한 것이었다.

나는 1년간의 유학 생활을 마치고 1978년 7월 13일 귀국, 해군대학 학술처 교관으로 발령받았다.

해군도 아닌, 해병대도 아닌

미국 유학을 마치고 돌아온 후 진해에 있는 해군대학의 교관 요원으로 발령이 났다. 해병대 해체 전 해병대 지휘참모대학이 있던 곳이다. 그러나 대학은 간 곳이 없고 푸른 간판의 해군대학이 우뚝 서 있었다.

해병대에서 12년이란 긴 세월을 보내고 지금 나는 어떤 모습으로 이곳 진해에 왔는가? 다시 돌아온 진해는 유난히 추웠다. 긴 세월 동안 뒤집어썼던 온갖 무거운 짐이 사방에서 나를 짓눌렀다. 아무것도 처음 계획대로 되지 않았다. 끝까지 남아 있자고 약속했던 김무일(전 현대제철 부회장)도 해병대를 떠났다. 떠날 사람은 떠나고 남을 사람은 남았건만 정작 떠나야 할 나는 떠나지 못한 것이다.

처음에 선택했던 해병대는 없어졌는데 이제 나는 해군도 아니고 해병대도 아닌 '상륙병과 장교'라는 이상한 이름으로 해군대학에 서 있었다. 더구나 보병장교는 소위 군 경력상 필수 과정을 거쳐야 했다. 고등 군사반을 수료해야 하고, 소령이 된 후에는 일선 보병대대의 작전장교, 연대의 참모장교를 거쳐야 하며, 해군대학의 정규 과정을 이수해야만 중령에 진급할 수 있다.

그런데 나는 소령 시절의 절반 이상을 후방인 해군본부 정보참모부에서 보냈다. 거기다 해군 영어학교에서 유학 준비 과정을 밟고 미국 유학을 하느라 1년 반을 쓴 상태였다.

유학을 마치고 돌아와서는 일선 보병부대에서 근무할 기회 없이 후방의 해군대학 교관으로 가라는 명령을 받았다. 물론 이 역시 해군 규정상 유학 후 귀국한 장교는 배운 것을 해당 대학에서 가르쳐야 한다는 의무적 조건 때문이었다. 이런 정황이라면 상식적으로는 중령에 진급할 기회를 자동 상실한다.

그렇다고 전역을 하고 세상에 나가 새 출발을 할 길도 봉쇄되어 있었다. 해군 규정에는 유학 기간 1년을 포함해 유학 기간의 1.5배인 2년 6개월 안에는 일체 전역할 수 없다고 명시되어 있다. 그야말로 진퇴양난이었다.

나는 지금 누구란 말인가? 오래전 사라진 해병대 장교라고 우길 수도 없고 해군 장교라고 할 수도 없었다. 해병대와 해군은 다른 점이 너무나 많기 때문이다. 유니폼도 다르고, 역사도, 전통도, 싸우는 방법도, 정신세계도 모두 다르다. 육군인 것도, 공군인 것도 아니다. 그렇다고 해군인 척하며 군 생활을 계속하기에는 많은 어려움과 제약이 따를 수밖에 없었다.

해군대학에 와서 해사 17기 신종칠 선배와 19기 지혁 선배를 만났다. 두 분 다 나와는 인연이 깊었고 해병대에서 존경받는 분들이었다. 신종칠 선배는 해병대와 첫 인연을 맺고 소위 계급장을 달았던 초등 군사반 시절 기초반 중대의 구대장이었다. 그는 모든 면에서 훌륭했지만 단 한 가지, 빳다만큼은 매우 서툰 분이었다. 키가 큰 탓도 있지만 엉덩이에서 수평으로 빳다를 내리치는 것이 아니라 한쪽은 엉덩이에 다른 한쪽은 허벅지에 걸리도록 대각선으로 때렸다. 때문에 맞을 때도 아프지만 꽤 오랫동안 허벅지 통증과 후유증을 동반했다. 그에게 빳다를 맞을 때가 제일 힘들고 괴로웠다.

그러나 해병대에 와서 첫 인연을 맺었던 분이기에 언제나 강렬한 인상으로 머릿속에서 떠나지 않았다. 강의가 없는 날에는 하루 종일 비어 있는 시범 강의실에 모여 셋이 온갖 대화를 나누었다. 우리는 모든 것을 의논하고 토의했다.

어쩌면 처음 시작했던 이곳에 다시 돌아와 처음 만났던 사람들과 함께 군 생활의 종지부를 찍을지도 모른다는 생각이 들었다.

해병대의 상징인
붉은 간판은 모두 사라지고

미국 유학에서 해군대학으로 돌아온 나의 유일한 취미는 달리기였다. 아침이건 저녁이건 강의가 없는 시간에는 어김없이 달렸다. 지난 시간을 되돌아보며 나를 위안할 수 있는 시간은 오로지 달리기를 하는 순간이었다. 달리는 동안만큼은 나를 억누르던 온갖 짐과 어두운 그림자, 갈등, 근심이 송두리째 사라졌다. 진급 문제에 대한 걱정도 잊었다.

10여 년 전 해병대 사관후보생 입교 통지서를 받고 처음으로 진해에 도착했을 때의 시내 풍경을 잊을 수 없다. 밤낮을 통틀어 온 시내는 붉은 간판으로 도배한 듯했다. 밤하늘에서 십자가가 빛나는 것이 아니라 온 진해 시내, 상가, 눈 돌리는 구석구석마다 해병대를 상징하는 붉은색으로 가득했다. 그러나 해병대가 해체되고 해군에 통폐합된 후 이곳의 모든 것을 해군이 접수했다. 그 많던 붉은 간판을 모두 없애고 해군식 푸른 간판으로 칠해놓았다.

붉은색만 바라보며 살아왔는데 이제는 온통 푸른색인 간판 사이를 나는 달리고 달렸다. 경화동 해병대 보급창고였던 곳을 지나 해병대 교육기지 사령부의 제1정문, 제2정문, 제3정문이 있던 곳을 마냥 달렸다.

사관후보생 시절 이른 새벽부터 밤늦게까지 가슴을 파고들던 그때 그 젊은이들의 함성도, 고통을 참는 신음과 절규도 모두 사라지고 없었다. 훈련 기간 중 어느 날, 흰옷 입은 어머니가 머리에 흰 수건을 쓰고 그 철조망 근처에 서 계셨다. 그날 이후 한 번도 그곳에 가본 적이 없다.

총성이 산울림이 되어 메아리치던 산비탈 밑 사격장 앞을 달린다. 몸통과 머리로 된 사람 상체 모양의 사격 표적을 향해 실탄을 마구 퍼붓던 곳이다. 농촌 발전을 위해 박정희 대통령이 직접 지시해서 세웠다는, 그래서 거름 냄새가 늘 코를 찌르는 진해 비료공장 앞을 지나 달린다.

내가 돌아서는 반환점은 언제나 어릴 때 살던 고향 바닷가와 흡사한 작은 어촌 마을 입구다. 이곳은 해군대학에서 정확히 7.5킬로미터 떨어져 있었다. 나는 42.195킬로미터에서 3분의 1 정도인 15킬로미터를 매일 달리겠다고 마음먹었다. 비록 해병대는 없어졌지만 손기정 선수처럼 언젠가는 해병대 마크를 달고 1위로 스타디움에 들어서는 모습을 꿈꾸기도 했다.

진해에서 상남훈련장으로 넘어가는 긴 고갯마루를 사람들은 눈물고개라고 불렀다. 고통 없이, 눈물 없이 넘을 수 없다고 해서 붙은 이름이다. 고개 중턱에서 뒤돌아본 진해만은 모든 것을 다 품은 듯 어찌 저토록 평온하고 아름답단 말인가? 이곳은 폭풍이 몰아치고 천둥 번개가 번쩍이던 곳, 아픔과 절규와 눈물로 범벅이 되었던 곳, 앞도 뒤도 옆도 볼 수 없이 사방이 막혀버린 깜깜한 지옥 같은 곳이기도 했다.

진해 상남훈련장에서 창원을 돌아서 오는 백 리 길은 누구나 육신의 한 부분이 미라가 되는 걸 경험하는 지옥의 길이다. 사관후보생인 우리는 반드시 무장을 하고 이 길을 달려야 했다. M1 소총을 들었던 양쪽 팔은 석고처럼 굳어버려 구대장의 '세워총!' 구령에도 누구 하나 총을 내려놓지 못했다. 백리 길을 뛰는 동안 이미 그 부분은 미라가 되었기 때문이다.

언제부터인지 무장 구보 도중 거쳐 가던 마을에서는 물동이를 양손에 든 동네 여인네들이 길가에 줄지어 서서 사관후보생들을 기다렸다. 지옥을 넘어온 듯 허우적거리며 지나가는 우리들 모습을 보며 눈물을 훔치는 여인들도 있었다. 물한 모금도 줘선 안 된다며 목이 찢어져라 소리를 치는 훈련구대장의 목소리에 기가 눌린 여인들은 바가지로 물동이의

물을 퍼서 냅다 대열 위에 뿌려주는 게 고작이었다. 그 물은 사막에서 만나는 오아시스와도 같았다. 흐르는 땀과 함께 흘러내리는 물을 혀로 핥아가며 우리는 계속 달렸다.

이제는 어머니 같던 그때 그 여인네들의 흔적도 사라졌다. 잊을 수 없는 기억도, 엉덩이와 허벅지에 선명하게 남아 있는 아픈 자국도, 기억하기 싫은 고약한 시간들도, 터져 나오는 눈물을 삼키며 넘어갔을 그 눈물고개도…, 이 모든 것이 세월에 묻혀버린 그 길 위를 나는 지금 달리고 있다.

참을 수 없는 고통으로 숨이 멎을 것 같다고 자꾸만 온몸이 경고를 보낸다. 그래도 달리고 또 달린다. 할 수 있는 게 이것 말고는 없기 때문이다. 이 모든 것이 세월에 묻혀버린 그 길 위로 가쁜 숨을 몰아쉬며 나는 지금 달리고 있다.

해병대 관련 논문을 완성하다

1978년 가을로 접어들 무렵, 오랜만에 서울 대방동 해군본부 임경섭 정보참모부장을 찾아갔다. 내가 연평도 중대장을 하고 있을 때 해군본부로 오게끔 명령을 내린 분이다.

임경섭 정보참모부장은 감옥에 있던 나를 소령으로 진급시키고 미국 유학길까지 열어주었던 분이다. 내가 해군 헌병대 구치소에 갇혀 있을 때는 개신교도로 만들어보려고 주일마다 심방팀을 들여보내기도 하셨다. 그러나 나는 예수 믿기가 그렇게도 싫었다. 심방팀이 철거덕 감옥 문을 열고 들어오는 순간부터 모포를 겹겹이 둘러쓰고 등을 돌린 채 누워 있었다. 찬송하고 볼일을 다 보고 돌아갈 때까지 매번 그랬다.

미국 유학을 다녀온 후 그분을 찾아갔다.

"부장님, 저는 아무래도 딴 길을 가야 할 것 같습니다. 필수라는 작전장교도 못 했었고, 정보참모부와 미국 유학, 후방 해군대학에서만 세월을 보냈으니 이제 중령 진급은 바라볼 수 없을 듯합니다."

"전도봉, 가만있어 봐. 무슨 길이 있을 거야."

그분은 나를 계급으로 호칭하지 않고 항상 이름을 통째로 불렀다.

"딴생각 말고 해군대학에 그대로 있어."

사실 부장님을 만나러 간 건 이번 중령 진급에 낄 수 없으니 의무복무기간을 빼고 조금이라도 빨리 사회에 나가게 해 달라고 부탁하기 위해서였다. 하지만 차마 그 말을 입 밖에 꺼내지 못했다.

예전 정보참모부에서 함께 일하던 변재경 보안부대장(해사 8기, 해군 준장 예편)과 강택삼 중령(해사 16기, 해군 준장 예편), 변기구 중령(사관후보생 24기, 해병대 준장 예편) 등을 만나고 진해로 내려왔다. 변기구 중령은 연평도 여객선 난동 사건을 수습하기 위해 검찰과 법무감실, 헌병감실을 오가며 큰 역할을 담당해준 고마운 분이다.

진급은 어느 정도 포기했던 내게 그해 늦가을 또 한 번의 기적이 일어났다. 해군대학 교관을 하고 있던 내가 뜻밖의 중령 진급자에 포함된 것이다.

사실, 유학 전 해군본부 정보참모부에서는 비밀리에 국가적 비밀 사업이 진행되고 있었다. 그에 따라 해군본부에서 극소수 인원만이 참여해 중령 진급 선발 가능자 규정을 개정한 것이다. 이에 따르면 미국 해병대 상륙전학교를 수료한 자 중에서 해군대학에서 인재 양성 교관요원으로 근무했을 경우, 고등 군사 교육 과정과 보병부대 작전장교를 필한 것으로 간주되었다. 실은 임경섭 정보참모부장이 해군참모총장의 승인을 받아 인사참모부에서 관련 규정을 개정하게 한 것이다. 덕분에 나는 기적적으로 중령 계급장을 달게 되었다.

　그러나 중령 진급이 마냥 기쁠 수만은 없었다. 진급을 했으니 이제는 해병대를 떠나겠다는 말은 입 밖에도 꺼낼 수 없었다. 장기복무 장교의 경우 장군이 되어 평생토록 직업군인으로 살 수도 있지만 나 같은 단기복무 장교는 군의 필요에 의해 임시로 보직을 운용하다 불필요하면 언제든지 폐기 처분 대상이었다.

　시한부 군 생활을 할 수밖에 없는 단기복무 장교로 1~2년씩 복무 기간이 연장되고 있었고, 과거의 화려한 경력 때문에 장기복무로의 전환도 불가능한 형편이었다. 전군에서 전과 기록이 가장 많은 단기복무 장교가 중령까지 진급한 유일하고도 특별한 기록을 갖게 된 것이다.

　햇병아리 장교 시절에는 해병대라는 새로운 세상을 만나

열정을 불태웠고, 월남전에서 죽을 고비를 넘기고 복귀한 해병대에서는 더 큰 꿈을 꾸기도 했다. 어느 날 갑자기 이유도 모른 채 해병대가 해체되고 의분과 오기로 버틴 군 생활이 여기까지 끈질기게 이어진 것이다. 그때부터 그 고마움과 감사함을 무언가 가치 있는 일로 보은한 후 떠나겠다고 다짐했다.

대체 해병대가 무엇이며, 해병대 정신이 무엇이기에 3년 후 제대해 멋진 기자가 되고 싶다는 꿈을 접고 여기까지 오게 된 걸까. 나는 해병대 교육의 산실이던 이곳 진해기지 곳곳을 훑기 시작했고, 해병대의 과거사에 관한 자료를 수집하느라 역사관과 유물관 곳곳을 뒤졌다.

해병대는 해병대답게 과거 흔적을 깡그리 없애버린 것 같았다. 해병대와 관련된 쓸 만한 역사 자료는 해병대가 해체되던 날의 사령부 유리창처럼 박살이 나버린 듯했다. 모두 모여 홧김에 불을 질렀다는 증언도 있었다.

그래도 포기하지 않았다. 남아 있는 것은 무엇이든 가져다 읽고 정리했다. 해군대학 도서관이나 해군사관학교 도서관, 서울 국방부 전사편찬실과 역사자료실, 국회도서관까지 해병대에 관한 자료를 찾느라 미친 듯 돌아다녔다.

한편으로는 예비역 장성 등 당시 사람들에게 여러 가지 비화와 조언도 들었다. 미국 유학 중 보았던 미국 해병대의 흥망성쇠에 관한 자료도 모두 수집하는 등 정신이 나간 것처럼 자료를 모으고 정리했다. 장교들의 통상적 활동을 벗어난 이런 모습이 보안부대 요원들에게 포착되었는지 그들은 진즉에 나를 감시하고 있었다.

나는 1979년 7월부터 해군대학에서 지휘참모 과정을 공부하면서 작성하는 논문 제목을 아예 '해병대 구성원의 전통 의식 고찰'로 정했다. 해병대 출신 상륙병과 장교들은 물론이려니와 해군 장교들도 상당한 관심을 보였다. 변대호 중위, 신기남 중위(전 열린우리당 대표), 권재일 중위(서울대 교수) 등 서울대 박사 과정에 있던 인재들을 해군대학에서 교관요원으로 영입했는데 이들은 내 논문을 위해 기꺼이 조언하고 지도를 해주었다.

사실 해군대학에 있는 동안 모든 것이 뒷전이었다. 후배들에게 가치 있고 유용한 논문 한 편을 남기는 것으로 군 생활에 종지부를 찍을지도 모른다고 생각했기에 혼신의 힘을 다해 논문을 작성했다.

나는 해병대 창설 배경, 역사, 해체 이유와 현존하는 문제점, 해병대의 앞날에 대한 올바른 방향 제시 등을 연구했다. 해병대는 다시 살아나야 했다. 그렇게 되살아난 해병대가 똑같은 역사를 되풀이하지 않고 살아남는 방법을 제시하고 싶었다.

어느 날 윤동휘 해군대학총장(예비역 해군준장)이 학술처장과 나를 동시에 불렀다. 해사 9기로 인품과 외모가 출중한 그분을 우리 모두 존경했다. 하지만 이럴 때 나를 찾는 건 좋은 일이 아니라는 예감이 들었다. 총장실 방문을 노크하고 들어가니 김경섭(해사 15기, 예비역 해군소장) 학술처장이 먼저 와 있었다.

"전 중령, 지금 쓰고 있는 논문이 있지? 집필을 그만두게."

"네?"

"아무래도 자네에게 이로울 것 같지가 않네. 그리고 김 대령도 그리 알고 잘 지도감독을 하게."

"총장님! 그 논문은 오래전부터 열정을 가지고 준비해왔습니다. 제가 몸담았던 해병대에 극히 유익하고 필요한 것이라 확신합니다."

"모두 잠잠히 있는데 유독 자네 혼자 자꾸만 집착하는 것이 걱정되어 그러네. 그만두는 게 좋을 걸세."

"총장님! 거의 완성 단계라 시기상 다른 논문으로는 바꿀 수 없습니다."

"그래도 내 말을 듣는 게 좋을 걸세. 명령이야. 명심하게나. 옛날에 필화 사건으로 크게 낭패 본 사람을 안다네."

윗사람과 더 이상의 논쟁은 무용할 듯해 입을 다물었다. 총장실 문을 나와 고개를 숙인 채 이층 복도를 걸어 내려왔다. 틀림없이 보안요원들이 총장에게 지휘 조언을 해서 논문 포기에 쐐기를 박으려 했을 것이다.

뒤에서 김경섭 학술처장이 나를 불렀다. 모든 교관요원은 학술처장인 그분의 지시와 통제를 받아야 했다. 그는 경북고를 나왔고 미국에서 해군 무관으로 활약한 국제 신사였다. 사고방식이 합리적이고 확 트여 젊은 장교들과도 잘 어울릴 정도로 총장과는 다른 면이 있는 분이었다.

"전 중령!"

"네, 처장님."

"자네 그 논문을 꼭 쓸 생각인가?"

"네, 처장님. 저는 이 논문만은 꼭 쓰고 싶습니다. 무엇이, 왜 문제가 된다는 것입니까? 논문이란 일종의 학문 영역이고, 어느 분야든 연구하고 발표할 수 있지 않습니까? 저는 그래야만 건강한 군이 된다고 생각합니다."

"그래, 자네 말이 맞네."

"처장님, 이로써 후배들에게 교훈을 줄 수 있습니다. 비록 해병대는 없어진다 해도 남아 있는 장교들에게 나아갈 방향을 제시하며 진실을 알리는 차원인데 전혀 잘못될 것이 없다고 봅니다."

"자네 생각이 정 그렇다면 원하는 대로 하게나. 그런 것까지 말릴 순 없지."

나는 군복을 벗을 각오로 논문을 쓰겠다는 생각을 굳히고 있었고 학술처장님은 그런 내게 힘을 실어주었다. 해군대학에 있을 때도 그랬지만 늘 내 마음에서 떠나지 않는 분이다.

어느 날 해병대 후배인 37기 안병민 소령이 찾아왔다. 그는 대뜸 선배님이 쓰는 논문에 자기도 일조를 하고 싶은데 공동 저자로 이름을 넣어주겠느냐고 물었다.

"어이, 안 소령! 여기 이름 잘못 넣었다간 군복을 벗을 수도 있어."

"아이고, 선배님, 이런 판국에 군복을 벗으면 어떻습니까? 저도 별 미련이 없습니다. 짧게 살다 갈랍니다."

"그런 각오라면 좋아."

이렇게 해서 논문 저자란에 안병민 소령을 추가했다. 해병대 창설 배경, 역사와 전통, 의식 세계 등이 잘 정립되어갔다. 해병대 해체 이후의 문제점과 해병대가 나아갈 방향까지도 잘 정리되었다.

그런데 1973년 10월, 왜 갑자기 해병대가 해체되었느냐는 질문에 당시로서는 명확한 답을 제시할 수 없었다. 가장 큰 난관에 부딪친 것이다. 그와 관련된 많은 기록을 확인하고 선배들과 예비역 장성들도 만났다. 그러나 중요한 부분에 가서는 누구 하나 명쾌한 설명을 해주지 않았고 입을 다물거나 조심하는 듯한 느낌이었다.

해병대 자체 내분 때문이라는 설, 육군과 해군의 견제 때문이라는 설, 군의 경제적 운용설, 정권 안보를 위한 것이었다는 설 등 갖가지 설이 난무했다.

결국 그해 10월 해군대학총장의 논문 불가 명령을 무릅쓰고 논문을 탈고했다. 책자로 만들어진 논문은 해군본부와 해병대 장교들에게 우편으로 발송되었다.

대통령이 죽고 내가 살아났다

며칠 뒤 드디어 올 것이 왔다. 서울 국군 보안사령부가 발칵 뒤집혔다. 해군본부 보안부대도 바빠졌다. 진해 보안부대에서 당장 출두하라고 호출했지만 응하지 않고 버텼다.

'조사할 게 있으면 직접 찾아와서 조사하면 될 일 아닌가?'

이튿날 보안사 조사요원들이 학교에 들이닥쳤다. 그들은 논문 작성의 저의가 무엇인지, 인쇄는 어디서 어떻게 했는지 꼬치꼬치 묻기 시작했다. 사실은, 일반 인쇄소에 의뢰했더니 최소 12만 원을 달라기에 경비 절약을 위해 해군대학 등사실 군무원들에게 수고비와 담배 몇 갑을 주고 몰래 인쇄한 것이었다. 이 같은 사실이 알려지면 등사요원이 낭패를 볼 건 뻔하다.

"논문을 쓰게 된 배경은 논문 첫머리에 모두 나와 있소. 인쇄는 서울의 내 친구 인쇄소에서 했소."

"거기가 어디입니까?"

"그런 것까지 말해야 하오?"

나는 더 이상 대답하지 않았다. 사실 조사요원들은 나에 대해서 이미 알 만큼 알고 있었다. 해군본부 정보참모부 핵심 부서를 거쳐 해병대사령부 정보국에서 잔뼈가 굵은 사람이라는 것 정도는 익히 알려진 사실이었다.

생각보다 문제의 확산이 빨랐다. 곧바로 서울로 올라가 변재경 보안부대장을 찾아갔다. 정보참모부에 근무할 때 보안처장으로 있었던 그는 고교 씨름선수 출신답게 골격이 크고 우람하며 성격도 대범한 분이다. 그분에게도 논문 한 편을 발송했었기에 부대장 방 책상에는 내 논문이 놓여 있었다.

"어이, 전 중령 아닌가? 앉게. 그래 요즈음 무슨 문제가 있다며?"

"네, 부대장님. 바로 저 논문 때문에 난리들입니다."

"그래? 뭐가 문제인데?"

보안부대장은 그 자리에서 강택삼(해사 17기, 해군 보안부대장, 준장 예편) 운영과장을 불렀다.

"이봐, 운영과장. 저 논문이 뭐가 문제인가? 나도 읽어봤지만 아무 문제가 없는 것 같은데?"

사실 보안부대장은 논문을 읽지 않은 눈치였다.

"위에서 지시가 내려왔습니다."

"그래? 운영과장이 잘 좀 처리해봐."

이 일로 어쩌면 옷을 벗을 수도 있다고 생각했다. 어느 정도 예상한 일이었고 애초 논문을 준비하면서 각오했었다. 어떤 어려움이 닥쳐도 이 작업은 가치 있으며 후배들에게 유용한 일이라고 수없이 되뇌며 여기까지 왔다.

역사 속에 묻혀 잊히기 전에 누군가는 해야 할 일 아닌가? 모두가 입을 닫고 죄인처럼 침묵하니 허공에라도 외쳐야 했다. 사라져가는 해병대의 뒤안길을 기록하느라 누군가 십자가를 져야 한다면 어떤 고통도 감내하리라 다짐했다.

'절대 비굴하지 말자. 모든 것 앞에서 당당하자.'

그날 밤차를 타고 진해로 내려왔지만 다음 날 상황도 마찬가지였다. 자료 출처를 조사하고 그동안 접촉했던 사람들을 묻고 일일이 기록하면서 조사가 계속되었다.

"나 혼자서 미친 듯이 자료를 찾아다녔지만 누구 하나 도와주지 않았소. 더구나 해군대학총장님도 절대 그 논문을 써서는 안 된다고 경고하셨소."

"왜 이제 와서 해병대 해체 이유를 밝히려는 거요? 바닥에 깔린 저의가 무엇이오?"

해병대 해체 후 어느 정도 조용해진 마당에 괜히 이런 논문으로 시끄럽게 하는 이유가 무엇이냐는 질문이었다. 이로써 군통수권자와 수뇌부에 반론을 제기하는 동시에 해병대 장병들과 예비역들에게 동요를 일으킬 수 있다는 게 발언의 요지였다. 매일 일과가 끝나는 저녁 무렵이면 어김없이 조사요원이 들이닥쳤다. 당시 내 형편으론 해병대에 오래 남고 싶어도 그럴 수 없음을 그들도 잘 알았을 것이다.

해병대를 떠나기 전에 꼭 하고 싶은 것이 있다면 바로 이 일이었다. 해병대 구성원의 전통 의식은 어떻게 생성되었는가? 해병대는 왜 갑자기 해체되어야 했는가? 해체 후 현존하는 문제점은 무엇인가? 역사를 거울삼아 앞으로 어떻게 해병대를 이끌어나가야 하는가?

매일같이 조사요원들과 논쟁 아닌 논쟁을 되풀이했고 먹구름 짙은 앞날을 바라보며 힘든 하루하루를 이어갔다.

그러던 1979년 10월 26일, 그날따라 조사요원들은 전화 한 통 없었고 해군대학에 나타나지도 않았다. 이상하다고 생각하는 가운데 한낮이 지났다. 그러다 밤 10시경 전군에 비상이 걸렸다. 박정희 대통령 시해 사건이 발생한 것이다.

보안사의 조사는 더 이상 계속되지 않았다. 아마 10·26이라는 국가적 사태가 발생하지 않았다면 나는 '체제 비판 죄'라는 엄청난 죄를 지은 중죄인으로 법정에 섰을지도 모른다. 주변 상황과 맞물려 당시 그 논문은 적지 않은 문제를 불러왔을 것이다.

나는 오로지 내가 사랑하는 해병대의 흔적을 찾아 남기고 싶었을 뿐이다. 그 흔적을 가지고 훗날 다시 일어설 후배들을 위해 해병대의 모든 것을 기록으로 남기는 일을 사명으로 여겼다. 체제를 뒤엎는 반역도 아닌 일에 그들이 왜 그렇게 민감하게 반응했는지 모를 일이다.

아이러니하게도 대통령이 죽어 내가 살아났다.

12·12군사반란과 해병대

해병대는 빛나는 역사와 전통을 뒤로한 채 5·16군사정변 가담으로 완전히 정치적 군대가 되어버렸다. 박정희 장군이 주축이 된 5·16 반란군은 해병대 제2여단의 도움으로 정권을 탈취하고 군사정권을 수립했다. 그러나 정권 탈취에 일조한 해병대의 위력에 두려움을 느낀 박정희 정권은 해병대를 해체하기에 이르렀다. 그는 1979년 10월 26일, 시해 사건으로 생을 마감했다.

격동의 시간은 계속 이어졌다. 1979년 12월 12일, 전두환 소장을 중심으로 하나회 중심 신군부가 군사반란을 일으켰고 또다시 군사정권이 등장했다.

그 당시 나는 논문 사건이 마무리되고 김포 제2여단 정보참모로 자리를 옮기게 되었다. 정보참모 보직을 맡은 후에는 딴생각을 할 수 없을 정도로 바쁜 나날을 보냈다. 작전참모가 여단장의 신임을 받지 못하는 바람에 때로는 정보참모와 작전참모를 겸직하기도 했다.

어느 날 하루해가 질 무렵 여단장이 공관으로 나를 불렀다.

"지금부터 자리를 비울 테니 전도봉 자네가 이 공관, 이 자리에서 내가 돌아올 때까지 지휘 감독을 하고 있게."

그러고는 홀연히 부대를 떠난 여단장은 밤늦도록 돌아오지 않았다. 새벽녘이 되어서야 만취한 여단장이 복귀했다.

"전도봉, 당장 예비대대 출동 준비를 시켜."

밤을 지새우는 동안 불길한 예감이 스쳐 지나갔다.

'아! 또 무슨 일이 벌어지나 보군.'

"여단장님, 또 개입하시려고요? 이번엔 안 됩니다. 5·16에 참여한 원죄로 해병대가 오늘날까지 해군 속에서 제대로 군대 취급도 못 받고 사는데 이번에 또 그러시면 정말 안 됩니다. 해병대가 영원히 없어질지도 모릅니다."

"야, 임마, 이미 협의가 끝난 사안이야. 1개 대대 준비해."

숙소에 돌아와서도 눈을 부릅뜨고 화를 내던 여단장의 눈빛이 머릿속에서 떠나지 않았다. 아침에 출근하자마자 지하 벙커 상황실에서 매일 열리는 참모회의가 시작되기 전 여단장을 찾아갔다.

"여단장님, 출동 준비 지시를 내리기보다는 예비대대로 하여금 후방 지휘소 백곰진지 점령훈련을 시키는 게 어떻습니까? 전차, APC(Armoured Personnel Carrier, 병력 수송 장갑차) 등 예비대대 전 자산을 총가동하겠습니다."

"음…, 그렇지, 그게 좋겠어! 아주 좋아!"

그로부터 3일 후, 완전 전투 준비 태세를 갖춘 해병대 1개 대대가 후방 지휘소 점령훈련을 마쳤다. 그러나 5·16 때처럼 전투 병력이 실제로 한강을 건너 출동해 군사반란에 참여하지는 않았다. 출동 준비 태세만 유지하며 대기했을 뿐이다. 그때 만약 해병대 제2여단 전투 병력이 출동했다면 역사는 어떻게 전개되었을까? 생각만 해도 끔찍하다.

전두환 신군부 세력은 해병대 제2여단을 자기편이라 생각했으므로 안심하고 입맛대로 거사를 치른 셈이다. 그 후 여단장은 막강했던 경쟁자를 물리치고 소장 진급과 동시에 새로 창설된 제2사단장에 보임되었다. 이후 다음 경쟁자였던 해군사관학교 선배인 제1사단장을 제치고 사령관까지 오르며 승승장구했다.

육군이 해병대를 포위하다

1980년, 제2여단 정보참모 시절이었다. 육군 제3군 사령부 지휘를 받는 육군 수도군단의 작전 통제하에 있는 제2여단에 특별한 작전 지시가 내려왔다. 해병대 제2여단의 후방 지경선을 한강 하구 DMZ 쪽으로 5킬로미터 이상 북쪽으로 옮기라는 지시였다. 1961년 5·16군사정변과 1979년 12·12군사반란 때 이들이 제2여단을 필수적으로 한패로 만들어야 했던 이유는 어이없게도 제2여단이 수도 서울에 근접 배치되어 있었기 때문이다.

수도권 근접 지역에 배치되어 있던 해병대 1개 여단 전투 병력은 선택의 기로에 서 있었다. 이들과 타협해 한패거리가 되거나 여단 뒤쪽 후방 경계선에 육군 사단 병력을 배치해 해병대 여단을 포위하도록 함으로써 해병대가 아예 수도권으로 진출하지 못하도록 하는 것이었다.

육군 사단이 후방 경계선을 북쪽으로 밀고 갈수록 해병대 병력의 수도권 진입 시간이 길어지고 동태 파악과 병력 이동에 대한 조기 경보도 훨씬 빨라질 수 있다는 계산이었다. 당시 여단장은 상급부대인 수도군단의 작전 지시를 무시할 수 없는 상황이었고 작전 통제 권한을 가진 육군에 드러내고 불평을 할 수도, 요구를 거부할 수도 없는 상황이었다.

방어하던 진지를 육군에 빼앗기고 축소된 방어 진지에서의 전투 수행을 좋아할 지휘관은 없다. 작전의 융통성이 제한되고 적의 화력이 집중될 수 있기 때문이다. 그렇다고 그런 이유만으로 거절하거나 거부할 수도 없었다. 그런 지시에는 필히 다른 목적이 포함되어 있기 때문이다.

당시 상급 주무 부서인 수도군단 작전참모는 곧 장군으로 진급할 막강한 대령이었다. 고교 시절 서울 K고 유도부장으로 명성을 날렸고, 워낙 건장하고 호탕해 육군 내에서는 술로 당할 자가 없었다.

그때 정보참모였던 나는 예비대대를 맡아 대대장으로 있던 신종칠 선배를 찾아갔다. 곧이어 상급부대인 수도군단 정보참모를 통해 작전참모를 강화도로 유인하는 데 성공했다.

강화도 기생집 대성관의 주인 '꼰대 사장'을 만나 귀한 손님을 접대할 만반의 준비를 마쳤다. 수도군단 정보참모가 영국 신사 같은 분위기라면 작전참모는 듣던 대로 건장한 체구에 권하는 술을 겁없이 다 마셔댔다.

우리 해병대 측 용사 두 사람도 역시 술에는 둘째가라면 서러운 사람들이었지만 표적으로 유인한 작전참모가 큰 바윗덩어리 같아서 아무리 술을 들이부어도 변함이 없으니 문제였다. 화장실에 가는 척하고 빠져나가 대성관 '꼰대 사장'을 불렀다.

"아무리 들이부어도 꿈쩍도 하지 않는데 방법이 없을까?"

"묘안이 있소."

그때 그가 무슨 비법을 썼는지 물어보지 않았고, 지금도 알지 못한다. 주인이 들여보낸 술을 마시고 두어 순배가 지나자 그는 확연히 달라졌다. 나는 취기가 돌아 버벅거리는 작전참모의 목을 오른팔로 걸고는 목을 물어뜯었다.

"자꾸 밀고 들어올 거냐? 그만두겠느냐?"

마침내 그는 항복했다. 그날 밤 그는 그만두겠다는 약속을 하고 무사히 돌아갔다. 그 후로 후방 지경선 조정 문제는 사라졌다. 해병대로서는 방어하던 진지를 정상적이지 않은 비합법적인 방법으로 지켜낸 셈이다.

그 후 10년이 지나 1989년, 김포에 배치된 현재의 제2사단 참모장 보직을 맡고 있을 때였다. 그는 별 셋을 달고 요직인 수도군단장을 맡아 제2사단장을 방문했다.

훗날 알게 된 사실인데 그는 당시 해병대 수장 최갑진 사령관을 찾아가 전도봉 같은 놈을 장군을 시키라고 요구했다고 한다.

해병대 제2사단 창설과
두 번째 미국 유학

나는 진급할 때마다 항상 전역을 염두에 두어야 했다. 해군사관학교 출신이 아닌 데다 요주의 인물로 알려져 사실상 단기복무자로 분류됐기 때문이다. 소령과 중령에 진급했어도 아직 단기복무 형태였기 때문에 계급 정년이 끝나거나 새로운 보직을 맡지 못하면 전역을 해야 하는 처지였다.

정보참모 시절에도 마찬가지였다. 이런저런 연유로 보안사에서는 나의 일거수일투족을 감시하곤 했다. 언제 전역할지 모르는 데다 특수정보와 1급 비밀까지 군 기밀을 핵심적으로 다루는 요직인 정보참모 직을 맡고 있었기 때문이다.

정보참모 직에서 물러날 무렵인 1980년 11월, 참모 직을 맡은 지 1년이 넘어가도 새로운 보직을 받지 못했다. 이대로 군 생활을 마쳐야 하나 생각하던 어느 날 박희재 여단장이 나를 불렀다.

"이봐, 전도봉, 장기복무를 하면 어떨까?"

예상치 못한 여단장의 제의에 놀라지 않을 수 없었다. 이미 오래전부터 장기복무자로 변경해보고 싶다는 생각을 했지만 사고 기록 때문에 편입이 되지 못했다. 특히 일선의 대대장 보직은 받을 수도 없었다. 신분이 취약한 자가 전방 DMZ 대대장 보직을 맡았다가 북한에 귀순이라도 하면 보통 문제가 아니기 때문이다. 보안부대에서는 아예 보직을 제한했고, 박희재 여단장 역시 잘 아는 사실이었다.

박희재 여단장은 내가 가장 존경한, 멘토로 따르고 싶은 참군인이었다. 출신성분이 아니라 능력과 실력 위주로 인사를 했고, 매우 청렴했으며, 부정한 일은 참지 못하는 성향이었다. 미국 유학파로 영어에 능통해 한미연합군사령부 미군 장군들과도 친숙했다.

그런데 그에게도 한 가지 흠이 있었다. 예하 지휘관에게 무지막지할 정도로 엄격하다는 점이었다. 중령이건 대령이건 장군이건 잘못한 일은 지위 고하를 막론하고 무자비하게 질타했다. 그가 내두른 쇠지휘봉에 많은 지휘관이 부상을 입을 정도였다.

나는 장기복무 장교가 되어 그 밑에서 대대장을 하기보다는 차라리 적당히 참모로 있다가 사회로 나갈까 하고 생각했다. 지극히 아껴주시던 별 둘 임경섭 장군도 나를 장기복무자로 만들지 못했다. 별 하나를 단 박희재 여단장이 그 일을 해낼 수 있을지 의구심도 들었다.

별 관심 없이 한 달쯤 지났을까? 여단장이 급히 찾았고, 나는 해군본부에 있는 여단장의 직계 부하에게서 장기복무자로 변경됐다는 통보를 받았다. DMZ 최일선 15대대장을 맡으라는 것이었다.

나는 여단장에게 단호히 말했다.

"대대장 취임 후 안정적으로 부대를 관리할 때까지 6개월간 순시나 순찰을 않겠다고 약속하시면 대대장을 맡겠습니다"

여단장은 순순히 그러마 했다. 상관과 부하 사이의 이상한 거래였다.

그런데 1980년 12월, 15대대를 맡은 지 얼마 되지 않아 여단장이 약속을 어기고 대대 정문 위병소에 와서 대대장 면회를 신청했다.

"전도봉, 나 좀 들여보내 주게. 의논할 일이 있어."

알고 보니 강화도와 교동도, 석모도, 주문도, 볼음도, 말도 등 서측 도서를 방어하던 11대대에서 큰 사고가 발생했던 것이다. 해병대가 주둔하는 분초에는 TV가 없지만 해군기지에서는 TV를 볼 수 있었다. 이 TV 채널 때문에 시비가 일어나 해병대 병장이 볼음도 해군기지에 있는 해군들을 M16 소총으로 전원 사살해버린 것이다.

비밀리에 부대 교체 계획이 세워졌다. 본래 DMZ에 배치한 부대에 변동이 생길 경우 한국 합참을 거쳐 한미연합군사령관에게 보고하도록 되어 있다. 하지만 여단장과 나는 비밀리에 강화도를 포함, 서측 도서에 배치된 부대를 김포반도 좌일선에 재배치하고, 그 자리에 있던 좌일선 부대를 강화도로 이동시켜 서측 도서에 재배치했다. 비밀리에 두 부대를 교체한 것이다. 이 일은 아무도 모르게 완벽하게 진행됐다. 일을 마무리하고 나서야 박희재 여단장은 발을 뻗고 잠을 잘 수 있었다.

이 무렵 김포 일대에 해병대 제2사단이 창설되었다. 해병대 사령부 해체 등으로 코너에 몰린 해병대에 새로운 전기가 마련된 셈이다. 1977년 1월 미국 39대 대통령으로 취임한 지미 카터는 4~5년 안에 주한 미지상군을 철수시키겠다는 성명을 발표했다. 우리 군 당국은 155마일에 걸친 전 휴전선에서 새롭게 방어 계획을 점검해야 했다.

합참전략기획국장인 손장래 장군 주도하에 해병대 제2여단을 제2사단으로 증편하는 계획이 세워졌다. 그러나 해병대 증편은 당시 군 수뇌부의 분위기상 쉽게 받아들여지지 않았다.

이렇게 해병대 제2사단 창설은 차일피일 미루어지다가 1980년 해군본부 제2참모차장 김정호 중장이 합참의장의 결재를 받는 단계에 이르렀으나 그가 곧 예편하고 말았다. 그 뒤를 잇는 최기덕 중장이 주영복 국방부장관과 전두환 대통령의 결재를 받았고 1981년 4월 16일, 드디어 해병대 제2여단이 제2사단으로 증편되었다.

박희재 여단장은 소장으로 진급하는 동시에 초대 제2사단장을 맡게 되었다. 제2사단으로 증편 후 강화도와 서측 도서 전체는 제5연대의 책임 구역이 되었으며 15대대는 제5연대의 예하부대인 51대대로 바뀌었다.

대대장 시절 나의 능력을 인정해준 분이 바로 박희재 장군이었다. 해병대에 상당한 애착을 가진 그분은 어느 한쪽에 치우치지 않고 늘 실력과 능력 위주로 부대를 운영했다.

내가 대대장을 맡은 후 우리 부대는 사단 내 각종 시범 종목에서 최우수상을 모조리 휩쓸었다. 거기다 나는 단 한 건의 안전사고도 발생하지 않을 만큼 모범적으로 부대를 지휘했다. 이때부터 군 수뇌부에서는 나의 능력을 재평가했고, 대대장을 마칠 때는 중령 계급으로서는 드물게 '보국훈장'을 수여하기도 했다.

대대장 시절 잊지 못할 추억은 존스 데이비드 미합참의장과의 만남이었다. 1981년 4월 초 존 위컴 미8군사령관이 예고도 없이 부대를 방문했다. 일주일 후 데이비드 미합참의장의 부대 방문을 앞두고 사전답사 겸 왔다는 것이다.

미합참의장의 한국 방문은 매우 이례적인 일이었다. 게다가 해병대 방문은 예상 밖이었다. 미합참의장은 5·18 등 일련의 어지러운 혼란 상황을 겪으며 탄생한 5공화국의 전방 군부대 실태를 몸소 살펴보려고 방문한 것이다. 부대를 돌아본 위컴 사령관은 다음과 같이 몇 가지를 당부했다.

"대대장, 전방에 있는 교통로가 허리높이밖에 안 옵니다. 아시다시피 미합참의장은 매우 중요한 신분이오. 그러니 신변 안전을 위해 전방 교통호가 어깨높이에 오도록 만들어주시오."

부대원들과 함께 일주일 동안 밤낮으로 공사를 벌였고 교통호를 어깨높이에 맞췄다.

미합참의장은 미군 내에서는 염라대왕만큼이나 권한이 막강한 사람이었다. 별 넷 장군인 위컴 사령관조차 옆에서 수행하는 동안 사시나무 떨듯 안절부절못하며 떨었다. 미합참의장의 전방 초소 방문은 거의 유례가 없는 일이었고 내게는 행운이 아닐 수 없었다. 연합사 출신 박희재 사단장이 평소 위컴과 친하게 지냈던 것이 미합참의장이 우리 부대를 방문하게 된 배경이었다.

인생의 변곡점은 예기치 않은 곳에서 나를 찾아왔다. 대대장이 되고 1년이 넘게 개인적 용무로는 부대 밖에 나가보지 못했다. 그러던 어느 날, 우연히 서울 구경을 할 기회가 생겼다. 당시 미해군 상륙전학교에 입학할 유학생을 뽑는다는 공고가 떴고 나는 시험을 핑계로 서울 집을 한번 둘러볼 요량이었다. 굳이 유학이 목적이 아니어서 가볍게 시험을 치른 후 결과도 기다리지 않고 곧장 부대로 돌아왔다.

그런데 그날 저녁 미8군 관계자에게서 전화가 왔다.

"전 중령이오?"

"맞습니다. 무슨 일입니까?"

"시험 결과가 나왔습니다. 축하합니다. 1등으로 합격하셨습니다."

예상치 못한 결과였다. 서울 구경 한번 하려고 핑계 삼아 본 시험인데 1등으로 합격하다니 믿기지 않았다.

이렇게 해서 1982년 2월 2일, 나는 두 번째 미국 유학길에 올랐다.

운명을 바꾼 노래 〈개똥벌레〉

교육훈련단 단장 보직을 마치고 서울 소재 합동참모본부 민사심리전 참모부 차장으로 근무하던 1993년 가을, 국군의 날을 며칠 앞둔 때였다.

5·16군사정변 이후 30여 년간 정치 무대를 장악했던 군 출신들이 밀려나고 문민정부가 출범했다.

주일예배를 마치고 집에서 쉬는데 사령관에게서 다급한 전화가 왔다. 내일 아침 대전 계룡대에서 열리는 전군 노래자랑 대회에 해병대 장군이 한 사람 참가해야 하는데 노래 잘하는 이 장군과 김 장군 등이 통 연락이 되지 않으니 내가 대신 참가해달라는 말이었다. 너무 뜻밖이었던 데다 잡기에 능하지도 않고, 노래를 잘하는 축에 끼지도 못하며, 별 하나 달아봤으면 그만이지 별 희망도 없던 나는 정중히 거절했다.

밤중에 다시 전화가 왔고, 막 잠자리에 들려는 찰나 세 번째 전화가 왔다.

"아무도 연락이 되지 않으니 전 장군이 참가해야겠네. 이건 명령이야."

그러곤 전화가 끊겼다. 내키지 않은 명령이었지만 최소한의 예의는 지켜야 했기에 둘째 아들과 의논해 노래방에 갔다. 여러 곡을 연습해보며 "머나먼 남쪽 하늘 아래 그리운 고향, 사랑하는 부모 형제 이 몸을 기다려"로 시작되는 나훈아의 〈머나먼 고향〉을 부르기로 결정하고 월요일인 다음 날 아침 대전 계룡대에 도착했다.

그러나 KBS 홍순창 PD가 짜놓은 방송 스케줄 어디서도 해병대 순서를 찾을 수 없었다. 내심 육해공군에 이어 맨 마지막쯤에 해병대를 끼워주려나 생각하며 육해공군 장군 참가자들이 모여서 대기하는 곳에 갔더니 각기 준비한 곡명을 놓고 얘기 중이었다.

해군 제독 한 사람이 대뜸 "해병대 장군님, 무슨 곡을 준비하셨습니까?" 하고 묻기에 〈머나먼 고향〉이라고 대답했다. 그는 반색하면서도 단호히 말했다.

"그 곡은 이미 제가 부르기로 정해져 있습니다. 다른 곡을 준비하셔야 합니다."

난감하기 이를 데 없었다. 아무래도 내 차례는 맨 나중일 테니 천천히 궁리할 생각으로 돌아서는데 무대에서 사회를 보던 이상벽 씨와 눈이 마주쳤다. 사회자는 뭐라 뭐라 한참을 말하더니 "제일 첫 번째 노래할 분으로 해병대 장군님 한 분을 모시겠습니다"라고 선언하는 게 아닌가.

우물쭈물할 수도, 피할 수도 없게 되었다. 주변에서 환호성과 박수가 터지면서 "해병대 장군님, 어서 나가시지요" 하고 재촉을 해댔다. 무대 쪽으로 어떻게 걸어 나갔는지, 무대에서 뭘 어떻게 했는지 기억이 나지도, 기억하고 싶지도 않다.

엉겁결에 부른 노래는 엉뚱하게도 가끔 둘째 녀석을 따라 불렀던 〈개똥벌레〉였다. 해병대원들은 신이 나서 특유의 해병대 박수를 치며 합창으로 분위기를 살렸다. 황급히 무대에서 내려와 보니 대기하던 육해공군 장군들은 이미 한 사람도 남지 않고 모두 사라져버렸다. 장군이 점잖지 못하게 졸병들하고 할 짓이 아니라는 것이었다.

전군에 난리법석이 났다. 장군이 채신머리없이 졸병들하고 노래 시합이나 하고, 노래도 하필 〈개똥벌레〉라니, 장군답게 멋있고, 고상하고, 품격 있는 노래를 불렀어야 하는데 우리 장군들 개망신을 시켰다고 했다.

다음 날부터 장군들만 보는 지휘 참고 자료집은 온통 나에 대한 비난과 허물로 범벅이 되었다. 그날 이후 나는 장군으로서는 이미 끝장난 사람이었다. 하는 수 없이 최후의 방편으로 홍순창 PD를 찾아가 방송할 때 이 부분만 삭제해달라고 통사정을 했다. 홍 PD는 국방부장관이 사정해도 안 된다며 단호히 거절했다.

별 묘수가 없었다. 그런데 시간이 지나면서 이상하게도 내 마음은 점점 더 자유롭고 편안해졌다. 언젠가 우리 모두는 이 군복을 벗는 날이 올 테고, 지극히 평범한 시민으로 돌아가야 한다. 모든 걸 내려놓은 채 낮아지고 작아지려고 나름대로 끊임없이 훈련한 결과였다.

일주일 뒤 국방부장관이 주관하는 각군 참모총장 부부 동반 만찬이 열렸다. 국군의 날 노래자랑대회에서 〈개똥벌레〉를 부른 해병대 장군은 시종일관 화제가 되었다. 국방부장관과 이화여대 성악과 출신의 장관 사모님이 극찬했다는 소식도 들었다. 해병대 장군이 노래도 잘 부르고 병사들과 격의 없이 함께 어울리는 것은 문민정부에 가장 적합한 장군의 모습이었다는 칭찬이었다. 그해 10월 말 나는 준장에서 소장 진급자로 선발되었다.

군인사법상 준장 임기는 법적으로 6년이 보장되지만 후배들에게 기회를 주기 위해 강제로 의원 전역하도록 되어 있는 해병대 내부 결의를 따라야 했다. 1~3차 보직이 끝나는 3년 이내에 준장에서 소장으로 진급하느냐 마느냐는 잔류냐, 퇴출이냐 하는 이른바 운명의 갈림길이 된다. 그때까지는 해병대 별 하나 장군이 합참 참모부 차장 보직에서 소장으로 진급한 케이스가 없었다.

게다가 〈개똥벌레〉라는 곡은 과거 군사정부 시절부터 저항곡으로 분류돼 금지된 노래였다. 지휘관 및 군 간부들이 금지곡을 불렀다간 보안부대 감시 대상으로 분류되어 상위 계급 진출에 제한을 받던 시절도 있었다.

하지만 금지곡 〈개똥벌레〉는 내겐 행운의 노래였다.

17년 만에 재개된 공수훈련

1994년 별 둘을 달고 처음 받은 보직이 별 하나 자리인 계룡대 해군참모총장 보좌관 자리였다. 해병대 별 둘을 달고도 해군의 별 하나 자리로 가야 하는 치욕적 인사였다. 계룡대로 내려가며 운전병이 눈치챌까 봐 애써 터져 나오는 눈물을 숨겼다.

6개월 이내에 별 둘로서의 정상적 보직을 받을 수 없다면 전역하겠다고 결심하고 미리 전역 지원서를 작성해서 품고 갔다. 그런데 의외로 6개월 만에 사단장 보직을 맡았다. 그것도 항시 출전 준비 태세를 갖추어야 하는 해병대의 정통 상륙사단인 포항 제1사단장이었다. 나는 이를 해병대에 기여할 마지막 기회이자 명예로운 마지막 보직이라 여겼다.

국가가 한 나라로 인정받으려면 영토와 국민과 주권이 있어야 한다. 이 영토와 국민과 주권을 지키려면 육지와 바다, 영공을 지키는 정규 목적군인 육군과 해군, 공군은 필히 있어야 하는 군대다.

그에 반해 해병대는 있어도 되고 없어도 되는 특수한 군대인 것이 사실이다. 해병대는 기본적으로 지켜야 할 땅, 바다, 하늘을 특정하지 않기 때문이다. 다만, 해병대는 육해공군보다 국가의 목적에 부합하는 특수한 목적을 가진 국가 전략기동부대이다.

흔히 해병대를 육군의 특수전 부대와 비교하는 우를 범하기 쉽다. 육군의 특수전 부대는 해병대와는 목적, 조직, 임무가 완전히 다르다. 그들은 정규군대와는 다른 소위 비정규전 전문 게릴라부대다. 조직 역시 팀, 지대, 중대, 지역대, 대대, 여단 등으로 게릴라전 수행에 적합하게 편성·장비된다. 쉽게 말하면 정규전 지원을 위해 몰래 숨어들어 파괴를 하기 위해 혹은 일시적으로 점령해야 할 목표의 수에 따라 임시로 조직 편성되는 부대다.

그에 비해 해병대는 소총분대부터 소대, 중대, 대대, 연대, 사단 등으로 조직되며 전쟁 시 적의 영토에 침입, 영토를 확장하고 확장된 영토를 방어하는 데 적합하게끔 편성된 특수 목적군이다. 그러므로 구성원들의 일치단결과 협동이 필수라

할 수 있다. 해병대와 게릴라부대는 조직의 임무와 군사문화가 판이하다.

해병대가 육군이나 해군, 공군보다 더 유용한 군대가 되려면 우선 그들과 달라야 한다. 구별되지 않으면 존재할 수 없기 때문이다. 사격과 기동 등 유형 전투력 및 사기, 군기, 신념 등 정신 요소를 형성하는 무형 전투력인 군사문화 측면에서 다르지 않으면 의미가 없다.

더욱이 육군과 비슷하게 조직되고 편성·장비된 해병대는 먼저 그들의 전투력과 비교할 수 없을 정도로 우위에 있어야한다. 바다와 육지, 하늘에서도 그들과 다르게 더 잘 싸우는 군대로 편성·장비되고 훈련되어야 한다.

해병대 공수훈련은 1969년부터 시작된 해병대 공중 기동 전력의 중요한 요소다. 그러나 전두환 신군부는 공수훈련을 금지했고, 장비와 장구 일체는 육군 특전사령부가 몰수해버렸다.

포항 제1사단장 보직을 받자마자 교육훈련단장 시절부터 생각하던 공수훈련을 실행하기 위해 곧바로 김홍래 공군참모총장을 찾아갔다. 나는 해병대에서 공수훈련을 하고 싶으니 공군에서 수송기를 지원해달라고 간청해 쾌히 승낙을 받아냈다. 그러나 막상 포항 제1사단에 와서 보니 16년 전에 있었던 공수교육대는 흔적도 없이 사라졌고 그나마 11미터 높이의 막타워(Mock Tower) 뼈대만 남아 교육훈련단 신병과 하사관 후보생의 담력훈련장으로 이용되고 있었다.

수소문 끝에 특수수색대 출신으로 공수교육대에 근무했던 공수교육 전문가 김영일 상사를 찾았다. 다행히도 그는 준위로 해병대에 계속 남아 있었다. 우리는 일사천리로 해병대 공수교육대 창설을 진행하고 준비했다.

기본적인 교육훈련을 마친 후 여가 시간 개념으로 금지된 공수교육을 개시하기로 내부 방침을 정했다. 이렇게 해서 3개월이 소요되는 기본 교육훈련을 2개월 만에 끝내고 공수훈련에 들어갔다. 해병대원들의 열정과 도전 정신에 감동받지 않을 수 없었다. 서로 먼저 받겠다며 사단의 각 대대별로 경쟁이 치열했다. 해병대답게 이런 특수한 교육훈련을 받고 싶어 하는 해병대원들의 열망이 얼마나 강렬하고 치열했는지는 상상도 하지 못할 정도였다.

사단장 재량으로 공수기본훈련을 완성하고 공군의 비행기 지원까지 확약되어 있는 시점에 두 가지 어려운 문제에 봉착했다. 하나는 '대통령인 군통수권자가 금지한 교육'을 재개하는 것은 불가하다는 해병대사령관의 통보였다. 다른 하나는 비행기에서 낙하할 때 필요한 파라슈트가 육군 공수 특전사에 모두 반납되고 없다는 사실이었다.

마침 고향 후배인 장군이 특전사 참모장으로 근무하고 있었다. 편의를 봐주리라 믿고 정식 공문으로 특전사에 협조 요청을 했으나 불가하다는 회신이 왔다. 모든 참모가 해병대에 공수 장비를 대여하는 데 반대한다고 했다. 같은 국군 내에서도 해병대와 육군 특전사 간에는 아직도 앙금이 남아 있음을 실감했다.

궁여지책으로 참모장의 동기가 지휘하는 특전사 모 여단에서 1개 대대분 장비를 대여받아 싣고 올 수 있었다. 해병대사령관의 불가 지침과 뜻은 확고했으므로 문제 발생 시 모든 책임은 내가 지기로 했다.

드디어 공군의 수송기 지원을 받아 제1차 공수낙하훈련을 개시하고 집무실에 앉아서 조마조마하게 실시 상황을 지켜보았다.

제7연대장 김용운 대령과 대대장, 중대장이 선두에 섰다.

"제1중대 낙하 완료! 이상 무."

"제2중대 낙하 완료! 이상 무."

"제3중대 낙하 완료! 이상 무."

"제7연대 72대대 낙하 완료! 이상 무."

금지된 공수훈련 중 문제가 발생할지도 모르니 목을 걸어야 하는 모험이었다. 그 위중함을 잘 아는 김영일 준위가 얼마나 호되게 엄한 훈련을 시켰는지 손가락 발가락 하나 다친 데 없이 전원 제1차 공수훈련을 완료했다.

특전사 출신 신군부의 등장 후 17년 동안 끊어졌던 해병대 고유의 공중 기동 전력을 유지하게 된 역사적 순간이었다. 숱한 세월이 지난 지금도 맡은 임무를 성공적으로 완수한 공수교육대 김영일 준위의 해병대 사랑과 헌신을 잊을 수 없다.

현재 해병대 공수교육은 해병대 교육훈련단에서 상륙전 교육대대에 공수교육대를 두어 하고 있다. 또한 포항 제1사단에 공수대대를 지정하고 정기적 공수교육을 통해 해병대 전투력 강화에 힘쓰고 있다. 정상적인 공수낙하훈련을 위해서는 아직 해군과 공군의 지원을 받아야 하는 실정이다. 특수목적군인 해병대의 기본 교육 가운데 하나인 공수교육대가 정치적 이유로 금지되거나 없어지는 일이 두 번 다시 일어나서는 안 될 것이다.

포항 제1사단 정문

안병태 제독은 내가 소장으로 진급해 포항 제1사단장으로 보직되었을 때의 해군참모총장이었다. 1987년 포항 해병대 제3연대장 시절, 안병태 제독은 별 하나를 달고 해군 제6항공전단장 보직을 맡고 있었다. 그 후 그분은 소장으로 진급했고 해군과 해병대의 부대 구조, 편제 편성, 작전을 총괄하는 막강한 작전참모부장이 되었다.

　그는 평소 해병대를 몹시 못마땅해했다. 그런 그를 보면서 해병대에 불리한 행동을 할지도 모른다는 생각에 항상 불안한 마음이었다. 그러던 어느 날 안병태 해군참모총장이 전화를 했다. 지시나 명령 사항이 있으면 통상 직속상관이 직접 연락하는 게 통례인데 해병대사령관을 제쳐두고 해군참모총장이 직접 전화를 한 것이다.

"사단장, 포항 제1사단 북문을 해군 제6항공전단 관할로 넘겨주게."

포항기지에는 5개의 문이 있었다. 해병대가 1959년 포항에 주둔한 이래 동문은 현재의 군수지원단이, 전차가 기동해 부대 안 도로를 따라 탑재항으로 통하는 남문은 제2연대 22대대가 관할했다. 그 밖에 해병대원들의 도보 출입이 용이해서 면회소로 이용하는 서문, 교육단 정문, 북문이 있었다.

그중 해군참모총장이 해군 관할로 넘겨달라는 북문은 몰개월과 해병대의 전투 병력 및 장비를 탑재하는 탑재항 부두로 연결되기에 해병대 제1사단의 '정문' 역할을 했다. 그 밖에 해병대 제1사단 헌병대가 남문을 제외한 4개 문을 관할하고 있었다.

주둔 이래 해병대 제1사단의 상징이었던 북문을 해군에 넘겨주라는 명령이었으니 역사성과 상징성은 제쳐둔다 해도 간단한 문제가 아니었다. 그는 작전참모부장 시절, 해병대가 관할하는 포항지구 헌병대가 있음에도 해군 제6항공전단에 별도의 해군 헌병대를 편성한 바 있다. 그런 다음 해병대 헌병과 동일한 복장을 하게 했고, 붉은색 대신 해군의 흰색 바탕에 검은 글씨로 된 명찰로 구분하도록 했다.

제1사단 헌병대의 포항지구 지역 지원 개념을 깨고 동일 지역에 별도의 해군 헌병대를 중복 배치한 것이다. 이미 해병대의 상전이 된 해군이 해병대 관할하에 있는 것이 좋을 리 없었을 것이다. 그런데 중요한 것은 해군의 주무대는 바다라는 점이다. 해군이 지상군처럼 육상에 별도 부대를 두는 것은 군의 효율적 운용에 도움이 되지 않고 사리에 맞지 않는 일이다.

해병대 해체 이전과 이후에도 헌병 업무는 지역 지원 개념으로서 서울지구와 부산, 인천, 김포, 묵호, 목포지구 등에서 헌병대가 운용되었다. 이들은 해병대와 해군의 함대사령부가 주둔하는 지역의 군기 유지와 범죄 예방을 담당했다. 또한 지상전 전문인 해병대 장교가 전체 지구대의 지휘관인 헌병대장에 임명되어 운용되었다.

해병대 헌병과 해군 헌병은 그 역할도 일정 부분 구분된다. 해병대 주둔 지역에서는 해병대가 보안헌병과 범죄 수사 업무를 통할하고, 해군 부대 주둔 지역 헌병대장에는 해병대 장교가 보직된다. 그러나 이 경우 해병대 측은 보안 업무만 담당하고, 범죄 수사 업무는 해군 측이 맡아 서로 분담하는 식으로 운용되었다. 육상이 주무대인 해병대가 육상에서의 업무와 해군을 지원하는 개념이다.

그러나 헌병대가 없는 지역에서 해군이 잠시 육상에 머물 경우에는 자체적으로 순라를 운영했다. 이 제도는 해병대 해체 후에도 계속되었으나 해군은 육상에서도 점차 기존 편제 편성을 바꿔가며 헌병대를 편성하기 시작했다. 헌병대 지휘관 역시 해군 장교로 교체, 보임하기 시작한 것이 바로 이때부터다.

여기엔 역사적으로 뼈아픈 추억도 작용했으리라. 해군은 6·25전쟁 전후 미국에서 함정을 도입하면서 함정 안에 화장품 등 생필품을 몰래 숨겨 들여왔다. 이것이 화근이 되어 5·16군사정변 후 관련 해군 제독들이 가장 먼저 표적이 되었고 줄줄이 해병대 헌병에게 연행되었다. 해군의 치욕으로 기억되는 사건이다.

그렇다고 북문을 해군 제6항공전단 정문으로 넘겨주면 부대 밖 문덕동에 위치한 해병대 전차대대 그리고 부대 안에 있는 자주포와 견인포 등 전투 장비 이동이 문제가 된다. 몰개월 도구해안에 있는 탑재항까지 이동 시 주민들 밀집 지역인 오천읍을 경유하는데 이는 안전상 적과의 전투보다 더 어려운 관문이 될 수 있었다. 효순이, 미선이 같은 사고가 훈련 때마다 발생할지도 모를 일이다.

"참모총장님! 북문을 해군 제6항공전단에 넘겨주면 우리 전차와 포차는 도구항까지 어떻게 이동합니까. 전차와 포차가 날아다니는 줄 아십니까?"

나의 대답에 갑자기 전화가 뚝 끊겼다. 그다음 주부터 해군 본부의 별 하나 해군 제독인 헌병감을 필두로 해군의 암행 감찰반이 포항으로 내려왔다. 이내 전 부대를 쑤셔대며 감찰 활동을 벌이기 시작했다. 비리를 캐내어 목을 자르는 전형적인 해군식 목 자르기 칼춤이 시작된 것이다. 통상적으로 지상군에서는 예하부대를 감찰할 때 사전에 그 부대 지휘관에게 신고하고 감찰 사유를 통보한다. 그런데 이들은 지휘관에게 아무런 통보도 하지 않고 일방적으로 비리를 찾아 헤집고 다녔다. 나는 이 모든 절차를 무시하고 기세등등한 헌병감을 내 방에 불러 몹시 혼을 냈다. 그렇게 당한 헌병감이 해군참모총장에게 좋게 보고했을 리 만무하다.

결국 그는 제1사단의 '정문'을 빼앗지 못했고 해군식으로 내 목을 자르지도 못했다. 2년 후인 1996년, 그는 해병대사령관 보직 추천 시 전도봉만은 절대 해병대사령관이 되어서는 안 된다며 국방부와 청와대에 강력히 요구하기도 했다.

4장

해병대라는 그 이름

기본으로 돌아가자

해병대 지휘 통솔 방침 중에 "기본으로 돌아가라(Return To Basic)", "밑에 서라(Under Stand)"는 말이 있다. 각급 지휘관들은 자신을 낮추고 대원들과 정서를 공유하라는 의미다.

미국에서는 긴급 상황 발생 시 911에 전화를 건다. 세계 최강군 중 하나인 미국 해병대는 스스로를 화재 발생 시 출동하는 911 소방부대라고 칭하는 걸 즐긴다.

우리나라 119 구급대원들은 군인이 아닌 민간인으로 구성되지만 출동 명령이 떨어지면 불길이 도사리는 죽음 속으로 달려간다. 이때 게으름을 피우거나 잡담을 하는 일은 없다. 생명 하나라도 더 구하려고 촌음을 아껴 달려가는 모습을 흔히 볼 수 있다. 이를 아무리 어렵고 험난하고 위험이 따르는 일에도 내가 필요한 곳에는 기꺼이 달려가겠다는 자기 선언으로 볼 수 있을 것이다.

내면이 강한 자는 겉모습이 약해 보이고, 겉으로 강한 척하는 자는 하나같이 위기 상황에서 연약하고 비겁한 모습을 보이는 것을 경험으로 깨달은 바 있다. 월남전에서 수없이 목격한 모습이다. 평소에 조용하게 자기 임무에 충실하던 위생병과 위생하사관, 군의관들이 포연탄우 속을 이리 뛰고 저리 뛰며 전우의 생명을 구하기 위해 자신의 위험 따위는 돌아보지 않는 것을 수없이 목격했다. 그들은 때로 전투병들보다 더 용감했고 실제 더 많은 전과를 올리기도 했다.

그러나 전투가 없는 날 병사들 앞에서 위세 등등하게 혼자 강하고 용감한 척하던 자칭 어깨들은 막상 생사를 건 전투 속 위기의 순간이 오면 살아남기 위해 비겁하게 구는 모습들을 숱하게 보였다.

6·25전쟁 중 가장 험난한 곳에서 해병대의 명예를 걸고 싸웠던 우리 선배들 중에는 자기과시형 떠버리들보다는 묵묵히 맡은 일에 충실한 순수한 학도병들이 더 많았다.

미 태평양함대 사령관이던 니미츠 제독은 태평양전쟁에서 가장 치열했던 이오지마 전투가 끝난 뒤 스리바치산 정상에 성조기를 게양한 미 해병대원들에 대해 다음과 같이 술회한 바 있다.

"위기의 순간, 비범하고 위대했던 용기는 평소 비범하고 위대하게 보였던 미덕에서 나오는 것이 아니라, 아주 보편적이고 평범한 인간의 미덕에서 나온 것이었다."

성경에는 "누구든지 자기를 높이는 자는 낮아지고, 누구든지 자기를 낮추는 자는 높아지리라"(〈마태복음〉 23장 12절)는 구절이 있다. 또 "사람이 교만하면 낮아지게 되겠고 마음이 겸손하면 영예를 얻으리라"(〈잠언〉 29장 23절)는 구절도 있다.

노자도 "진정으로 강한 사람은 강한 체하지도 자랑하지도 않는다. 다투지도 않는다. 다투지 않음이 이긴다는 것을 알기 때문이다"라고 했다. 강한 사람은 스스로 몸을 낮춘다. 강과 바다가 산과 골짜기, 넓은 들판보다 넉넉해 보이는 것은 그것들보다 아래에 있기 때문일 것이다.

가장 강한 군대로 자타가 공인하는 해병대원들은 늘 겸손하게 가장 낮은 자세로 자신을 다스릴 줄 알아야 한다. '한번 해병대원은 영원한 해병대원'으로서의 멋과 품위와 내실이 있는 군대, 적이 가장 두려워했던 군대로 돌아가는 훈련을 멈추지 말아야 한다. 초심을 잃어서는 안 된다.

해병대라는 이름 앞에 서면 우리는 목숨을 걸고 서로의 안전을 보호하는 전우가 되고, 피를 나눈 형제가 된다. 해병대라는 이름 앞에 서면 싸움터에서 물러날 수 없다는 각오를 다지게 되고, 전우와 부대와 조국을 위해 한없는 사랑과 충성을 다짐하고 싶어진다. 해병대라는 이름 앞에 서면 허리가 펴지고, 가슴이 넓어지며, 자신도 모르는 새 목에 힘이 들어간다.

그러나 자만은 금물이다. 혈기 왕성한 청년들이기에 자칫 스스로의 강한 힘을 자랑하고 싶고, 비정상적인 행동을 멋스러운 것으로 착각할 수도 있다. 젊은 날의 치기로 도를 넘는 말과 행동을 하며 품위를 내팽개치는 이들도 있다. 하지만 쭉정이는 계속 하늘을 향해 치솟지만 곡식은 익을수록 고개를 숙이고 아래로 내려온다. 이것이 바로 평범 속의 비범이다.

선배들은 적과의 혈전 때마다 승리를 거두었고, 상승불패의 전통을 명예와 긍지로 삼았다. 명예를 지키는 것을 해병대의 전통으로, 명예를 더럽히는 것을 이적 행위로 여겼다. 가장 위대한 집단의 구성원이라면 스스로 일탈을 자제할 수 있어야 한다.

한때 사회 혼란기에 비뚤어진 모자를 쓴 채 부둣가, 기차역, 버스터미널, 비행장, 도심지의 술집 골목 등을 헤집고 다닌 쭉정이 해병대도 있었다. 그들 몇몇 때문에 해병대는 거칠고 야만적인 집단으로 오해받기도 했다.

오늘날의 해병대 구성원 중에는 술에 취해 휘청거리고, 무고한 행인에게 시비를 걸거나 사람을 때리고, 기물을 파손하는 가짜 해병대원이 존재하리라 생각지 않는다. 육군을 땅개, 해군을 물개, 공군을 참새로 비유하는 등 유치하기 이를 데 없는 우월감에 젖어 있는 해병대원이 아직도 우리 안에 있을 것으로 믿지 않는다. 타군의 상급자를 만났을 때 경례 없이 그냥 지나치는 해병대원이 있을 것으로 믿지 않는다.

전시에는 싸워 이기는 군대가 최고지만, 평시에는 절도 있는 훈련으로 전시를 대비하며 자기관리에 철저한 군인이 국민에게 사랑받는다. 강한 자가 가장 온순하다는 것을, 순리가 가장 빠른 길이라는 것을 알고 겸손으로 인격을 다듬어야 한다. 진실로 강한 군대, 안팎이 한결같이 튼튼한 막강 해병대로 거듭나야 한다.

실패에는 엄격, 실수는 병가지상사

해병대 구성원이 가져야 할 중요한 덕목 가운데 하나가 책임 감이다. 책임감은 해병대에 대한 국민들의 신뢰와도 깊은 연 관성이 있다. 해병대는 국가 방위를 최선두에서 책임지기 때 문이다.

해병대 구성원이 된다는 것은 조국과 민족의 안위를 책임 지고, 조직에 누가 되는 행동을 자제하며, 스스로의 일상을 책임지는 것을 의미한다.

지휘관에게는 더 많은 책임이 요구된다. 지휘관은 부대 책 임자로서 군기와 사기, 단결이 자신에게 달려 있음을 명심해 야 한다. 또한 대원들을 지휘, 관리, 훈련하는 데 최선을 다해 야 하며 그들의 역량을 통합해 임무를 완수해야 한다. 지휘권을 엄정하게 행사해야 하며, 부하들의 복지 향상과 자원의 효율적 관리에도 힘써야 한다.

지휘관에게 주어진 임무를 완수하려면 계급 구조에 맞는 적절한 책임과 권한을 위임할 줄 알아야 한다. 권한의 위임은 성공적 임무 완수를 위한 하나의 기술로 사용된다. 그리고 일단 위임을 한 후에는 불필요한 간섭을 해서는 안 된다.

또한 지휘관은 부하의 작은 실수도 용납하지 못하는 무결점 지향을 경계해야 한다. 부대 내의 모든 것을 통제 감독하는 사람이 되어서는 안 된다. 무결점 지향은 책임을 너무 강조한 나머지 멀리 보지 못하고 눈앞의 작은 결과에 연연하는 것이다. 이는 어떻게 보면 책임 회피를 위한 지휘관의 욕심이라고도 할 수 있다. 이런 지휘관은 겉으로는 자기 역할에 철저해 보인다. 하지만 결과적으로 이들의 행동은 책임에서 자유로워지려는 무책임의 발로일 경우가 많다.

사람은 실수를 통해 배운다. 열심히 하는 가운데 실수를 할수도 있다는 분위기가 만들어져야 부하들은 두려움 없이 자신의 능력을 마음껏 발휘할 수 있다.

잘해보려다 실행 과정에서 저지른 실수를 지휘관이 받아들이지 않는 분위기라면 부하들은 복지부동하기 쉽다. 열심히 하다가 실수를 저지르기보다 아무것도 하지 않고 가만있는 편이 덜 위험하다고 생각할 수도 있다. 이런 부하는 경계해야 한다.

일을 쉽게 하려고 편법을 사용하다 저지른 잘못은 엄격히 책임을 물어야 한다. 그러나 옳다고 생각하고 실행에 옮긴 일이 결과적으로 적절하지 못했을 때는 너그러움을 보여야 한다. 선의의 실수에 심각한 질책을 받은 대원은 이후 위에서 지시하면 마지못해서 임무를 하게 된다. 결코 스스로의 판단과 생각을 통해 창의적인 일을 하려고 마음먹지 않는 것이다.

부하의 실수를 용납하지 못하는 지휘관은 부하의 지도력을 훈련하고 개발할 책무를 망각한 채 오로지 명령 이행에만 집착하는 기계적 존재로 전락하고 말 것이다.

사실 해병대는 "실패는 병가지상사(兵家之常事)"라는 말을 받아들일 수 없는 군대다. 전쟁에서 실패는 곧 죽음을 의미하기 때문이다. 역사와 전통이 증명하듯 해병대는 전투에서 실패한 적이 없었다. 그야말로 해병대가 공격해서 탈취하지 못한 고지가 없으며, 방어해서 빼앗긴 진지가 없는 상승불패의 군대다.

우리의 선배들이 이러한 명예로운 전투사를 이어갈 수 있었던 것은 평소 실수를 두려워하지 않는 창의적이고 개방적인 훈련의 결과라는 것을 알아야 한다. 전투에서 실수하지 않기 위해 평시의 훈련에서 수많은 실수를 경험한 결과인 것이다. 무결점 지향은 최종적으로 전투에서 이루어져야 한다.

상경하애와 희생정신

해병대 특유의 상경하애 정신과 희생정신은 해병대 정신의 중심에 있다. 이는 글로 배울 수 있는 것도, 명령으로 되는 것도 아니다. 6·25전쟁과 월남전에서 해병대는 '무적해병대', '귀신 잡는 해병대', '신화를 남긴 해병대'라는 명예를 획득할 수 있었다. 지휘관들이 자기희생을 감수하고 대원들을 아끼는 모습을 보면서 자연스럽게 생겨난 선배와 리더에 대한 존경심이 만들어낸 결과다.

상경하애는 서로를 존중하고 이해하는 특별한 인간관계를 형성하기 위해 가장 중요한 덕목이다. 상경하애 정신을 통해 시련과 역경을 극복하고 해병대란 이름 아래 일치단결할 수 있었다. 지휘관이 솔선수범해 대원들과 한몸이 되어 같이 달리고, 소리 지르고, 뒹굴고, 울고, 웃는 가운데 힘든 지옥훈련을 견뎌내고 하나가 될 수 있었다.

대원들 사이에는 다음과 같은 믿음이 있다.

"해병대원들이 자신의 위험을 생각지 않고 전우를 위해 끝까지 저항하거나, 어떠한 경우에도 전우와 동료를 전장에 남겨두거나 버려두지 않는 것은 해병대원의 자존심과 자부심의 표현이다. 사상자를 수용, 수습하는 중에는 부상당하거나 죽는 예가 거의 없다."

설사 내가 부상당하거나 죽더라도 전우와 동료를 전장에 남겨두거나 버리지 않는다는 대원들 사이의 신뢰와 단결심, 연대의식은 조직의 지적 기동력을 유지해주는 원동력이 된다.

해병대원들은 이런 믿음이 있었기에 상관의 명령에 따라 죽기를 각오하고 적진에 돌격할 수 있었다. 월남전에서 13개월 동안 전 소대원이 무사 복귀한 것은 죽음을 각오하고 일사불란하게 함께 움직인 소대원들의 신뢰와 단결 덕분이었다.

서해 5도 요새화 진지 작업을 하면서도 상경하애와 희생정신은 곳곳에서 발휘되었다. 절벽 바위틈에서 온통 돌가루를 뒤집어쓰고 밤낮으로 망치와 징을 가지고 바위를 뚫는 작업이었다. 마치 영화 〈나바론의 요새〉에서 영국군이 폭파하려고 애썼던 것과 흡사한 난공불락의 요새 진지를 만들어야 했다. 대원들은 곡괭이가 쇳소리를 내며 튕겨 나오는 언 땅을 같이 파헤치면서 진지를 구축해나갔다. 서로 의지하고 격려하며 살을 에는 칼바람 속에서도 나라를 지키는 초병이 되었다.

해군대학에 근무하면서 나는 〈해병대 전통 의식 고찰〉이라는 논문을 완성했다. 군복을 벗을 위기에서도 포기하지 않고 해병대 정신의 역사와 전통을 살리겠다는 취지였다.

해병대 지휘관은 종적으로 연결되는 상명하복 관계가 아니라 상하종횡 관계로 대원들을 지휘해야 한다. 사고방식 자체를 대원 중심으로 바꾸어야 한다는 뜻이다. 대원이 없다면 분대장, 선임부사관, 소대장이 무슨 필요가 있으며, 대대장, 연대장이 어떻게 존재하겠는가. 해병대의 임무 특성상 각자의 위치에서 최선을 다하고, 서로를 존중하고 이해하며 신뢰하는 특별한 인간관계를 형성해야 한다.

우리가 가야 할 싸움터는 부모 형제도, 사랑하는 이도 함께 갈 수 없는 곳이다. 믿고 의지할 것은 오로지 동료 전우들과 지휘관 말고 아무도 없다. 그러므로 해병대원 상호 간의 일상생활에서는 전우와 나, 상관을 존중하고 상경하애 정신에 입각해 살아가야 한다.

해병대 구성원들은 해병대원이 되는 것을 매우 특별한 일이라고 믿는다. 해병대원이 될 수 있는 우수한 자질을 갖춘 젊은이 자체가 특별한 존재이며, 이러한 특별한 젊은이들로 이루어진 해병대 또한 특별한 조직이다.

'누구나 해병대원이 될 수 있다면 나는 결코 해병대를 선택하지 않았을 것이다'라는 슬로건은 해병대원들의 도전 정신과 자부심의 표현이다. 그래서 해병대원들은 해병대 구성원답지 않은 대원을 용납하지 않는다. 해병대의 일원인 것에 대한 자부심과 구성원들 사이의 전통과 문화, 관습을 보존하려는 의지가 다른 군에 비해 월등히 강하기 때문이다.

해병대의 존재 이유는 싸움에서 이기는 것이다. 해병대 지휘관들은 자신이 책임져야 할 부하 해병대원들과 똑같이 혹독하게 훈련되어야 한다. 상경하애와 희생정신은 해병대 단결력의 초석이자 전투력의 기초였으며, 수많은 전투에서 승리를 거둘 수 있었던 원동력이었다는 사실은 아무리 강조해도 지나침이 없다.

"해병대 별 떴다, 길 비켜드려라"

그렇게 적극적으로 해병대 입소를 말리시던 어머니에게는 평생 말하지 못한 에피소드 하나를 소개한다. 언제나 자중한다는 마음으로 조심했지만 빛나는 소위 계급장을 가슴에 단 젊은 혈기는 그 기운을 어쩌지 못했다.

1966년 5월 28일, 154명 중 12명이 중도 탈락하고 142명의 동기생과 함께 소위 계급장을 달았다. 선배 장교 34기는 160명이 입교해 88명이 임관했으니 거의 절반이 중도 탈락할 정도로 어려운 과정이었다.

임관식 날 나는 멀리서도 가족들 얼굴을 선명하게 찾아낼 수 있었지만 어머니와 형님들은 내 코앞까지 와서도 나를 알아보지 못했다. 내가 먼저 손을 내밀어 "제가 도봉입니다"라고 하니 가족들은 깜짝 놀라서 손을 덥석 잡았다. 그때 우리는 상상을 초월할 정도로 완전히 딴사람으로 변해 있었다.

소위 계급장 다이아몬드 142개가 동시에 반짝이는 임관식은 장관이었다. 우리 햇병아리 장교들은 서로를 쳐다보며 드디어 해냈다는 감동과 감격을 나누었다. 웨스트포인트와 아나폴리스 등 세계 어디에 가보아도 당시 우리의 임관식만 한 모습은 찾아볼 수 없었다.

"귀관들은 국제 신사 대열에 합류했다. 이제부터는 타군 장교와 비교할 생각은 아예 갖지 말라. 품위 없이 함부로 아무 음식점이나 주점에 출입해서도 안 된다. 해병대 장교는 싸움을 싫어하지만 싸움에서는 반드시 이겨야 한다. 절대 혼자 다니지 말고 둘 이상 짝을 지어 다녀라."

주말 외박이 있는 날이면 으레 정신교육이 이어졌다. 우리만이 가질 수 있는 긍지와 자부심, 자존심을 일깨워주는 자랑스러운 시간이었다.

우리의 외출 가능 지역은 진해, 마산, 창원, 부산 일대로 제한되었다. 나의 활동 무대는 초등학교부터 고등학교 시절을 보낸 부산 일대였다. 거의 12년을 살았던 곳이라 골목길까지도 훤히 알고 있었다.

임관 후 나는 장교답지 못한 언행과 규율을 감독하는 군기부장으로 임명되었다. 직책 때문인지 동기들이 나와는 잘 어울리려고 하지 않았다. 혈기 방장한 젊은 장교들은 주말이면 남들에게 간섭받지 않고 자유롭게 놀고 싶어 했다. 가끔은 나도 몇몇 동기생과 어울려 부산 광복동과 남포동 일대를 누비고 다녔다. 봉래동, 완월동, 송도 일대도 우리의 활동 무대였다.

그날의 집결지는 남포동 1번지에 있는 유명한 '별다방'이었다. 폭이 넓은 목조 계단이 이층까지 이어져 있고 실내를 유럽풍으로 장식한, 당시로서는 최상급 다방이었다. 그런데 약속 장소인 별다방 입구에 도착하기도 전에 그쪽 일대가 소란스러웠다. 멀리서 봐도 해병대 소위 계급장이 번쩍이는 것으로 보아 틀림없이 동기생이 무슨 일을 벌인 것이라 직감했다.

나는 성큼성큼 빠르게 발걸음을 옮기며 그곳을 빠져나가는 패거리 중 한 놈을 표적으로 삼았다. 쫓기는 걸 알아차린 그의 걸음도 빨라졌다. 그와 마주선 곳은 어느 방향으로도 빠져나갈 수 없는 막다른 골목이었다.

"야, 이 새끼야. 어디 째지고 싶어? 왜 해병대를 건드려."

간단한 동작으로 그를 위협했다. 날렵하게 피하는 그 친구는 동작이 매우 빨랐다. 하지만 싸움꾼치고는 체구가 작았다. 얼핏 보기에도 선한 표정에 정장 차림을 하고 단정하게 맨 넥타이까지 어느 구석을 보아도 못된 패거리 같지 않았다. 그의 동작이나 모습에서 싸움질한 흔적은 찾을 수 없었다.

'표적을 잘못 짚었나?'

"이러지 말고 길을 비켜주시지."

뚫어져라 나를 쳐다보던 그가 반말투로 던졌다. 그의 눈빛을 마주본 순간 흠칫 놀랐고 이대로 물러설 수 없음을 직감했다. 곱상한 신사인 줄만 알았는데 매섭게 노려보는 표범의 눈빛을 본 순간 보통내기가 아님을 알 수 있었다.

싸움에서는 마지막 순간까지 방심하거나 기세를 놓쳐서는 안 된다. 나는 고함을 지르며 날쌘 동작으로 목을 찌르는 시늉을 했다. 그의 표정에서 순간적으로 놀랐음을 알 수 있었다. 눈빛을 보니 만만하게 다룰 놈이 아니라고 생각하는 듯했다.

"오늘은 그냥 돌아가게 해줄 수 없겠나?"

또 반말이다. 하지만 조금 전의 표독스런 눈이 아니라 항복한 사람의 눈빛이었다. 타협하자는 상대를 굳이 공격할 이유는 없었다.

그날 그는 동네 젊은이의 '가랑이 사이를 기어갔던' 중국 한나라 한신의 젊은 시절 일화에서처럼 완전히 굴복하고 말았다. 그날은 예리하긴 해도 싸움꾼 같지 않은 한 사람을 만나 그렇게 헤어지는 것으로 마무리가 되었다.

부산에는 해병대 입대 전 형제같이 지내던 두 친구가 있었다. 한 친구는 제대 후 복학해 서울에 있었고, 다른 한 친구는 미국에서 의사시험에 합격한 후 뉴욕 큰 병원 인턴으로 가버렸기에 심심할 때 만날 친구가 없었다. 소란이 벌어진 다음 주에도 나는 마땅히 갈 곳이 없었다. 자연히 외톨이 신세가 되어 '별다방'으로 발길을 옮겼다.

그날은 이층으로 오르는 계단 입구에 건장한 세 녀석이 미리 진을 치고 서 있었다. 질이 좋아 보이지 않았다. 이층으로 오르는 계단에 발을 딛는 순간 깐죽거리는 소리가 들렸다.

"어이, 해병대 별 떴다. 길 비켜드려라."

계단 위를 올려다보니 아무도 없었다. 분명히 뒤쪽에서 시비를 걸고 있었다. 이런 상황에서 못 들은 척하는 건 해병대 장교의 자존심을 던져버리는 꼴인 것 같았다. 나는 그 자리에서 돌아섰다.

"지금 뭐라 그랬어?"

날카롭게 그들을 노려보았다. 그러자 세 녀석이 뚜벅뚜벅 동시에 계단을 오르기 시작했다. 나는 계단 중간쯤에 서 있었다. 그중 한 놈이 바싹 다가오더니 그 큰 머리로 내 턱밑을 슬슬 치받았다. 물론 내가 서 있는 위치가 그들보다는 훨씬 유리하다는 사실을 나는 이미 간파했다.

더는 물러설 곳이 없음을 깨닫자마자 오른쪽 팔꿈치로 그놈의 왼쪽 턱을 45도 각도로 올려쳤다. 팔꿈치에 닿는 감각과 그놈의 괴성으로 보아 성공했음을 직감했다. 그놈은 휘청거리며 쓰러지더니 잠시 후 일어나 입을 우물거렸다. 오른손 바닥에 탁 하고 뱉어낸 것은 시뻘건 피와 함께 뒤엉켜 있는 흰

어금니 둘이었다. 곧이어 누가 먼저랄 것도 없이 치고받는 난투극이 벌어졌다. 삽시간에 모여든 패거리가 100명은 넘어 보였다. 남포동 일대가 마비될 정도였다.

나로서는 불가항력적인 상황이었다. 앞에서 날아오는 주먹을 피하며 펀치를 날리면 옆과 뒤에서 무수한 주먹이 날아왔다. 두세 놈 정도면 해볼 만한데 워낙 수적으로 열세인지라 도저히 당해낼 수가 없었다. 점점 구석으로 밀리다 급기야 일방적으로 맞기 시작했다.

한자리에서 얼마나 두들겨 맞았는지 모른다. 대략 30분 이상을 꼼짝하지 못하고 얻어맞았다. 몸은 만신창이가 되었지만 마지막까지 정신은 잃지 않고 바닥에 넘어지지 않으려 애쓰며 싸웠다. 경찰과 헌병이 호각을 불며 야단을 쳐도 나를 에워싼 패거리는 좀처럼 물러서지 않았다. 벌떼 같은 패거리 용병들은 근처 술집과 카바레 웨이터들이었는데 대부분 검은 바지와 흰 와이셔츠에 나비넥타이를 매고 있었다.

결국 헌병 지프차에 태워져 부둣가에 위치한 부산지구 헌병대로 실려갔다. 그런데 이상하게도 그렇게 맞았는데 어느 곳 하나 부러지거나 찢어지지 않았다. 움직이기 힘들 만큼 타박상을 입은 곳도 없었다. 아마 그 혹독한 해병대 장교훈련이 이런 강철 덩어리로 만들어주었나 보다.

사건 발생에 대해 헌병 간부들과 이야기하던 중 누군가가 문을 여는 것을 보고 놀라지 않을 수 없었다. 지난주 남포동 별다방에서 시비가 붙었을 때 내 다리 사이로 기어갔던 그 친구가 들어오는 게 아닌가. 더욱 가관인 것은 모든 헌병과 간부가 그를 '형님'이라고 부르며 깍듯이 맞아주었다는 사실이다.

헌병들이 모두 내 편을 들 거라 생각했는데 완전히 그놈 똘마니 행세를 하다니. 순간적으로 눈이 뒤집힌 나는 당직대 앞에 놓인 야구방망이를 들고 탁자와 의자를 정신없이 부숴댔다. 말리려는 헌병들도 닥치는 대로 후려쳤다. 헌병대장이 전달을 받고 급히 들어오더니 나를 자기 방으로 끌고 들어갔다. 그러고는 씩씩거리는 나를 진정시키며 설명했다.

"저 친구가 황인기야. 황우라는 이름으로 부산 주먹의 총우두머리 행세를 하는 자일세. 우리 헌병대에서도 저놈들과 손을 잡지 않으면 도망병 하나 잡기 어려워. 자네에게 맞아 이가 부러진 놈은 저 친구 동생이자 영도를 책임진 백곰이야. 이름이 박두영인가 그래. 저놈들과 잘 타협해서 문제를 풀자고."

헌병대장의 제의를 받아들이고는 밖으로 나가 황우 패거리 쪽으로 갔다. 족히 20여 명이 넘어 보였다. 뜻밖에도 황우가 먼저 손을 내밀며 말했다.

"우리 서로 시끄럽게 하지 말고 여기서 끝냅시다. 광복동으로 가서 화해 술이나 한잔하지요."

헌병대장도 동의하라는 눈짓을 보냈다. 내심 불안했지만 그

길로 그들과 함께 광복동으로 갔다. 뒤쪽에서 두 헌병이 바짓가랑이에서 철거덕거리는 쇳소리를 내며 우리 뒤를 따라왔다. 만약을 대비한 헌병대장의 조치였을 것이다.

우리 편이 뒤에 있다고 생각하니 한결 마음이 든든했다. 그들과 함께 간 곳은 광복동이 아니라 일제강점기부터 외항선 선원들이 즐겨 찾던 선술집으로 유명한 대청동 명월관 이층이었다. 육상 경기장 트랙을 축소한 것처럼 여러 명이 둘러앉을 수 있는 테이블이 중앙에 있고 그 주위에는 의자가 30여 개쯤 놓여 있었다.

황우는 나더러 자기 우측 의자에 앉으라 권했고 좌측에는 영도의 박두영이 앉도록 했다. 서빙하는 종업원들은 발소리는 물론 숨소리조차 내지 않고 찰랑찰랑할 정도로 정종을 잔에 따랐다. 누구 하나 입을 여는 사람이 없었다.

그때 갑자기 황우가 일어났다. 동시에 그 주위 패거리들이 번개같이 일어났다. 아니, 화해하자고 사람을 불러놓고 이게 무슨 짓들인가? 약간 섬뜩한 느낌이었지만 처신하기가 무척 난처한 분위기였다.

해병대 장교복을 입은 내가 그들 장단에 춤출 수는 없는 노릇이라 석고처럼 앉은 자세로 아랫배에 힘을 주며 버텼다. 그러다 갑자기 황우가 왼쪽으로 돌아서기가 무섭게 '퍽' 소리가 났다. 몇십 명 패거리들이 하나도 예외 없이 한 방씩 맞는 것을 지켜볼 수밖에 없었다. 흡사 해병대의 '줄빳다'와 비슷했다.

한 바퀴를 순회한 황우는 자리에 돌아와 내 옆에 앉았다. 맞은 놈들도 자동으로 자리에 앉았다. 이런 분위기에 익숙지 않은 나의 기를 꺾고 겁을 먹이려는 수작이었다. 화해 인사치고는 정말 고약하고 숨막히는 세레모니였다.

오랜 침묵을 깨고 황우가 먼저 입을 열었다.

"나는 오늘 너희들이 보는 앞에서 해병대 전 소위와 형제의 연을 맺고 싶다."

다시 나를 보더니 말한다.

"누가 형이 되어야 하는지 생년월일로 정하는 게 어떻겠소?"

"좋습니다."

나는 얼떨결에 나지막한 소리로 대답했다. 그러고는 각자의 신분증을 꺼냈다. 1942년생 스물다섯 살과 1936년생 서른한 살. 그는 나보다 여섯 살이나 많았다. 그 시간 이후로 황우를 형님이라고 불렀고 부지불식간에 나는 부산 암흑계의 부두목으로 등극했다. 그리고 냉면 그릇을 부딪치며 형제의 연을 기념했다. 황우 앞에 냉면 그릇을 내밀고 술을 가득 채웠다. 술을 따르는 순간에도 어떻게든 이곳을 빨리 빠져나가야겠다는 것 말고는 아무 생각도 나지 않았다. 이윽고 따라 주는 술을 한 그릇 받아 마시자마자 큰 소리로 외쳤다.

"형님, 귀대할 시간입니다. 먼저 일어나겠습니다."

나는 벌떡 일어나 인사를 한 후 아래로 내려가는 출구를 향해 걸었다. 그가 다른 말을 하거나 말릴 틈을 주면 안 된다. 계단 중간쯤 내려갔을 때 황우가 다급하게 외치는 소리가 등 뒤에서 들렸다.

"그만둬!"

보복하려고 때를 기다리던 영도 백곰의 부하들이 출구 쪽으로 우르르 몰려나가자 황우가 버럭 소리를 지른 것이다. 그들의 발소리는 계단 중간쯤에서 멈춰 섰다.

명월관 입구를 빠져나와 부산역 쪽으로 10여 미터, 모퉁이를 돌아서는 곳까지는 애써 의연하고 당당하게, 천천히 걸어야 했다. 뒤통수가 간질간질하고 자꾸만 등골이 찌릿찌릿했다. 그 길모퉁이를 돌아서자마자 대청동을 지나 부산역까지 거의 1킬로미터나 되는 길을 단숨에 내달렸다.

그다음 주에도 우리의 무대는 계속 부산이었다. 광복동에서부터 송도, 해운대 동백섬, 대청동과 봉래동 등 부산의 유흥가와 선술집은 우리의 독무대였다.

그런데 특이하게도 가는 곳마다 "형님! 외출 나오셨습니까?" 하고 깍듯이 인사하고 안내하는 녀석들이 어디서든 나타났다. 물론 가는 곳마다 무료 통행이었다.

5월에 임관해 8월 진해교도소에 수감되기까지 나는 쉽게 경험할 수 없는 색다른 향락을 누려보았다.

김해 공군기지 습격 사건

그러던 중 전혀 예상치 못한 곳에서 사고가 일어났다. 지금도 해병대원들 사이에서는 1966년 8월 8일에 발생한 이 사고가 회자된다. 이른바 해병학교 사관 35기 기초반 장교들의 김해 공군기지 습격 사건이다.

5월에 임관식을 마친 햇병아리 소위인 나는 이 사건으로 해병대를 떠났다가 다시 돌아오는 고난을 겪어야 했다. 풍문으로 더해진 얘기들도 많지만 그날 사고에 책임을 졌던 당사자로서 필요 이상의 구설은 피하고 싶다.

사건의 발단은 사소한 일이었다. 주말인 8월 6일, 부산에서 외박한 후 나를 포함해 7명의 해병학교 소위들은 부산발 진해행 시외버스에 올라탔다. 버스는 구포다리 건너 첫 번째 정류장에 정차했는데 승객이 많아 앞문으로 승차하기가 어려웠다. 버스에 타려는 사람들 중 빨간 마후라를 두른 10여 명의 김해 공군비행학교 공군 소위들이 주먹으로 버스 후문을 두들기며 문을 열라고 소리쳤다.

그때 후문 쪽 좌석에 윗도리를 벗은 채 앉아 있던 35기 해병대 소위 하나가 "앞문으로 타!"라고 소리쳤고 그 말을 듣고 공군 소위 하나가 "이 새끼들이…" 하며 앞문으로 갔다. 그러자 이쪽 해병대 소위 누군가가 "저 새끼가…" 하며 뒷문을 열어젖히고 뛰쳐나갔다. 이것이 도화선이 되어 일대 난장판이 벌어지고 말았다. 결국 7명의 해병대 소위들은 10명의 공군 소위들을 묵사발로 만들어놓고 말았다.

길바닥에 때려눕힌 공군 소위들을 뒤로한 채 달리던 버스 속에서 졸고 있던 우리는 느닷없이 버스가 급정거하는 바람에 잠에서 깼다. 눈을 뜨니 버스 앞뒤를 가로막은 공군 수송차 두 대에서 공군 장교들 몇십 명이 뛰어내리는 광경이 펼쳐졌다. 그들은 몽둥이로 해병대 소위들이 앉아 있는 뒤쪽 창문을 박살 내며 문을 열라고 소리쳤다. 우리는 진퇴양난의 위기에 직면하고 말았다.

일촉즉발의 상황에서도 냉정을 잃지 않던 해병대 소위들이 운전사로 하여금 공군 수송차 옆을 아슬아슬하게 빠져나가게 함으로써 맞대결을 피할 수 있었다. 소란통에 해병대 소위 두 사람이 머리를 다쳤고, 승객들 중 진해여고 학생 한 사람, 해군 소위 한 사람도 부상을 입었다. 귀교 후 머리에 중상을 입은 동료는 진해병원에 실어 보냈다.

35기 기초반 장교학생회에서는 취침 시간을 이용해 비상대책회의를 열었다. 중대장 김도삼, 부중대장 김무일, 군기부장 전도봉 등 3인의 간부, 각 근무자들, 소대장 등 13인이 참석했다. 낮에 있었던 사건은 해병대의 자존심에 관한 문제였다. 다음 날 이른 아침 김해 공군기지를 습격하되 복장은 비무장 전투복을 착용하는 것으로 결정했다.

새벽 2시, 35기 전체 인원 142명 중 입원 환자와 보초 근무자를 제외한 129명이 은밀히 철조망을 넘어 경화역에 집결했다. 역장에게는 독도법을 훈련하러 진영역까지 간다고 했고, 차비 대신 손목시계 30개를 맡겼다. 진영역에서 하차한 후에는 역전 도로변에서 3개 제대로 나뉘어 화물트럭이나 버스를 타고 공군기지 정문 앞에 집결하기로 했다. 먼저 도착한 장교들은 서둘러 대오를 정비해 정문으로 진입을 시도했으나 낌새를 알아챈 두 위병에게 제지를 당했다. 지체할 겨를이 없었던 한 장교가 "이 새끼, 말이 많아" 하며 일격을 가했다. 그런 다음 권총으로 그들을 무장 해제시켜 앞세우고 비행학교 조종반 중대가 있는 막사까지 약 2킬로미터를 질서정연하게 구보로 이동했다.

막사에 도착하자마자 우리는 내무 정돈을 하거나 세수를 하던 50여 명의 공군 조종반 장교들을 닥치는 대로 안팎에서 가격했다. 일방적 완승이었다. 마침 버스를 타고 온 3제대 장교들 40여 명도 현장에 합류했다.

그런데 갑자기 연막탄이 터졌고 이를 신호로 사방에서 방송 소리가 들렸다. "전 기지의 장교, 사병은 즉시 상의를 벗고 중앙연병장에 집합하라"는 내용이었다. 순간 긴장감을 느낀 해병대 장교들은 동행한 간부 장교들의 판단에 따라 즉시 공군비행학교 당직실이 있는 학교본부에 가서 정렬했다.

당직실에 들어간 해병대 장교들은 공군비행학교 당직사관 이양호 대위(후일 국방장관 역임)와 마주앉았다. 이쪽에서는 비행학교장과 해병학교장 양측에 사태 수습을 건의하자고 제안했고, 이양호 대위는 학교장이 출근하는 7시까지 기다리라고 했다. 해병대 장교들은 당직실 밖에 정렬해 〈나가자 해병대〉와 〈청룡은 간다〉 등의 군가를 부르며 대기했다.

그런데 갑자기 2,000명쯤 되는 공군 병력이 일제히 돌멩이를 던지며 구름떼처럼 달려들었다. 자세히 보니 갈고리, 쇠스랑 같은 소방 기구와 돌멩이로 무장하고 있는 게 아닌가. 수적 열세를 감지한 해병대 장교들은 누군가의 제의로 격납고에 달려가 피신했다. 그러나 쉴 새 없이 날아드는 돌멩이 때문에 철수를 결정해야만 했다.

우리는 2,000여 공군의 추격을 따돌리면서 활주로 끝 철조망 지대까지 약 2킬로미터를 구보해 철조망을 넘었다. 견고하게 가설된 철조망을 넘다가 부상자가 속출했다. 철조망 바깥쪽에는 수초가 우거진 너비 70~80야드(약 64~73미터) 천연 늪이 있었는데 늪을 헤엄쳐 건너는 과정에서 한 사람이 익사하고 말았다. 예상치 못한 사고였다.

뒤쪽에 처져 맥없이 쓰러진 소위를 발견하고 늪 밖으로 끌어낸 사람은 김무일 소위와 이무수 소위였고, 이강오 소위를 비롯한 서넛이 인공호흡을 시도했으나 끝내 숨을 거두었다.

결국 소위는 공군기지 내 의무중대로 옮겨졌고 그를 검안한 군의관은 사망선고를 했다. 그때 의무중대 병실에는 부상당한 공군 비행중대 교육생 장교 20여 명과 해병학교 기초반 장교 10여 명도 앰뷸런스에 실려와 있었다.

해병대 진해 교육기지사령부에서는 전도봉을 비롯한 6명의 주동자를 구속했다. 해병학교 35기 기초반 중대의 중대장과 구대장 3명도 구속돼 군법회의에 회부됐다.

그런데 당시 제7대 사령관으로 취임한 강기천 사령관은 이들을 엄벌에 처할 경우 35기 장교들과 후배 장교들의 사기에 악영향을 준다고 판단했다. 고심 끝에 사고를 낸 해병대 사관후보생 35기 장교들과 비행학교 피교육 장교(공사 14기)들 간에 자매결연을 맺을 것을 결정했다. 강기천 해병대사령관과 장지량 공군총장이 차례로 김해 공군기지와 해병대 진해 교육기지사령부를 방문해 유감을 표명한 다음 자매결연이 이루어졌다.

강기천 사령관은 이후 교육기지사령관 박성철 준장에게 군법회의에 회부된 해병대 장교 10명이 선고유예를 받을 수 있도록 하라고 지시했다. 처음부터 형을 선고할 생각이 없던 재판장은 군법회의가 시작되자 회전의자를 뒤로 돌려 면벽한 채 침묵을 지켰고 그 바람에 여러 차례 선고공판이 유예되곤 했다.

해병대와의 이별

재판정에서 나는 송재신 중대장과 동기생 모두에게 조건 없이 재기할 기회를 준다면 내가 모든 책임을 지고 해병대를 떠나겠다고 선언했다.

감방 동기였던 고인철은 해병대 입대 전부터 결혼을 약속한 여성이 있어 자주 진해를 방문하던 사람이다. 이강용은 대학을 졸업하지 못한 채 하사관으로 입대해 천우신조로 사관후보생으로 전환했고, 어렵게 장교로 임관한 특별한 경우다. 둘 다 현재의 신분을 박탈당하면 곤경에 처할 형편이었다. 어차피 다시 시작해야 한다면 그들보다는 내가 더 자유로울 수 있었다.

그 결과 송재신 중대장과 다른 동기생들은 감방에서 풀려났다. 하지만 완전하게 종결된 상태는 아니었다. 마지막까지 감옥에 남았던 고인철, 이강용, 그리고 나는 1967년 4월 해병학교 본부대대의 빈 내무실 하나를 지정해 주거를 제한한다는 조건으로 감옥에서 풀려났다.

그 후에도 군법회의는 계속되었다. 진해지구 보통군법회의의 재판장은 강복구 대령이었다. 강복구, 그는 6·25전쟁 때 격전지마다 사선을 넘나들며 신화를 남긴 전설적 전사였다. 그야말로 해병대에서 산전수전 다 겪은 분이었다.

군검찰관은 5년 징역형을 구형했다. 선고를 위한 군법회의가 계속 이어졌다.

"본 보통군법회의를 속개하겠습니다."

"재판장으로부터 선고가 있겠습니다."

똑같은 구문을 너무 많이 되풀이해서 들었기에 지금도 귀에 쟁쟁하게 남아 있다. 안내 멘트가 끝나기가 무섭게 재판장은 한결같은 동작으로 큰 회전의자를 뒤로 획 돌려 벽면을 향하고는 꿈적도 하지 않았다. 한참을 그러고 나면 휴정이 선언되는 똑같은 상황이 3개월 동안이나 계속되었다. 마침내 사령부 이양우 법무감이 해결책을 찾기 위해 진해를 방문했다.

이 사건으로 부득이하게 한 사람이 희생양이 되어야 한다면 앞뒤, 좌우를 살펴보아도 내가 피할 길은 없었다. 나는 차근차근 마음을 정리했다. 재판을 무한정 이렇게 진행시킬 수 없었는지 이양우 법무감이 조용히 나를 불렀다. 재판정에서 내가 한 최후 진술이 진심이라면 병역은 필한 것으로 처리하겠다고 약속했다.

해병대와의 이별이 이렇게 빨리 올 줄은 미처 몰랐다. 3년 동안의 군복무가 가장 짧은 길이라고 여겼다. 이양우 법무감의 제의를 받아들인다면 전혀 예상치 못한 병역필의 지름길이 생기는 셈이었다.

1967년 11월 21일, 나는 인연을 맺은 지 8개월 만에 해병대와 이별하고 그곳을 떠났다.

뜻밖의 재입영 통지서

그렇게 해병대와 이별하고 6개월쯤 지났을까. 하루는 집에 통지서 한 장이 배달되었다. 육군 논산훈련소에 입영하라는 병무청의 소집 통지서였다. 망연자실하지 않을 수 없었다. 누구와 의논해야 할지, 어디에 물어봐야 할지도 막막했다. 며칠을 궁리한 끝에 해병대사령부 위병소에 가서 이양우 법무감을 찾았다.

그동안 너무 초라해졌는지 어느 누구도 몇 달 전 위세 등등하던 해병대 소위 전도봉을 알아보지 못했다. 위병소 하사관에게 신분을 밝히자 금세 태도가 달라졌다. 그 유명한 김해 사건의 주범이 자기 앞에 서 있다는 사실에 놀라는 눈치였다. 그는 전화기를 들고 연신 이곳저곳 통화를 시도했다.

이양우 법무감은 이렇게 나와 인연을 맺게 되었다. 그를 기억할 때면 결코 비굴하지 않던 그의 태도가 뚜렷하게 떠오른다. 그는 자신의 실수를 솔직하게 인정하고, 당시 병역 관계 법률을 잘 모르는 상태에서 나에게 병역을 필한 것으로 해주겠다고 약속했음을 털어놓았다. 그러면서 내가 소위로 복무한 기간이 너무 짧아 이등병 계급과 군번을 부여하는 것이 불가능했기에 약속을 이행할 수 없었다고 설명했다. 입영 통지서를 들고 찾아온 내게 그는 자신의 실수를 솔직하고 담백하게 시인하고 사과했다.

그는 국방부 소청심의위원회에 소청을 제기하라고 조언하면서 만약 국방부에서 해병대사령부에 의견을 개진하면 자신이 적극적으로 돕겠다고 약속했다.

즉시 국방부를 찾아갔다. 소청심사 청구서를 제출하고 보름 정도 지나자 국방부에서 연락이 왔다. 소청심사위원회에 출석하라는 통보였다. 나는 소청심사위원회라는 곳이 어떤 사람들로 구성되며 무엇을 하는 기관인지 전혀 알지 못하는 상태였다.

국방부 청사에 간 나는 이층 조그만 회의실 옆방에서 초조한 마음으로 기다렸다. 육군 중령 한 분이 나를 데리고 회의실로 들어갔는데 회의실 문을 열자마자 깜짝 놀랐다. 방 안 곳곳에서 별들이 번쩍이며 빛을 발하는 게 아닌가.

천천히 좌우를 살펴보니 장군들 7, 8명 이상이 앉아 있었다. 그들을 보는 순간 오히려 담담해졌다. 이미 모든 것을 각오했기 때문이다. 별들의 인정신문이 시작되었다.

"이 사건에서 다른 동료 장교들은 어떻게 되었나? 왜 자네 혼자 옷을 벗게 되었는가?"

"다른 동기생들은 현역에 복무하고 있습니다. 상급부대에서 아무래도 하나쯤은 옷을 벗기는 선에서 매듭지어야 한다기에 군복무를 필해주는 조건으로 제가 옷을 벗겠다고 자원했습니다."

위원장은 공군에서는 어떻게 처리되었느냐고 심의위원에게 묻는 듯했고, 사건 당사자 전원이 현역 복무 중이라는 답변이 왔다.

위원장은 "해병대에만 너무했구먼" 하더니 물끄러미 나를 바라보았다. 그러고는 한마디 내뱉었다.

"저런 친구를 전쟁터에 내보내면 소대장 잘할 거야."

그 말을 듣자마자 나는 소리를 질렀다.

"네, 위원장님, 저를 보내만 주십시오. 정말 잘해보겠습니다."

서두는 기억나지 않지만 그분의 마지막 명령만 내 귀에 뚜렷이 들렸다.

"임! 소위!"

나는 다시금 해병대 소위 계급장을 달 수 있었다.

다시 돌아온 해병대, 그리고 파월

1967년 해병대를 떠난 지 1년 만에 다시 돌아왔다. 그런데 초등 군사반 재이수라는 의무가 기다리고 있었다. 그것도 한참 후배 기수인 38기와 함께 교육받아야 하는 형편이었다. 의무 복무만 필한 후 해병대를 떠날 내가 까마득한 후배 기수들 틈에 끼여 초등 군사반 재수생이 되어야 하다니 달갑지 않은 강요였다. 입교를 거부하고 버티다 겨우 피해 간 곳이 부산의 육군화학학교였다.

그해 9월 30일, 육군화학학교 전과 장교반을 수료하고 다시 해병대에 돌아왔다. 첫 부임지는 포항 제1상륙사단으로 제5연대 2대대 7중대 1소대장 직이었다. 해병대와 이별한 지 1년 만에 다시 소위 계급장을 달고 돌아온 것이다.

함께 임관했던 35기 동기들은 모두 중위를 달아 나의 상급자가 되어 있었다. 그러고 보니 소위 계급장을 단 장교 중에서는 내가 최고참 소위가 된 셈이었다.

곤봉을 메고 포항에 도착했을 때는 저녁 어스름 무렵이었다. 나는 형산강 다리 옆 먼지 나는 비포장도로에 서서 몰개월로 들어가는 군용트럭을 기다리고 있었다. 그때 해병대 소위 셋이 내 주위를 빙빙 돌며 자기네들끼리 무슨 말인가를 주고받았다. 분명 후배 장교인 것 같은데 이놈들이 경례도 하지 않고 옆을 맴돌면서 결례를 하는구나 생각했다. 그때 그들이 내 앞에 다가왔다.

"자네 몇 기냐?"

그들은 험상스런 얼굴로 눈을 부라리며 당당하게 물었다. 기수 개념이 강하고 상하 관계가 분명한 해병대 속성상 그들로서도 이 낯선 소위를 그냥 두고 볼 수가 없었던 모양이다.

'야, 이놈들아. 내가 해병대 소위 중에서는 최고 왕고참이야.'

속으로는 이렇게 말하면서도 모든 것이 귀찮아 그 자리에 곤봉을 깔고 주저앉은 채 아무 대답도 하지 않았다.

그들로서는 형편없이 아래 기수인 소위가 자기네 말이 땅에 떨어지기도 전에 용수철처럼 튕겨 일어나 선배 장교의 질문에 우렁차게 대답할 거라 생각한 모양이었다. 그렇게 해도 봐줄까 말까인데 점점 더 멋대로 행동하는 나를 어떻게 처리할지 곤혹스러워하는 표정들이었다. 나는 다 귀찮다는 듯이 한마디 툭 던졌다.

"이봐, 나 35기야."

이 한마디면 정리가 될 줄 알았다. 그런데 그들은 이해가 안 된다는 듯 어리둥절한 표정으로 엉거주춤 서 있었다. 그사이 구경이라도 난 듯이 주변에 사람들이 몰려들었다. 35기 선배라면 모를 리 없는데 이름도 생소하고 처음 본 얼굴이라서 그랬을 것이다.

"이봐, 어지러우니 얼른 꺼져."

그들은 미심쩍은 얼굴로 경례도 하지 않고 슬그머니 자리를 피해버렸다.

다음 날 오전, 이 작은 소란은 곧바로 포항사단에 퍼져나갔다. 35기 전도봉이 다시 살아나 소위 계급장을 달고 포항에 왔는데 어제저녁 후배 몇 놈이 그를 괴롭혔다는 소문이었다. 그 후배 소위들은 바로 밑 기수도 아닌 37기들로 새까만 기수였다. 그날 밤 그 셋이 35기들에게 죽지 않을 만큼 두들겨 맞았다는 얘기를 들었다.

포항 도착 첫날부터 매끄럽지 않더니 그다음 날 홍순수 대대장에게 부임신고를 한 후 더 큰 문제가 발생했다. 나는 공병대가 있는 남문 옆 막사 7중대장실로 부임신고 차 중대장을 찾아갔다. 전령의 전달을 받은 강행영 대위는 문을 열고 중대장실 밖에 서 있는 나를 보면서 한마디 던졌다.

"전 소위, 자네는 우리 중대 소대장으로 명을 받았지만 우리 중대에 없는 편이 더 나아. 그러니 중대에 올 생각 말고 가서 쉬든지 자든지 마음대로 하게. 내가 상관하지 않을 테니 중대에는 아예 발을 들여놓지 말란 말이야."

7중대 1소대장으로 인사 명령이 난 것이 확실한데도 나는 그 후 7중대에는 한 번도 가보지 못했다. 물론 어딜 가도 나를 소대장님이라고 부르는 부하는 한 사람도 없었다. 제5연대뿐만 아니라 해병대 내에서 전도봉은 안전장치가 고장이 나서 언제 터질지 모르는 폭발물로 취급하고 있었다.

그때부터 따돌림과 구박이 곳곳에서 시작되었다. 반겨주는 데가 한 곳도 없는 완전히 버려진 장교였다. 그러면서도 집단 패싸움이 일어나거나 사고자가 문제를 일으키면 모두가 나를 찾느라 야단이었다. 그럴 때만 전도봉이라는 존재가치가 빛을 발하는 난감한 상황이었다.

그 당시 해병대에는 각 부대마다 월남전에서 갓 돌아와 화약 냄새와 피 냄새를 벗지 못한 대원들과 전과자, 사고뭉치가 있었다. 엎친 데 덮친 격으로 주식과 부식이 옆길로 새어 나가는 악습이 만연해 식당에서는 먹는 것 때문에 문제가 자주 발생했다. 왜 풀만 주냐고 대원들이 항의하는 경우도 있었다.

분명 쇠고기가 나와야 할 날인데도 이른바 '우족도강탕'(소가 발만 담그고 지나간 국이라는 뜻)이라 불리는 허접한 소고깃국이 나오면 국솥이 뒤엎어지기 일쑤였다. 물론 밥의 양도 터무니없이 적었다. 식당 안 대원들은 마치 동물들처럼 먹을 것이 부족하면 서로가 조금이라도 더 먹으려고 사투를 벌였다. 식당에서는 사고뭉치들을 미리 배치해 배고픈 놈들의 침입을 미연에 방지하기도 했다.

간혹 침입자와 방어자 사이의 균형이 깨어지면 곧바로 가마솥이 엎어지고 삽날이 번쩍이며 식당 안이 난장판이 되곤 했다. 그런 친구들이 패싸움을 하거나 식당을 점거하고 난동을 부릴 때면 지휘관들은 으레 나를 찾았다. 나의 쓰임은 그뿐이었지만 누구에게 하소연할 수도 없어 속만 태우며 버텼다.

김해 공군비행학교 사건은 해병대뿐 아니라 전군과 전 국민이 다 알고 경악했을 만큼 유명했다. 하물며 그 사건의 핵심 장교가 다시 현역으로 복귀했으니 하늘을 찌르고도 남을 정도로 악명이 높았고, 사고뭉치 졸병들도 내가 나타나기만 하면 고양이 앞의 쥐처럼 얌전해졌다. 이렇게 나는 단순한 등장만으로도 모든 상황을 저절로 종료시키곤 했다.

그러던 어느 날 2대대 작전장교로 있는 장석문 대위가 나를 찾았다. 그는 병기장교였는데 보통은 보병장교들이 가는 미국 유학 코스를 이수하고 보병장교로 전과하려고 했다. 그런 목적에서 필수과정인 대대 작전장교를 대신 맡고 있는 특수한 경우였다. 나 역시 보병장교로서는 극히 엉터리 수준이었다. 필수과정인 초등 군사반 과정을 이수하지 않고 육군의 특수 분야인 화학학교를 졸업했기 때문이다.

오직 장석문 대위만이 나의 보병장교 수준을 알면서도 내 도움을 필요로 했다. 대대 TTT훈련도 그분 밑에서 경험했다. 그런데 한 가지 견딜 수 없는 일이 나를 계속 괴롭혔다.

홍순수 2대대장은 내가 부임한 이래 일요일을 제외하고 매일 아침 8시 정각에 대대장실 문 앞에 서 있으라는 명령을 내렸다. 그리고 그 시간이면 어김없이 문을 열고 나와서 아래위를 한번 훑어본 후 지휘봉으로 머리를 한 번 툭 치고 홀연히 사라져버렸다. 그때마다 그는 일그러진 표정에 어딘지 귀찮고 불편해 보였다. 한 달쯤 지난 후에야 그 이유를 알았다. 그는 매일 정해진 시간에 전도봉에 대한 이상 유무를 확인한 후 강복구 제5연대장에게 보고해야 했다.

지금은 그분의 심정을 충분히 이해한다. 상급 지휘관 방에는 가능하면 안 가는 게 상책인데 나 때문에 어쩔 수 없이 하루에 한 번 이상을 방문해야 했던 것이다. 이런 사실을 안 후부터 점점 더 이곳에 오래 머물 수 없다고 생각했다.

11월이면 포항은 추워지기 시작한다. 홍순수 대대장을 찾아가 차라리 다른 곳에 보내달라고 청했다. 그는 어디 갈 만한 곳이 있냐고 되물었다. 나는 한참 동안 침묵하다 한마디 던졌다.

"정 보낼 곳이 없으면 전쟁터에라도 보내면 될 것 아닙니까?"

이번에는 대대장이 아무 대답이 없었다. 파월부대에서는 소총 소대장이 극히 부족한 상태였고 가서는 모두 총알받이가 된다는 인식 때문에 차출이 무척 힘들 때였다. 대대장으로선 눈엣가시를 뽑아내는 셈인데 왜 머뭇거렸을까? 한편으로는 반갑고 속시원한 제안이었겠지만 과연 본심에서 나온 말인지를 살피는 듯했다.

"파월 명령을 내도 뒷말이 없겠는가?"

"네, 제가 책임지겠습니다."

일주일 후 곧바로 월남전 파병 특수교육대로 가라는 명령이 떨어졌다. 그곳에 가면 최소한 소대원들에게 '소대장님' 소리는 한번 들어볼 게 아닌가. 내색은 않았지만 부하들의 '소대장님' 소리를 얼마나 갈망했는지 모른다. 그토록 곤혹스러웠던 처지에 대해서는 오랜 세월 아내를 비롯해 주변 사람 누구에게도 말한 적이 없다.

파월 결정은 개인적으로는 잠시 동안의 현실 도피일 수도 있었다. 그런데 더 큰 난관이 기다렸다. 결혼한 지 얼마 안 된 새신랑이 월남전에 참전한다고 하니 아내와 처갓집에는 비상이 걸렸고, 어찌저찌해서 공화당 원내총무 김진만 의원을 통해 강기천 사령관에게 압력이 가해졌다. 파월 명령을 취소하고 국내에서 소대장 직을 수행하도록 명령하라는 것이었다.

강기천 사령관이 서울로 나를 불렀다. 후암동 해병대사령관 방을 처음이자 마지막으로 방문하는 순간이었다. 해병대사령관실은 이층 복도부터 방 안 구석구석까지 붉은색 양탄자가 깔려 있어 휘황찬란했다.

이미 마음을 정한 후라 사령관의 권유에도 아랑곳하지 않고 월남전선에 가서 소대장 직을 수행하겠다고 버텼다. 강기천 사령관은 내 의견을 존중하는 듯했고, 김진만 원내총무를 설득하는 것은 내 몫으로 남겨두고 편지 한 장을 친히 써주었다. 4성 장군 메모지의 청룡부대장에게 보내는 편지에는 다음과 같이 적혀 있었다.

"본 장교를 전방 소대장에 보임하지 말고 살려서 귀국시키도록."

편지 봉투를 봉하지 않았기에 내용을 확인할 수 있었다. 나는 그 특별한 편지 한 통을 주머니에 귀중하게 보관한 채 부산항 제3부두에서 고든호(Gorden)에 승선했다. 태풍 시즌에 접어든 남지나해는 며칠 동안 엄청나게 맹렬했다. 어찌나 사나웠는지 바다에 익숙지 못한 웬만한 승선자는 선실 밖에 발도 내밀지 못할 정도였다.

높이 솟은 커다란 언덕 같은 물결이 선수를 덮칠 때는 갑판 위가 마치 휘몰아 넘쳐흐르는 여울목처럼 보였다. 용감무쌍하던 대원들도 녹초가 되어 선실에 틀어박힌 채 미동도 하지 않았다. 가도 가도 끝이 없는 멀고도 먼 뱃길이었다. 바람이 멎고 바다가 잔잔해지자 대원들이 하나둘 갑판 위로 쏟아져 나오기 시작했다.

며칠 사이에 이들의 표정도 많이 변해 있었다. 파도에 지친 탓도 있지만 우렁차게 불어대던 나팔소리와 환송 인파 물결로 넘실대던 부산항 부둣가는 이들의 기억과 가슴에서 사라진 지 오래였다. 많은 젊은이들이 갑판 위 난간을 잡고 넘실거리는 바다를 하염없이 바라보았다.

저들은 지금 무슨 생각을 할까? 눈물 흘리며 환송하던 부모님과 형제, 누나들을 생각할까? 전장에서 복무를 마친 후 다시 배 난간을 잡고 이 바다를 건너올 수 있을지 걱정하고 있는 걸까?

나의 마음은 자꾸만 한곳으로 쏠렸다. 두고 온 아내와 그녀 배 속에 있는 3개월 된 자식 생각이 나를 사로잡았다. 만약 이 전선에서 영영 돌아올 수 없다면 아내는 어떻게 될까? 혼자서 살 수 있을까? 그렇다면 자식은? 형제처럼 끈끈했던 친구 녀석들이 평생토록 아내를 도울 수 있을까?

나는 이 대목에서 자신이 없어졌다. 눈에 들어오는 우리 대원들은 육군 용사들보다 더 힘이 없어 보였다. 파월 전 특수교육대에서 당당하고 자신만만하던 전사들이 며칠 사이 너무나 변해버린 듯했다. 그들을 기다리는 전장의 위치가 판이하게 다르기 때문일까? 우리는 맹호나 백마부대보다 더 북쪽 지역으로 가는 데다 그들의 적보다 훈련이 잘된 정규군이 우리를 기다리고 있다고 했다. 그러니 정신 바짝 차리고 훈련에 임해야 한다는 소리를 특수교육대에서 귀가 아프도록 들어왔다.

우리 모두가, 누구 하나 예외 없이 한 치 앞도 알 수 없는 미지의 세계를 향해 가고 있었다. 시커먼 바다 위에서 바라보는 밤하늘 별들은 유난히도 밝고 커 보였다. 반면, 가슴은 시간이 지날수록 점점 더 어두워지고 작아져만 갔다.

5장

해병대는 어떠한 경우에도
전우를 버리지 않는다

생애 가장 아름다웠던 사람들

누군가 생애 가장 아름다웠던 때가 언제였냐고 묻는다면 나는 주저 없이 월남전선에서 소대장으로 복무하던 시절이라고 대답할 것이다.

하루하루의 삶이 순수한 열정으로 가득 찼던 그때, 나는 어깨동무하고 지옥도 통과했을 법한 용감무쌍한 사내들과 함께 정글을 누볐다. 1968년 1월 월남전에 파병되어 청룡부대 2대대 5중대 1소대장으로, 헤아릴 수 없을 만큼 많은 작전에 참가했으나 끝까지 살아남는 행운을 얻었다.

총알받이나 다름없던 청룡부대 소대장이 살아남은 것은 기적과 같은 일이었다. 정글 속 그 수많은 사선에서 그때마다 건재할 수 있었던 것은, 물불을 가리지 않고 동료를 위해 자기를 내던지던 전우들 덕분이었다.

처음 전투에 나가면 팔다리가 떨려 도저히 견딜 수가 없다. 피비린내에 숨이 막혔고, 총탄에 맞아 죽어가는 사람들을 눈앞에서 목격했으며, 수류탄에 산산조각이 나 아무렇게나 널브러져 있는 시체 사이를 내달렸다. 그렇게 생사의 갈림길을 오가다 보면 두려움은 어느새 자취를 감추고 우리들 가슴 밑바닥에서는 자신의 안전보다 동료를 보살피는 게 먼저라는 전우애가 끓어오르기 시작했다.

거듭된 전투 끝에 피를 나눈 형제 이상이 된 우리는 그 진한 유대감으로 용감하게 싸웠다. 그리하여 월남전선 13개월 동안 나와 함께한 부하들 단 한 사람도 목숨을 잃지 않았다. 청룡부대 사상 처음 있었던 '전 소대원 무사 기록'이다.

우리는 서로에게 하지 못할 말도, 서로를 위해 하지 못할 일도 없었다. 전우의 목숨을 건지려고 수류탄 위로 몸을 날린 살신성인의 무용담도 그때의 우리에겐 놀랄 만한 일이 아니었다. 우리도 능히 그럴 수 있었기 때문이다. 그렇게 우리는 한 목숨이었다. 우리는 다시는 어디서도 경험하지 못할 방식으로 서로를 사랑했다.

단언컨대 어디서도 그런 친구들을 얻을 수 없을 것이다. 학교 때의 친구들, 교회에서 알게 된 사람들, 사회에서 친밀해진 사람들과도 마음을 터놓고 살지만 생명을 나누며 서로를 아끼던 월남전에서의 우정과는 비교할 수 없다. 싱그럽던 젊음, 단 한 점의 티끌도 없던 그 시절 순결하던 우정이 그립다.

모래 속에 묻은 편지

1968년 1월 29일 고든호는 드디어 다낭항에 닿았다. 줄을 서서 각자의 가슴에 붙은 일련번호대로 차례를 기다려 신분을 확인하고 하선을 시작했다. 여단본부가 있는 호이안 일대는 바다와 인접한 모래밭이었다. 도착하자마자 인원 점검을 완료한 후 각자의 부임지에 대한 명령을 기다렸다.

도착하고 가장 먼저 얻은 정보는 모든 사고자나 전과자는 살인중대라 부르는 2대대 5중대로 간다는 것이었다. 처음엔 반신반의했다. 설마 그럴 리가? 사람을 차별하고 구분해 특정 부대에 배치하다니 있을 수 없는 일이었고 도저히 믿기 싫은 사실이었다. 그런데 내가 살인중대로 배치될 것 같은 예감이 드는 것은 왜였을까?

2대대는 청룡부대 중 가장 서북쪽에 위치하며, 월남과 월맹의 경계선인 북위 17도선에 근접해 있었다. 너무 위험한 지대인지라 육로로 접근하는 것은 차단되어 있었다. 보급품과 인원의 이동은 오직 공중 헬기로 이뤄졌다.

5중대는 전투 중에는 살아 움직이는 모든 것을 쓸어버리는 전통이 있어 '살인중대'로 알려졌다. 다른 중대보다 사고자가 많을 수밖에 없었다. 설상가상으로 투이호아에서 호이안으로 이동하던 중 중대장이 적탄에 맞아 후송된 상태였다.

그 와중에 주변 장교들은 이구동성으로 전 소위는 아무래도 5중대가 틀림없을 거라고 장담했다. 그때부터 주머니에 귀중하게 보관해온 강기천 사령관의 편지를 없애겠다고 생각했다. 모든 정황으로 보아 그곳에 갈 수밖에 없는 자가 사령관의 특별한 편지를 내밀어 모면한다면 사나이답지 못한 행동이지 않는가. 햇볕이 내리쪼이는 모래밭 위에서 주머니 깊숙이 보관해온 사령관의 편지를 마지막으로 꺼내 읽었다.

"본 장교를 전방 소대장에 보임하지 말고 살려서 귀국시키도록."

빨간 판에 4개의 별이 선명하게 새겨진 사령관의 편지를 찢었다. 형체를 알아볼 수 없을 정도로 갈기갈기 찢어 모래를 파고 미련 없이 그곳에 묻어버렸다.

그들의 예측은 정확했다. 나의 임지는 2대대 5중대였다. 그날 밤은 여단본부 옆 보충대에서 잠을 청했다. 잠결에 주위가 소란해 눈을 떠보니 '쿵', '쾅' 하는 폭음과 함께 섬광이 번쩍였고, 전폭기 편대의 굉음과 포병들이 쏘아대는 포 소리, 함포 사격 소리까지 뒤섞여 천지가 진동하고 있었다.

시뻘건 불덩어리들이 쉴 새 없이 씽씽거리며 날아갔다. 조명탄은 천천히 타들어가며 내려와 온 세상을 환하게 밝혔고, 머리 바로 위에서는 하늘을 가르며 날아가는 쇳덩어리 소리가 섬뜩하게 들려왔다. 월맹군이 연합군과 맺은 구정 기간 휴전협정을 일방적으로 파기한 것이다. 이로써 월남전 사상 가장 치열했던, 이른바 월맹군의 기습적인 구정 대공세(Det Offensive, 베트남의 새해인 뗏 휴일에 공격이 있었기에 붙은 이름)가 개시되었다. 이 공세는 피아간에 엄청난 격전이었으며, 사이공, 쾀, 나트랑, 투이호아, 후에 등 5개 주요 도시와 소도시에 대한 대대적인 공격이었다. 청룡부대 주둔 지역도 다낭과 호이안 일부 지역을 제외하고는 거의 월맹 정규군의 무대였다. 다음 날 다른 부대 배속자들은 그들을 데리러 온 소속 부대의 차량을 타고 속속 떠나갔다.

2대대 배속 장병들만 여단본부 옆 '에코' 보급품 야적장에서 임지로 가는 헬기를 기다리는 신세가 되었다. 고속으로 회전하면서 뜨고 내리는 헬기 프로펠러의 요란한 소리가 땅을 울리고 천지를 뒤흔들었다.

계속되는 포격과 함포 사격으로 머리 위에서는 쇳덩어리가 날아다니며 괴성을 냈고, 여기저기서 쿵쿵거리는 소리, 폭발음 소리로 북새통이었다. 그 와중에 철모를 쓴 군인들은 이리저리 뛰어다니며 있는 힘껏 목청을 돋우어 의사소통을 했다. 눈을 제대로 뜰 수 없을 정도로 모래알이 휘날리는 가운데 바삐 움직이는 군인들의 모습에서 격전지에 와 있음을 실감했다.

우리는 헬기 탑승을 기다렸으나 2대대 쪽으로 가는 미국 해병대의 첫 번째 헬기에 거부당했고, 두 번째, 세 번째 헬기마저 우리를 태우지 않았다. 탑승하기 위해 뛰어오르면 알아듣지 못하는 소리로 고함을 치며 강제로 우리를 밀어내곤 했다.

헬기를 가진 미국 해병대 역시 우리를 차별하는 것으로 보였다. 보급품 야적장 본부에 가서 미국 해병대 헬기 협조본부 장교에게 손짓 발짓을 해가며 서툰 영어로 거세게 항의했다. 그는 월맹군의 대대적 공세가 임박했고 탄약과 전투용 긴급 물자를 수송하는 데만도 헬기 지원 능력이 부족한 상태라고 설명했다. 더구나 수송 중 안전을 고려해 장병과 탄약을 동시에 탑재할 수 없다는 규정이 있으니 현재 상황으로서는 탑승을 거부할 수밖에 없다는 말이었다. 그 말을 듣고 그나마 치밀어오르는 분노를 억누를 수 있었다.

전선의 심각성을 자각하면서 이미 돌아갈 수 없는 전장 속에 들어와 있음을 깊이 실감하는 순간이었다. 그곳에서 2대대

보급관을 맡고 있던 동기생 임동빈 중위를 다시 만났다. 헤어진 지 1년여 만이었다. 서로 쳐다보며 악수로 인사는 했으나 대화할 분위기도 아니었기에 그냥 헤어질 수밖에 없었다.

5중대에 부임한 나는 동기생이 13개월간 지휘해온 1소대를 맡게 되었다. 그가 왜 그토록 오랫동안 저승 가는 지름길이라는 소총소대를 맡아왔는지 직접 물어보진 않았으나 중대에 도착하자마자 이유를 알게 되었다. 그는 작전에 실패해 부하를 여럿 잃고 군법회의에 회부되었는데 '죽을 때까지 소대장을 하는 조건'으로 풀려났다고 했다.

그는 파병 기간이 끝나는 날까지 살아남았고 후임자를 기다리느라 내가 도착할 때까지 소대장 직을 수행했던 것이다. 그날 밤 소대를 인계하며 이제는 살아서 돌아갈 수 있다고 흐느끼던 그의 모습이 아직도 눈에 선하다. 그는 대충대충 소대를 인계하고는 아침이 밝자 만면에 웃음을 띠고 중대를 떠났다.

그런데 이상하게도 부임 후 이삼일이 지났는데도 전령이 나타나지 않았다. 임시로 전임 전령이 대신했지만 그는 전임 소대장이 퇴임하면 더는 전령을 하지 않겠다고 선언한 후였다. 후방 지역 소대장 전령은 서로 하고 싶어 하는 직책 중 하나인데 여기서는 왜일까? 한국에서 큰일을 저지르고 감옥에서 풀려났다는 게 소문이 나서일까? 아니면 동기생들은 모두 중위 계급까지 올라갔는데 소위를 달고 온 나에게 희망이 없어 보여서일까? 아니면 내가 알지 못하는 다른 이유가 있을까?

며칠이 지난 후 모든 것을 이해하게 되었다. 전쟁에서 전령과 통신병은 다른 병사들보다 전사할 가능성이 훨씬 높다. 싸움터에서는 상대편 적장을 먼저 죽여야 빠르게 승패가 결정되는 것이 동서고금을 불문하고 불변의 진리다. 적이 우리 측 지휘자를 찾을 때 식별 기준을 제공하는 자가 바로 전령과 통신병이다.

그들은 어차피 지휘관 옆에 붙어 다녀야 하는 군인이다. 전령은 배낭 속에 항상 소대장 짐까지 휴대하고 다녀야 하므로 아무리 짐을 줄여도 다른 병사들보다는 필연적으로 짐이 클 수밖에 없었다. 이런 짐이 무엇인지는 적들도 이미 식별하고 있는 현실이었다.

통신병 역시 긴 안테나가 달린 통신기를 등에 메고 소대장과 붙어 다녀야 하기에 적에게 드러나기 쉬운 보직이었다. 적들이 쉽게 그들을 식별하고 그들 주변을 최우선 표적으로 선정한다는 것은 상식이었다. 따라서 살아남기 원하는 사람이라면 쉽게 자원할 수 없는 직책이 전령이었다. 너무나 위험한 자리였기 때문이다.

삶과 죽음은 하나다

소대장이 기본으로 휴대하는 무기는 45구경 권총이다. 그러나 전투에서는 대원과의 구분을 피하기 위해 대원과 함께 M16 소총을 휴대하며, 방탄복을 입고 기본으로 휴대해야 하는 양에 따라 수류탄 두 발, M16 탄창이 8개씩 들어 있는 탄띠 2개를 허리에 찬다. 완전군장을 갖추면 제법 무거웠지만 겉으로 보기엔 일반 전투원과 소대장은 거의 식별이 불가능했다.

소대장 부임 후 첫 번째 작전 임무는 임시로 구축된 중대 방어 진지에서 대대본부로 가는 비포장 국도를 정찰하는 것이었다. 즉 주보급로인 도로를 순찰해 적의 도로 사용을 차단하거나, 도로에 지뢰 혹은 부비트랩을 매설할 시간을 주지 않기 위해 부정기적으로 전투 정찰을 실시하는 임무였다.

하루는 소대를 이끌고 중대 방어 진지를 벗어나 채 5분도 지나지 않아 좌측방에서 찢어지는 총소리와 함께 적탄이 비 오듯 우리 소대를 덮쳤다. 나를 죽이기 위해 날아든 최초의 적탄이었다. 영화처럼 실탄이 나의 발 앞에 박히기도 하고, 다리 사이로 지나가 땅에 꽂히며 흙을 헤집기도 했다. 실탄이 눈코 앞을 스치고 지나갔고 쇳조각이 내는 굉음도 들렸다.

"야! 들고 뛰어라, 들고 뛰어."

전투에서 소대원에게 내가 가장 먼저 내뱉은 말이자 첫 번째 명령이었다. 건너편 산과 이어진 밭둑에 도착해 소대원을 점검하니 용케도 한 사람의 부상자도 없이 전원 무사했다. 처음 당한 상황이라 숨이 가빴으며, 겁이 나고 무섭기도 해서 흡사 학생이 선생님 몰래 극장에 들어가 맛보기로 전쟁영화를 보는 느낌이었다. 한편으로는 어릴 적 병정놀이처럼 재미있다는 어이없는 생각이 들기도 했다.

한데 나는 전투에서 부하들을 보호하기 위한 기본 수칙마저 잊을 만큼 긴장하고 있었다. 전투 대형이 이동할 때는 각개약진, 구분약진, 일제약진이라는 방식에 따른다. 각 개인을 이동시켜야 할 때도 있지만 분대별 이동 시에는 부하들을 구분해서 엄호하며 적의 공격에서 보호해야 한다. 그 순간 이런 기본을 까마득히 잊고 있었다. 아니 잊었다기보다 난생처음 나를 죽이려는 적탄을 경험하고 본능적으로 할 수 있는 것은 오직 들고 뛰는 것뿐이었다.

소대 병력이 아무런 엄호 없이 긴 개활지를 내달렸으니 적에게는 얼마나 좋은 이동 표적이었겠는가? 한 사람의 사상자도 없이 무사했으니 천만다행이었다. 무지한 소대장을 만나 어이없이 전멸할 수도 있는 상황이었음을 그 순간엔 알지 못했다.

그날 밤 김춘길 소대 선임하사관이 내 방을 노크하더니 무척 심각한 얼굴로 들어왔다. 나보다는 나이도 훨씬 많고 월남 전선에서 전투 경험도 많았으며, 해병대에서 이름난 M1 사격 선수였다. 조심스러운 듯 말을 꺼내지 못하고 머뭇거리는 그의 얼굴을 보니 심각한 사안 같았다.

"선임하사관, 할말 있으면 해봐요"

"소대장님, 오늘처럼 하시면 우리 소대에서는 살아 돌아갈 놈 하나도 없습니다. 엄호를 하고 이동해도 위험한 상황인데 그냥 들고 뛰라고 명령하시면 어떡합니까? 계속 사격 표적이 되는데 어떻게 살아남을 수 있습니까? 오늘 전투는 정말 기적이었습니다, 기적."

예상했던 일침이었다.

"선임하사관, 나도 엉겁결에 처음 당한 전투라 정신이 하나도 없었습니다. 다음부터는 잘할 테니 잊어버립시다."

이후 나는 평생 그분을 잊지 않고 살아왔다. 그는 전쟁터에서 만난 풋내기 소대장이던 나에게 형님같이 자상했으며 과묵하고 책임감이 강했다. 어떤 위급한 사태가 발생해도 흔들림이 없었고, 담대하고 의연하게 대처하는 사람이었다.

전투 중에도 나를 위해선 어떠한 위험이 따르더라도 두려움 없이 남아 있기를 원했다. 무엇보다도 고마웠던 것은 "이렇게 하시면 부하들 다 죽습니다"라는 충고였다. 그 말은 위급한 상황에서 부하들을 위해 무엇을 어떻게 해야 할지 생각하게 하는 판단 기준이 되었다. 그분은 내가 대대장 직을 마칠 무렵 해병대를 떠났다.

어느 날 중대장에게서 황급히 출동 명령을 받았다. 537도로 위에서 6중대와 링크업(link up) 작전을 수행하라는 것이었다. 이유는 설명하지 않고 가능한 빨리 좌표 00/00 537도로 위에서 6중대와 연결하라는 단순한 명령뿐이었다.

소대를 이끌고 황급히 중대기지를 떠나 537도로를 따라 걸었다. 대대본부로 가는 길도 이곳이었다. 소대장으로 부임하고 여러 차례 정찰했기에 훤히 아는 도로였다. 그러나 단 한 가지, 이곳을 정찰할 때는 절대 도로 위를 따라 기동하는 것을 금했다. 연결 목표 지역은 대대본부와 우리 중대의 중간 지점쯤 되었다.

숲을 따라 기동하던 첨병 구조근 분대에서 도로상에 이상한 물체가 있다는 보고를 해왔다. 숲에서 빠져나와 도로 위를 보니 쭉 뻗은 도로 위에 몇십 개의 물체가 널브러진 채 흩어져 있었는데 제법 길게 늘어진 모양새였다.

첫 번째 물체에 접근했다. 분명히 사람 같은 형체의 흙더미였다. 그러나 도로 위 흙먼지와 피가 범벅이 되어 입고 있는 옷의 색깔과 무늬도 분간할 수 없었다. 총구로 물체를 뒤엎어 보았지만 적군인지 아군인지 알 수 없었다. 분명히 사람이었고, 윗몸에는 방탄복을 입고 있었다. 방탄복 한쪽을 총 끝으로 젖혀 열어보았다.

순간 온몸이 경직되었다. 분명 우리 해병대 청룡부대원의 얼룩무늬 옷이었다. 어찌된 영문인지 알 수 없으나 몇십 명이 넘는 아군 전투원이 도로 위에 흙무더기처럼 이곳저곳 널려 있었다. 어림잡아 100미터도 넘어 보였다. 일평생 한곳에서 한꺼번에 이렇게 많은 시신을 본 적이 없다. 참혹하게 상처입고, 찢어지고 갈라진 주검들이 널브러진 광경은 차마 눈뜨고 볼 수 없는 참상이었다.

철모와 장구, 화기 모두를 적이 수거하고 난 뒤여서 남은 것은 시신뿐이었다. 곳곳에 만행을 저질러놓은 흔적이 보였다. 한참 동안 팔다리가 떨렸다. 대원들이 눈치챌까 봐 이리저리 서성이며 덜덜 떨리는 손과 다리를 숨겨야 했다.

그제야 이곳에서 황급히 6중대와 연결작전을 해야 하는 이유를 알 수 있었다. 도로 정찰 중 적의 매복대에 걸린 6중대 2소대의 전투력이 와해되고 잔여 병력은 뿔뿔이 흩어져 도주하는 바람에 적이 도로를 완전히 점령하고, 확인 사살까지 감행한 뒤였다.

분대장을 불러 도로 위에서 급편방어를 지시하고 무전기로 중대본부를 불렀다. 소대 호출부호는 수표동이었다. 서울 사대문 안 동네 이름이다.

"여기는 수표동, 수표동. 북한산 나와라. 이곳 537도로 위에서 수많은 십자가를 발견했음."

'사슴'은 부상자를, '십자가'는 숨이 끊어진 전사자를 지칭하는 음어였다.

우리 소대에 하달된 다음 명령은 시신을 전부 수거해 대대본부 연병장까지 옮기는 것이었다. 헬기도 지원해주지 않았다. 완전히 맨손으로 우군의 시신 한 구 한 구를 각자 등에 업거나 급조한 들것에 싣고 정신없이 옮기기 시작했다. 흙먼지 도로 위에 이어진 피의 행렬은 오랫동안 기억에 남아 나를 괴롭혔다.

그날 그곳에서 6중대 전우 27명이 한꺼번에 목숨을 잃었다. 내 동기생이었던 소대장의 이름은 차마 이곳에서 밝히지 못하겠다. 전쟁에서 군인의 삶은 내일을 기약할 수 없음을 실감하는 순간이었다. 삶과 죽음이 하나였다.

죽음으로부터 자유로운 자

군인이 전쟁터에 나가면 죽기를 각오하고 싸운다지만 사실은 누구나 죽음을 두려워한다. 살아남아야 하는 이유와 당위성은 누구에게나 있다.

홀로 계신 어머니 때문에 살아야 하는 사람, 두고 온 아내와 자식들 때문에 살아야 하는 사람 등 이유도 다양하다. 벙커 밖에 나오지 못하고 벙커 속에서만 먹고 자는 사람도 있다. 소대장으로 부임했을 때 벙커 속에서 만난 한 선배 장교를 벙커 밖에서는 한 번도 보지 못했다. 그 장교는 늘 병적으로 죽음을 두려워했다.

소대장으로 부임할 때부터 모든 것을 각오하고 대원들 앞에서 마음을 다잡은 것이 있었다. 죽음으로부터 자유로운, 언제 죽어도 상관없다는 각오를 부하들 앞에서 내보이고 싶었다. 나는 결혼한 적도, 꼭 책임져야 할 사람도 없다고 강조했다. 죽음 앞에 함께 서 있는 지휘관으로서 부하들의 부담을 덜어주는 최소한의 예의요, 사필즉생(死必則生)을 이루는 근간이라 여겼다.

그러나 전투 중에 만나는 주검은 이제껏 상상도 하지 못했을 정도로 너무나 참혹하고 끔찍했다. 세상에 태어나서 25년 동안 온전한 사람들만 봐왔는데 피를 철철 흘리고 있는, 팔다리가 떨어져나간 부상병은 마주보기 힘들 지경이었다. 머리가 떨어져나가 몸뚱이만 남아 있거나 온몸이 산산조각이 되어 살점만 한 줌 남은 주검은 차마 눈뜨고는 볼 수 없을 정도로 참혹했다.

전투에서 어떤 경우에도 소대장과 동행해야 하는 부하가 통신병과 전령이다. 처음에는 나 역시 그들이 나와 멀리 떨어져 있도록 했다. 적의 표적이 되는 것을 피하기 위해서였다. 적의 저격병은 언제나 통신병 좌우측에서 지휘하는 사람을 표적으로 삼기 때문이다. 그들은 어디를 가도 따돌림을 당하고 환영받지 못하는 존재였다. 소대 중간에 끼여도, 소대 말미에 끼여도 그들은 주변 병사들의 따가운 시선을 받으며 다른 곳으로 밀려난다.

다른 부대원들은 "야, 임마! 내가 소대장이냐? 소대장 옆에 가라"며 그들을 쫓아내곤 했다. 옆에 있으면 언제 총알이 날아와 자신을 위험에 빠뜨릴지 모르기 때문이다. 그랬기에 나는 통신병을 나와 가까운 곳에서 기동하지 못하게 했다. 통신병 때문에 노출될 수 있으니 필요해서 부를 경우에만 소대장 곁에 올 수 있도록 한 것이다.

소대장 곁에서 쫓겨난 통신병은 어느 곳에서도 천덕꾸러기임을 한참 지나서야 알았다. 부임하고 몇 번의 격전을 치른 뒤였다. 몇 번이고 내 곁에서 쫓겨나야 했던 그는 언제나 싱글벙글 천진난만하게 웃고 다녔다. 그날도 그런 모습으로 나에게 다가왔다.

"김판철! 오늘 무슨 좋은 일 있나?"

"아닙니더. 소대장님한테 물어보고 싶은 게 하나 있습니더."

"뭔데?"

"소대장님, 그렇게도 살고 싶습니꺼?"

순간 할말을 잃었다. 그렇게도 살고 싶어 하는 나의 모습이 그의 눈에는 보였던 모양이다. 부하들에게 죽음으로부터 자유로운 자로 보이고 싶었는데 그만 내면을 들키고 말았다. 그때 얼마나 부끄러웠는지 모른다. 사실 부산항 제3부두에서 고든호에 몸을 실었을 때 결혼 3개월째였으며, 아내 복중엔 태아가 있다는 말을 할 수도 없었다. 살아서 돌아가야 하는데…, 멀쩡하지 않더라도, 팔다리에 부상을 입더라도, 뇌가 있는 머리와 왼쪽 심장은 달고 살아서 돌아가야 하는데…. 하지만 나는 매일매일 삶과 죽음 사이를 쉴 새 없이 오가고 있었다.

김판철 통신병. 마산이 고향이라던 그를 잊을 수 없다. 항상 콧노래를 부르는 그에겐 죽음에 대한 공포가 전혀 없는 듯 보였다. 흔들리는 기다란 안테나가 달린 통신기를 멘 그의 모습은 얼마나 자유롭고 여유로웠던가. 그의 환한 웃음, 밝고 천진했던 모습이 지금도 생생하다.

처음 소대장으로 부임했을 때 나 역시 살아야겠다고 마음먹었다. 부산항 제3부두를 떠날 때, 나는 기드온협회가 나누어주는 포켓용 성경책 하나를 주머니에 넣고 전쟁터로 가는 수송선을 탔다. 임신한 아내를 두고 떠나온 나는 어떻게든 살아남아야 했다.

군인들 사이에서는 전투에서 살아남기 위해 금기시되는 몇 가지 사항이 전해진다. 1917년 1차 세계대전 당시 노르망디 상륙작전 때 왼쪽 가슴 포켓에 넣어둔 '럭키스트라이크' 담뱃갑 포장의 빨간 동그라미 한복판을 총에 맞아 첫 번째 전사자가 나왔다. 그때부터 빨간 과녁을 죽음의 과녁으로 터부시해왔다고 한다. 또 출전 시 새 옷으로 갈아입지 않는다, 머리나 수염을 깎지 않는다, 출전 전에 편지를 쓰지 않는다, 함부로 짐승을 잡지 않는다, 슬픈 노래를 부르지 않는다, 돈이나 패물을 탐내지 않는다 등 우리나라 군인들뿐만 아니라 미국 군인들도 미신 아닌 미신을 지키고 있었다.

치열한 전투가 거듭되고 삶과 죽음 사이를 수없이 오가다 보면 결국은 확률이 높은 죽음 쪽으로 기울어질 수밖에 없다. 더는 버틸 수도 어찌할 수도 없는, 생명의 포기가 유지보다 훨씬 쉽다고 확신하는 심리 상태가 된다. 어느 순간 나도 어쩔 수 없이 삶을 포기한 자가 되어 있었다.

적진에 전우를 두고
퇴각할 수 없다

중대장이 적의 공격으로 부상을 입고 후송 간 후, 대대본부 참모 한 사람이 임시 중대장에 임명되었다. 지도 위 뱀같이 꾸불거리는 긴 화살표는 오늘 우리 소대가 수행해야 할 전투 정찰 코스다.

　때로는 정글 속 오솔길을 걷기도 하고, 땅콩밭과 고구마밭을 통과하기도 했다. 왼쪽에 늪을 끼고 가느다란 통로를 따라 지도에 표시된 위치대로 정확히 전진을 계속했다. 왼쪽 늪을 통과하기 직전 첨병분대에서 연락이 왔다. 전방 우측에서 요새화된 진지를 발견했다는 것이다.

　급히 첨병분대 쪽으로 갔더니 이게 웬일인가? 눈앞에 보이는 것은 적이 주둔하는 적진이 아니라 아무리 살펴봐도 분명히 아군 진지 같았다. 쇠고리 철조망과 철주 모두 미군 측에서 지급하는 장벽 자재였기 때문이다.

월맹군이 장악한 작전 지역인데 왜 이곳에 아군 진지가 구축되어 있을까? 혹시 몇 년 전 아군이 이곳에 방어 진지를 구축해 운용 중 폐기하고 다른 지역으로 이동했을까? 그런데 폐기된 진지라면 왜 이렇게 말끔하게 정돈되어 있을까?

의문이 꼬리를 물었지만 소대의 선발대는 벌써 큰 통로를 따라 열려 있는 철문을 통과해서 진지 안으로 들어간 후였다. 진지 안에는 아무도 없었다. 움직이는 것은 개미 새끼 한 마리 보이지 않았다.

아무래도 이상했다. 누군가 교통호(참호와 참호 사이를 안전하게 다니도록 파놓은 호) 속을 말끔히 정돈해둔 흔적이 있었다. 조심스럽게 움직이는 대원들끼리 몸과 쇠가 부딪히는 소리 말고는 아무 소리도 들리지 않았다. 순간 굉음을 내며 쏟아져 나오는 실탄과 허옇게 연기를 내뿜으며 실탄을 뿜어대는 기관총 진지가 눈에 들어왔다. 눈 깜짝하는 순간이었다.

반사적으로 교통호 속으로 뛰어들었다. 직사탄을 피하려는 소대원들로 이미 교통호 속은 초만원이었다. 적의 포탄도 떨어졌다. 교통호 속의 우리를 정조준한 것이 틀림없었다. 포탄이 점점 교통호에 가깝게 떨어졌다. 이대로 있어선 안 되겠다는 절박한 심정이 되었다. 나는 교통호를 박차고 진지 밖으로 뛰어올랐다. 그런 후 교통호 옆 엄폐 지역에 몸을 숨기고 엎드렸다. 쉴 새 없이 뿜어대는 기관총탄이 바로 내 옆과 머리 위 바나나 나무를 스치고 지나갔다. 바나나 잎에 고여 있던 물방울이 튀어오르며 얼굴과 윗옷을 온통 덮었다.

포탄이 계속 떨어졌다. 직사화기는 엄폐물을 이용해 피할 수 있다 해도 제일 무서운 것은 느닷없이 하늘에서 떨어지는 포탄이었다. 나를 향해 연기를 뿜어대는 기관총 진지만 세 곳이었다. 포탄에 비해 기관총은 별로 무섭지 않았다. 최태규 화기분대장이 기관총 진지 쪽 적의 코앞에 돌격해 들어가야 한다고 소리쳤다.

진퇴양난이었다. 물러서면 더 많은 희생자가 생길지 모른다. 적의 포탄 세례에서 벗어나려면 박격포 교각 밑에 들어가야 한다는 건 나도 알았다. 포 진지와 기관총 진지가 있는 적의 중심부에 들어가야 하는 것이다. 직감적으로 돌격해야 한다는 생각을 했다. 짧게 결심한 후 교통호 속 소대원들에게 기관총 진지 쪽으로 돌격을 명령했다.

그런데 이게 웬일인가? 교통호 속 소대원들은 서로 엉겨 붙은 채 꼼짝하지 않았다. 나는 계속 소리를 질러댔다. 앞뒤 좌우, 이리저리 뛰어다니며 개머리판으로 교통호 속 소대원들을 내리쳤다. 그래도 그들은 꼼짝도 하지 않았다. 적의 기관총 진지에선 계속 새파란 연기를 내뿜으며 쉴 새 없이 실탄을 퍼부어댔다.

앞으로 돌격해 나아가기는 불가능해 보였다. 화기분대가 엄호하는 동안 진지 바깥으로 철수를 결심했다. 모두 철조망 밖으로 나가라고 소리를 질러댔고 대원들은 순식간에 진지를 빠져나갔다. 진지 밖으로 철수를 완료하고 소대원을 점검하니 고정화 분대에서 3명이 실종되었다.

그제야 처음으로 중대본부에 무선으로 상황을 알렸다. 퇴각한 우리를 향해 적이 역습을 감행할 것 같다는 불안감이 커졌다. 소대를 정비하고 방어 진지를 점령했다. 그러나 실종된 3명을 그냥 두고 퇴각할 수는 없었다.

기습적인 적의 공격에 이미 소대는 이성이 마비된 상태였고, 명령을 해도 제대로 움직이지 않았다. 2분대는 전투력을 상실해 더는 임무를 맡길 수가 없었고 다른 분대도 마찬가지였다. 소대장이 직접 나설 수밖에 없었다.

"내가 실종된 3명을 구출하러 다시 적의 진지에 가겠다. 함께 갈 3명이 더 필요하다."

비장한 각오로 소대원들에게 말했다. 구조근 1분대장이 나섰다. 그리고 1분대에서 4명이 더 나왔다. 우리는 실탄과 포탄이 비 오듯 쏟아지는 적의 진지로 향했다. 우리 6명은 퇴각했던 통로를 따라 횡대로 전진해 갔다. 말 그대로 저승길이었다. 떨림과 공포에 사로잡힌 죽음의 길이었다. 적의 역습부대가 금방이라도 추격전을 벌이며 우리에게 달려들 것만 같았다.

M16 소총의 안전장치를 풀어 연발에 놓고 손가락을 방아쇠울에 넣은 채 전진을 계속했다. 적의 진지와 철조망이 보였다. 우리 소대가 퇴각했던 통로와 철문도 보였다. 통로 한복판에 우리 쪽을 향해 머리를 둔 채 한 대원이 엎어져 있었다. 오른편 숲속에 2분대 대원 2명도 숨어 있었다.

일행에게 소지한 실탄 모두 적의 진지에 쏟아 부으라고 명령했다. 그리고 2분대장과 함께 엎어져 있는 대원을 향해 뛰었다. 순식간에 2분대장이 엎어져 있던 분대원 어깨춤을 잡아채고 뛰었다. 나는 그의 철모와 소총을 주워 들었다.

소대가 방어하는 곳까지는 그야말로 순식간이었다. 무전기로 중대를 불러 상황을 보고했다. 그러나 중대는 이미 우리에게서 4킬로미터 밖까지 철수해 있었다. 소대가 적의 코앞에서 생사를 걸고 사투를 벌이는 긴박한 순간 중대는 위험 지역 밖에 물러나 있었던 것이다.

4킬로미터 밖 아군 진지까지 부상병을 메고 행군하는 것이 얼마나 어렵고 위험한 일인지 처음으로 경험했다. 은폐, 엄폐도 제대로 되지 않았고, 행군 속도가 극도로 저하되었다. 불길한 생각이 들었다.

우리 소대를 적 앞에 두고 퇴각한 중대본부와 2, 3소대가 한없이 원망스러웠다. 무전기에 대고 난생처음 입에 담지 못할 험악한 소리로 중대본부에 항의했다. 임시 중대장이었던 그와는 그 후 마주칠 일이 없었다.

얼마 지나지 않아 우리 중대에 한상기 중대장이 새로 부임했다. 임시 중대장이 아닌 진짜 중대장이 온 것이다. 쉬고 있던 우리 중대에 5대대 지원 명령이 떨어졌다. 5대대 소속 1개 중대가 우리 대대 작전 지역 인근에서 적에게 포위되어 고전하는데 증원을 위해 우리 중대가 지정된 것이다. 군장을 준비해 전투태세를 갖추고 출전 준비를 마쳤다.

5대대의 증원을 위해 2소대와 함께 첨병소대로 문제의 지역에 들어간 우리 소대는 그곳 지형을 둘러보고 긴장하지 않을 수 없었다. 곳곳이 엄폐와 은폐를 할 수 있는 계단식 논으로 적에게는 유리한 지형이었지만 우리로선 자칫 잘못 접근했다간 죽음의 자리가 될 수밖에 없는 형태였다.

숲에 덮인 야산이 병풍처럼 양팔을 벌린 채 좌우측을 두르고 있는 가운데 추수를 끝낸 계단식 논이 아름드리 느티나무가 촘촘히 서 있는 언덕까지 연결되었다.

언뜻 보기에는 계단식 논이 언덕을 타고 정글숲을 헤쳐 나가는 것보다 훨씬 전투에 쉬운 지형으로 보인다. 그러나 넓고 편안하고 쉬운 길은 언제나 위험하다는 것을 이곳에서 경험으로 터득했다. 지치고 피곤하면 경계심이 느슨해지기 때문이다. 적은 항상 그런 곳에 거미처럼 그물망을 쳐놓고 덫에 걸리기만을 기다렸다.

언덕 위 느티나무 숲 못 미쳐 30여 미터 앞 논둑에 쓰러져 있는 3명의 대원을 구출하는 것이 우리의 임무였다. 2소대가 우측 숲을 따라 대원들이 쓰러져 있는 논둑까지 전진하면서 우측을 담당하고, 중앙과 좌측은 우리 소대가 맡기로 했다.

화기분대와 고정화 분대를 중앙에 남겨놓고 1, 3분대를 좌측 정글숲에 들여보냈다. 그들이 숲을 통해 3명의 대원이 쓰러져 있는 선상에 도착하면 신호를 보내도록 했다. 개인 간 거리를 충분히 유지하고 사주 경계를 철저히 하라고 당부했다.

또한 최태규 화기분대장에게는 LMG기관총 한 정을 느티나무 숲이 있는 언덕을 향해 조준한 채 신호가 오기를 기다리라고 명령했다. 숲속에 아직도 적이 숨어 있는지, 적의 규모는 어느 정도인지 판단하기 위해 그곳을 화력으로 찔러보려는 것이었다. 우리는 이를 화력수색 또는 위력수색이라고 불렀다. 숨어 있던 적이 자신들 위치가 이미 노출된 것으로 알고 총력을 다해 대항하게 해서 그들의 위치와 규모를 파악하는 작전이다.

느티나무 언덕 못 미쳐 대원들이 쓰러져 있는 선까지는 아무런 저항 없이 전진했다. 그러고는 화기분대장에게 그 일대에 사격을 해보라고 명령했다.

아니나 다를까 찢어지는 AK소총 사격이 여지없이 숲속에서 우리 소대를 향해 쏟아져 나왔다. 총소리는 듣는 위치에 따라 크게 다른데 제일 날카로운 소리는 바로 정면에서 발사되어 내 앞에 날아오는 총알 소리다. 상대방 총구를 벗어나면서는 매섭던 소리가 귀를 찢는 소리로 변해서 다가온다. 그 순간 느티나무 숲 가지 사이에서 우리를 향한 사격 지점 여러 곳을 발견했다. 전방에 있던 분대도 이를 관측한 듯했다. 적은 느티나무 가지 위에 숨어서 우리를 공격하고 있었다.

적의 위치를 알면 더 이상 어려움이 없다. 박격포 공격과 2개 소대의 병진 공격으로 우리는 삽시간에 논둑과 느티나무 언덕을 점령했다. 넘어진 우리 대원들은 하나같이 위에서 정조준한 총탄에 머리 중앙을 맞고 숨져 있었다.

적들은 핏자국 하나 남기지 않은 채 감쪽같이 사라져 흔적을 찾을 수 없었다. 느티나무마다 위로 사다리를 세워놓았고 가지 위에는 나뭇가지로 원두막 같은 망루를 엮어놓은 것으로 보아 그곳에서 우리를 공격한 듯했다. 나무 밑에는 발사된 AK소총 탄피가 큰 세숫대야에 가득 담고도 남을 정도로 군데군데 그득히 쌓여 있었다.

적의 매복작전에 안타까운 전우를 잃었지만 한 사람도 살아남지 못할 지리적 조건에서 앞장선 3명의 희생으로 나머지 대원 모두를 살렸다. 쓰러져 있는 3명의 전우를 안고 철수했다. 해병대는 어떠한 경우에도 자기 전우와 동료를 적진에 남겨놓거나 포기하지 않는다.

통신병 김판철과 전령 이운형

월맹군 대대 지휘소 위치에 대한 정보를 입수했다. 중대에서는 2, 3소대를 전방에, 우리 1소대를 후방 경계에 배치했다. 상급부대는 포 사격을 30여 분간 퍼부었다. 적의 진지가 거의 박살이 날 만한 맹렬한 포격이었다. 상급부대의 지원 공격으로 2, 3소대는 극히 고무된 듯했다. 앞서거니 뒤서거니 번갈아가며 적의 진지에 공격을 개시했다.

그런데 적의 철조망 가까이 진격했을 때 맹렬했던 기관총이 되살아나 불을 뿜었다. 엄청난 포격을 퍼부었는데도 크게 손상을 입지 않은 듯했다. 박격포 공격도 마찬가지였다. 전방에서 공격하던 2, 3소대는 적의 진지 근처에도 가보지 못하고 10여 미터 전방에서 기세가 꺾인 채 적에게 엄청난 집중 사격을 받고 있었다.

후방 지역에서 중대본부와 함께 있던 우리 1소대는 전방의 2, 3소대를 지원하기 위해 적의 진지를 향해 박격포 공격을 개시했다. 10여 발을 발사할 즈음 적의 박격포 포탄이 소대의 진지 근처에 떨어졌다. 우리 소대가 박격포로 공격하는 것을 알아차린 모양이었다.

소대와 인접했던 중대본부는 때 아닌 적의 박격포 공격에 혼비백산했다. 새파랗게 질린 중대장이 우리 소대 쪽으로 달려왔다. 그러고는 발길로 박격포를 걷어차며 박격포 발사를 멈추라고 소리 질렀다. 우리 소대는 하는 수 없이 구경만 하고 있어야 했다.

부상병이 들것에 실려 나오기 시작했다. 부상당한 병사들이 피투성이가 된 채 후방 지역으로 무리 지어 빠져나왔다. 그야말로 아수라장이었다. 이런 상태로 더 이상의 공격은 무모한 짓이었다. 중대장은 철수 명령을 내렸다. 그러나 우리 소대는 다시 전방에 투입되었다. 전방 좌측 능선을 점령하고 2, 3소대 철수를 엄호하라는 명령이었다.

우리는 2, 3소대를 구출하기 위해 신속하게 좌측 능선을 점령했다. 적의 진지에서 불과 100여 미터 떨어진 지점이었다. 기관총이며 유탄, M16 등 전 화기를 동원해 적진에 퍼부었고 2, 3소대는 하나둘 철수를 개시했다. 적들도 우리의 맹렬한 사격 앞에 정조준을 하지 못하는 듯했고 철수하는 아군에게 더 이상 치명상을 입히지는 못했다.

그때까지는 인생에서 그렇게 처절하게 피투성이가 된 사람을 본 적이 없다. 창자를 움켜쥐고 뛰어나오는 대원이 보였다. 한쪽 다리를 잃은 채 남은 한쪽 다리로 필사적으로 뛰는 대원도 보였다. 축 늘어져 들려 나오는 대원은 이미 숨이 멎은 듯했다.

사상자를 수습한 후 중대본부는 이동을 시작했다. 적의 공격이 미치지 못하는 엄폐, 은폐 지역으로 이동하기 위해서였다. 결국 적의 코앞에 또다시 우리 1소대만 남았다. 나는 소대원들에게 이곳에서 살아 돌아갈 수 있는 방법을 가르쳤다.

"훈련소에서 배운 대로 하라. 적의 사격 방향과 일치하게끔 곧장 뛰어가는 어리석은 짓은 절대 해선 안 된다. 심하게 좌우로 이동하며 뛰어라. 엄폐물이 있는 우측 능선까지 단숨에 쉬지 말고 뛰어라. 그곳이 집결지다. 그곳에서 만나자."

소대 선임하사관에게 대원들과 함께 먼저 철수하도록 지시했다. 그러나 선임하사관은 끝내 지시를 거부했다. 위험한 지역엔 자기가 남아 소대 철수를 엄호할 테니 소대장이 먼저 철수해 소대를 지휘해야 한다고 주장했다.

나는 다시 선임하사관을 설득했다. 나는 여기서 죽으면 그만이다, 당신에게는 두고 온 부인과 자식이 있다, 그들을 위해 반드시 살아남아야 한다. 그러면서 먼저 철수할 것을 단호하게 명령했다.

이제 1분대와 함께 나와 전령, 통신병만 남았다. 한 사람이 우측 능선까지 달려가면 적은 어김없이 총탄을 퍼부어댔다. 우리 측 역시 맹렬하게 적의 진지를 사격하며 철수하는 대원들을 엄호했다. 우리는 이렇게 한 사람씩 철수하는 방법을 택했다.

나는 지금도 그때 마지막까지 함께 남았던 두 대원을 잊을 수 없다. 전령 이운형과 통신병 김판철이다. 어쩌면 적탄 앞에서 살아 돌아갈 수 없을지도 몰랐다. 우리를 엄호해줄 사람이 둘 아니면 하나밖에 남지 않았기 때문이다. 적의 화력을 제압하기엔 너무나 역부족이었다. 담배를 하나씩 나누어 불을 붙였다. 그리고 웃으며 담배를 피웠다. 죽음 앞에서 우리는 얼마나 진지했는지 모른다. 생명을 내려놓은 듯한 모습이었다. 우린 서로를 이해했다. 마지막까지 남아 위험을 함께하려는 전우애를 느꼈기 때문이다.

"전령! 네가 먼저 철수해야겠다. 김판철이는 통신 때문에 더 남아 있는 편이 좋을 것 같구나."

전령 이운형까지 떠나가고 김판철과 둘만 남았다. 소대장 부임 후 죽음에 대해 자유로울 수 있도록 첫 번째 교훈을 주었던 친구다.

이제 그와 나, 단둘뿐이다. 둘이서 담배를 한 대 더 피웠다. 도와줄 사람이 없으니 제일 마지막에 남는 자가 제일 위험하다. 도중에 적탄이라도 맞으면 끝장이다. 이제 그에게 변화된 모습을 보여주고 싶었다. 통신병에게 먼저 이곳을 떠나라고 했다. 그는 소대장을 두고 자기 혼자 먼저 갈 수 없다고 고집을 부렸다.

"야, 임마, 네놈과 함께 뛰면 옆에 있는 놈이 분명히 소대장인 줄 알고 더 결사적으로 죽이려 할 텐데 같이 가자고? 너는 등뒤에 통신기라도 멨으니 웬만큼 맞아도 죽지 않아. 안심하고 들고 뛰어!"

결국 그를 먼저 보냈다. 292안테나를 휘청거리며 저 멀리 사라져가는 그의 모습이 보였다.

이젠 내 곁에 아무도 없다. 이곳을 벗어나야 한다. 담배 한 개비를 입에 물고 다시 불을 붙였다. 마음의 여유를 찾는 유일한 방법이었다. 이내 등뒤에서 적의 사격 소리가 들려왔고, 그 소리를 뒤로하며 무작정 뛰었다.

정신을 차려보니 넝쿨이 우거진 고구마밭 고랑 사이였다. 고구마 줄기에서 풀 냄새가 코로 들어왔다. 살며시 한쪽 다리를 움직여보았다. 다른 쪽 다리도…. 팔을 움직이고, 몸을 더 들어보았다. 총에 맞은 곳도, 피가 흘러나오는 곳도 없었다. 살아 있었다.

좌우를 살펴보아도 고구마 넝쿨 말고는 아무것도 보이지 않았다. 적의 진지에서 얼마나 떨어져 있는지, 적의 위치와 아군의 위치가 어딘지 알 수 없었다. 그렇게 한참 동안 고구마밭에 누워 주변을 살피며 뛸 방향을 찾았다. 헝클어진 고구마 줄기를 통해 내가 달려온 방향을 알 수 있었다. 일어서서 다시 달려가던 방향으로 뛰었다. 적은 더 이상 공격하지 않았다. 이렇게 해서 소대에 도착했다. 다행히 모두 무사했다.

전선에서 — 사랑하는 아내에게

밝은 햇살이 퍼지기 시작하는 아침 당신에게 편지를 쓰려고 일찍 일어났다오. 그간 집안에 탈없이, 몸 편히 잘 있었소?

며칠째 헬기가 오지 않아 오가는 편지가 지체되니 당신 편지가 몹시도 기다려진다오. 요즘은 밥도 짓고 집안일도 돕는 모양인데 당신 건강 상태로 그런 일을 해도 해롭지 않은지 마음이 안 놓인다오. 층층대를 오르내리는 일까지 삼가라던 의사의 말을 기억하고 줄곧 초조한 마음으로 당신을 지켜보았다오.

당신은 내가 당신 건강에 너무 신경을 쓴다고 짜증낼지 모르지만 내게 당신은 너무나 소중한 보물이니 그럴 수밖에 없소. 내 생각에만 젖어 있지 말고 봄의 맑은 공기 속에 때때로 영화 구경도 하면서 기분전환을 하시오. 그렇지만 영화 구경이나 집밖에 나가는 모든 경우에 어머니나 아버지를 꼭 동반할 것. 이건 무시무시한 명령인데 나로선 어쩔 수 없소. 당신이 잠깐 새 딴마음이라도 먹을까 봐 마음이 달아오르는 형편이니 이런 점 이해할 수 있지요?

단, 당신의 건강 상태가 허락한다면 동숭동 영자 내외나 서울에 남아 있는 내 가까운 친구들(동근, 영용, 김욱)과 같이 가까운 교외를 산책하는 것쯤은 허가를 해주겠소. 그 외엔 당신 맘대로 하면 기합이 있다는 걸 잊지 마오.

오늘은 내 모습이 담긴 사진을 당신에게 보내드리니 모든 것 잊고 당신이 흐뭇해할 것이라 여기오.

도로 정찰을 나갔다가 길 옆에 쉬는 새 찰칵. 뒤로는 둑을 따라 소대원이 개활지 너머 숲을 경계하는 모습이고, 나는 중대본부와 무전 통화를 할 때였다오. 내 잘생긴 모습을 카메라가 잘못 담아 멋있는 폼이 보기 싫게 나왔는데 그런 점 참작해서 보시오.

그저께는 VC(베트콩) 탐색전을 펼쳤는데 미리 다 도망가서 한 놈도 잡지 못했다오. 팬텀기가 하늘에서 우리를 돕고 아군의 105밀리미터 야포가 적진을 헤집는 광경을 보면 참 장관이라오. 이런 전투에 참가한다 해서 당신은 걱정할 필요 하나도 없소. 근 50명이나 되는 소대원이 나를 제일 아끼고, 게다가 우리에 비해 놈들은 화력이나 병력에서 비교가 안 될 만큼 조족지혈인 보잘것없는 놈들이라오. 그렇다고 자주 있는 일도 아니니 당신은 아무 염려 마오.

오늘은 푹 쉬는 날이고 오후쯤에는 중대 앞에 있는 마을에 옥수수 가루를 나누어 주는 대민사업이라는 걸 할지도 모르겠소. 피난민 이삼천 명이 우리 곁이 좋다며 모여 있다오.

아침 먹을 시간이 지났다고 전령이 밥 잡수라고 독촉이오. 반찬은 김치 넣고 감자, 돼지고기를 섞어 끓인 죽, 고춧가루를 베트남 간장에 풀어 만든 고추장, 풋고추, 마늘, 밥은 흰쌀밥. 보통 통조림 야전식(C-Ration)은 구미에 맞지 않아 쌀로 밥을 지어 먹는다오.

당신이 못 견디게 그립소. 당신도 마찬가지일 거라 생각하오. 그렇지만 꾹 참고 지낼 테니 잘 때는 혼자 자지 말고 어머니 옆에서 잠드시오.

1968년 3월 16일
나의 귀여운 아내에게 도봉이가 보냄

그 여인을 그렇게 보내주다

그날, 아직 여명 전이라 어두웠다. 전투 정찰 군장을 점검하며 대원들 얼굴을 보려 했으나 아직 동트기 전이라 누가 누군지 알 수 없었다. 수류탄이며 M16 실탄, 유탄, LMG기관총 등을 감각에 의존해 손으로 만져보는 것으로 군장 점검을 대신했다. 우리 소대는 중대의 진지를 떠나 대대본부를 오른쪽에 두고 한참을 걸었다.

스산하고 음산한 새벽이었다. 간밤에 F-4 팬텀기가 여러 차례 폭격을 하고 난 뒤였다. 대원들 간에는 최대한 거리를 유지시켰다. 537도로와 538도로가 만나는 삼거리에 폭격으로 주저앉은 일그러진 건물들의 모습이 어슴푸레 들어왔다. 인기척도 없었고 적들의 활동은 전혀 감지되지 않았지만 무시무시한 거리였다.

나는 직감적으로 무슨 일이 일어날 것 같다는 느낌을 받았다. 폭풍 전야 같은 고요함과 적막감 속 전혀 움직임이 없는 정지된 상태에서 시야에 아무것도 들어오지 않았다. 그때 멀리서 흰 물체 하나가 가냘프게 움직이는 게 보여 배를 땅에 대고 엎드려 한참을 관찰했다.

소총소대는 언제부터인지 먼 곳의 물체를 잘 보기 위한 관측용 쌍안경을 휴대하지 않고 정찰을 나갔다. 기동에 방해가 될 뿐 아니라 적과의 근접전을 수행하는 소총소대에는 크게 필요하지 않았기 때문이다.

소대장 부임 첫날 첫 전투에서는 나도 맥아더 장군처럼 관측용 쌍안경을 목에 걸고 출전했다. 그렇지만 진지를 떠나자마자 깨달았던 사실은 적의 집중 사격에 공격을 당하면 소대원과 함께 필사적으로 적의 화망에서 벗어나는 것 말고는 다른 무엇도 필요치 않다는 사실이다. 적이 어느 방향과 거리에서 나를 죽이려 하는지 스쳐 지나가는 총탄의 위력만으로도 충분히 육감적으로 감지할 수 있었다. 오로지 오감, 우리가 가진 원초적 신경으로 관측하고, 냄새 맡고, 판단해야 했다.

분명히 사람이었다. 그곳은 도로가 둘로 갈라지는 삼거리 모퉁이로 지도상에도 명확하게 표시되어 있었다. 빠른 동작으로 안전장치를 풀고 오른손 인지를 방아쇠울에 넣은 채 접근했다. 가까이서 보니 한 사람은 작업을 돕는 노동자 차림 남성이었고, 다른 한 사람은 흰옷 입은 여성이었다. 그녀가 가냘픈 동작으로 움직일 때마다 흰색 물결이 펄럭여 마치 하늘에서 내려온 천사 같았다. 모퉁이에 세워둔 조그만 차량도 보였다.

남성은 집에서 가지고 나온 부대 자루를 어깨에 메고 부지런히 차량 뒤 화물칸에 옮겨 실었고, 흰옷을 입은 여성은 그에게 바짝 붙어 무엇인가 열심히 재촉하는 듯했다. 주변 일대는 교통의 요충지로 비교적 큰 마을이 형성되어 있었고 제법 높은 건물도 폭격으로 내려앉은 채였다. 다 부서진 잔해 더미 가운데서도 그곳이 분명 차량에 기름을 넣는 주유소임을 확인할 수 있었다.

박상근 분대는 10시 방향을, 구조근 분대는 2시 방향을, 고정화 분대와 최태규 화기분대는 나와 함께 주유소 일대와 짐을 싣는 차량을 확보토록 했다. 번개 같은 동작으로 소대는 일시에 삼거리 거점을 확보했다. 저항하는 적이나 잔류한 주민은 없었다.

다만 혼비백산한 남성과 가냘프게 떨고 있는, 흰옷 입은 여성뿐이었다. 남성은 짐을 옮길 차량의 운전사였고, 여인은 주유소 주인 같았다. 서툰 베트남어로 여기서 무엇을 하느냐고 물었다. 갑작스런 폭격으로 미처 옮기지 못한 짐을 챙기는 중이었다는 답이 돌아왔다. 짐을 챙겨 어디로 가느냐고 했더니 537도로 쪽을 가리키며 피난민이 있는 마을 이름을 댔다. 나는 뒤돌아 지도를 땅 위에 놓고 그 마을을 찾았다. 내가 가진 지도에는 표시되지 않은 마을이었다.

분대장들은 이곳에 오래 지체하면 위험하다고 풋내기 소대장인 나를 계속 재촉했다. 빨리 정리하고 떠야 한다는 것이다. 적지에서 우군은 우리 소대밖에 없었고, 언제 어디서 월맹군이 공격할지 모르는 급박한 시기임을 나도 모르는 바 아니었다. 그러나 쉽게 결단할 문제는 아니었다. 나는 손수 화물칸 푸대를 대검으로 푹 찔러 속에 있는 것을 꺼내보았다.

그 속에는 생전 구경도 못한 그린백(미국 달러를 그렇게 불렀다)과 베트남 지폐가 든 부대가 화물칸 가득 차곡차곡 쌓여 있었다. 모두 돈더미였다. 이미 분대장들은 흥분한 상태였다. 돈더미는 우리가 확보하고 빨리 그들을 처리한 후 이곳에서 떠나자는 주장이었다.

그렇지 않으면 이 어마어마한 자금이 월맹군 손에 들어가 우리가 베푼 자비가 도리어 아군에 포탄으로 돌아온다고 했다. 하지만 그럴 수는 없었다. 그들이 월맹군의 동조자가 아님을 직감적으로 알 수 있었다. 먼지 하나 묻지 않은 흰옷이나 얼굴과 행색으로 보아 그녀는 분명 베트남 양민이 틀림없다고 판단했다. 죽음을 무릅쓰고 이곳까지 다시 온 것으로 보아 이 주유소 주인이 틀림없는 듯했다. 두 사람 모두 베트남공화국이 발행한 우리나라 주민등록증과 흡사한 신분증을 소지하고 있었다. 그들을 죽여선 안 된다고 마음먹었다.

우리 소대 역시 이렇게 큰돈을 가지고, 월맹군이 우글거리는 숲을 지나 중대본부까지 산 채로 무사히 이들을 끌고 간다는 보장도 없었다. 지도상에서 우리와 인접한 우군의 위치를 찾아보았다. 537도로를 따라 2킬로미터 남짓 동쪽으로 전진하면 조그만 강이 있고, 그 강 위 다리가 시작되는 곳에 우리 대대와 월남군의 전투 지경선이 그어져 있었다. 나는 이 사람들을 살려서 그곳 다리까지 우리가 엄호해 인계하겠다고 결단했다.

분대장 모두를 불러모았다. 딴마음 먹지 말고 나의 명령에 따라달라고 당부했다. 중대본부에 무전으로 상황을 보고하고 중대장 승인을 받았다. 차량 화물칸의 지폐에 대해서는 언급하지 않았다.

그 여성에게는 내 전투복 깃에 새겨진 소위 계급장을 보여주면서 내가 여기서 최고 높은 사람인데 죽이지 않고 월남군이 있는 다리까지 데려다주겠다고 서툰 말로 알려주었다. 내 말을 못 알아들었는지 두 사람 모두 무릎을 꿇고 눈을 감은 채 부들부들 떨며 눈물만 흘렸다. 도통 일어나 움직일 생각을 하지 않았다.

당신들 빨리 가야 한다, 이곳에 오래 머물면 우리 모두가 위험해진다. 다시 방탄복 속 계급장을 보여주며 오른손 엄지를 치켜세우고 대장이라는 걸 알리려고 했다. 그래도 그들은 눈을 감은 채 움직이지 않았다. 죽이려면 시간 끌지 말고 빨리 처형하라는 몸짓으로 보였다.

더 이상 그곳에서 지체할 수 없었다. 지난밤까지 월맹군이 완전 장악했던 마을이고 새벽이 올 때까지 인접한 미국 해병대 F-4 팬텀기가 쉴 새 없이 폭격을 하던 곳이다. 흰옷 입은 여성의 어깨춤을 잡아채며 강제로 일으켜 세웠다. 콰이콰이(빨리빨리) 차량에 오르라고 재촉하며 끌었다. 몇 발자국을 차량이 있는 곳까지 끌려가던 여성은 다시 풀썩 주저앉았다. 그러고는 눈을 뜨고 사방을 두리번거렸다.

그제야 앞뒤로 M16 소총과 기관총으로 무장한 병사들이 있는 걸 본 듯했다. 남성이 먼저 눈치를 챘는지 사시나무 떨듯 떨며 차량으로 걸어가 운전석에 앉더니 황급히 시동을 걸었다. 여성도 움직이기 시작했다. 그러나 차를 탈 생각은 하지 않고 땅에 앉아 두 손을 모으고 절만 해댔다. 감사의 표시라기보다는 돈은 다 가져도 좋으니 살려만 달라는 몸짓 같았다. 연신 앞뒤 좌우를 두리번거리던 여성도 결국에는 부들부들 떨면서 차에 올랐다.

다리에 도착한 우리는 월남군 경계병을 보고 안도의 숨을 내쉬었다. 차량은 다리 입구에 멈춰 섰다. 이윽고 운전사와 흰옷 입은 여성을 함께 내리게 했다. 우리를 보며 희미하게 미소 짓던 여인의 눈언저리에는 눈물이 고여 있었다.

믿음이 해병대를 이끈다

믿을 수 있는 사람과의 동행이 얼마나 중요한지는 전쟁터에서 더욱 자명해진다. 보병중대는 중대본부와 화력을 지원하는 화기소대, 그리고 실제 적과 근접전을 수행하는 3개의 소총소대로 편성된다. 어느 작전이든 전방에 2개 소총소대를 배치하고, 후방에서는 중대본부와 나머지 1개 소대를 예비로 구성해 전투를 수행한다.

베트남에서의 전투는 정글 속에 들어간 후 전방소대끼리 서로가 서로를 볼 수 없다는 것이 문제다. 전방 2개 소대는 전진 속도를 조절하면서 함께 공격해야 한다. 이는 적이 전방 및 측방에서 공격할 때 가장 안전하고 유리한 대형이다.

만약 1개 소대는 뒤처져 전진을 하지 않고 1개 소대만 전진

할 경우, 적을 만나면 전방과 좌우 측면 세 곳이 동시에 취약해진다. 전장에서 변하지 않는 진리는 어느 때, 어느 곳이든 적 앞에 먼저 나아가는 쪽이 가장 불리하다는 것이다.

정글에서 서로의 위치를 알지 못하는 상태로 어느 한쪽이 먼저 전진하기를 바라거나 몸을 사릴 경우, 먼저 전진한 소대가 큰 낭패를 당하는 경우가 종종 있다. 2소대와 함께 전방 임무를 수행할 때마다 자주 그런 경우를 당했다.

중대의 이번 작전은 월맹군 연대 CP(지휘소)를 찾아내는 전투 정찰임을 우리는 사전에 알았다. 한결 마음이 편했다. 최소한 서로가 서로를 잘 알고 있으며, 상대방을 속이지 않으리란 믿음이 있었기 때문이다. 3소대가 좌, 우리 1소대가 우에서 전투 정찰을 계속했다. 목표 지점에 도달하기 전, 멀리 숲속에 교묘히 감추어져 솟아오른 적의 안테나를 먼저 발견했다.

중대에 적의 안테나를 발견했다고 보고했다. 전 대원에게 가까이 갈수록 개인 거리를 넓힐 것과 철저한 사주 경계를 당부하고, 부비트랩을 조심하라고 지시했다. 그러던 중 좌일선 3소대 쪽에서 먼저 폭발음이 들렸다. 지뢰를 건드린 것이다. 잠시 후 또다시 폭발음이 들렸다. 부상병을 들것에 신고 헬기 착륙 지점으로 운반하던 대원들이 또 다른 부비트랩을 건드렸다고 했다. 헬기가 날아와 그들을 신고 떠났다.

소대원들에게 절대로 움직이지 말라고 지시한 후 전진을

중지시키고 주위를 살폈다. 지뢰를 찾기 위해 대검을 빼 들고 땅을 찔러보기도 했다. 대검이 쑥 들어갔다. 조심스럽게 다시 파보았다. 지하 함정이었다. 땅 위에 얇은 대나무 발을 치고 그 위에 흙과 가랑잎을 덮어놓았는데 맨땅과 전혀 구별되지 않는 교묘한 방법이었다.

특수교육대에서 그림으로만 보던 지하 함정의 실물을 처음 보았다. 땅을 깊게 파내고, 시멘트 콘크리트 바닥 위에 날카롭고 긴 창날을 겹겹이 세워놓았다. 사람을 죽여도 아주 흉측하게 죽이는 방법이다. 보기만 해도 소름이 끼쳤다. 땅 위에 솟아 있는 지뢰 꼭지도 발견했다.

우리 소대는 이것들을 하나하나 제거하며 조심스럽게 전진해 들어갔다. 이윽고 3중으로 방어한 적의 요새를 발견했다. 제1방어선은 지뢰 지대와 지하 함정, 잡목으로 만든 외곽 울타리였다. 제2방어선은 견고한 철조망으로 되어 있었다. 제3방어선 역시 견고하게 구축된 진지 앞에 철조망으로 장애물 지대를 만들어놓은 것이었다.

먼저 첫 번째 장벽 지대를 점검하기로 했다. 10여 미터 앞까지 접근해 철모를 벗어 턱끈을 잡고 빙빙 돌려 잡목 울타리를 비롯한 이곳저곳을 쳐보았다. 부비트랩은 없었다. 조심스럽게 울타리를 잡아당겨 넘어뜨렸다. 100여 미터가 넘어 방어에 유리해 보이는 기다란 개활지와 굴곡이 있는 모래밭이

펼쳐졌다.

바로 그때 쥐죽은듯 고요하던 적의 CP가 기관총 사격을 시작하면서 박격포와 B40 총류탄을 발사했다. 모래밭 위에 엎드린 채 기관총알과 B40 총류탄이 시뻘건 불덩어리가 되어 우리 소대 쪽에 날아오는 것을 눈으로도 볼 수 있었다.

기관총 퍼붓는 소리와 쿵쾅거리는 박격포탄, 씨익-꿍 하고 날아와 터지는 총류탄이 쉴 새 없이 이어졌다. 우리도 기관총이며 유탄, M16으로 집중 사격을 하는 순간 월맹군에서는 아무 소리도 나지 않았는데 무전기에서 3소대가 죽는다고 소리치는 게 들렸다. 그때부터 우리 소대는 적의 사격 방향으로 대응 사격을 전혀 할 수 없어 속수무책이었다.

언제 그렇게 빠른 기동을 했는지, 우리 소대가 우측에서 잡목 울타리와 씨름할 때, 3소대는 이미 제3방어선 철조망 밑까지 전진했던 것이다. 우리는 적에게 총 한 방 제대로 쏘지 못하고 계속 공격만 받았다. 모래를 파고들어 가 머리만 모래 위에 내놓았다. 바로 옆에서 시뻘건 불덩어리가 터졌다. '꿍!' 하면서 터질 때마다 모래 더미가 한 번 들썩할 뿐 큰 타격을 입지는 않았다.

다행히 인접해 있던 미국 해병대원들이 우리의 처지를 알고 LVT를 몰고 왔고 적의 진지에 20밀리미터 기관총을 마구 쏘아댔다. LVT에 적의 기관총이 명중할 때마다 '떡', '떡' 하며

커다란 철판에 찰떡 붙는 것 같은 소리가 나면서 뻥뻥 구멍이
뚫렸다.

　나는 소대원들에게 철수를 명령했다. 적의 연대 CP를 찾
아낸 커다란 전과에 비하면 이번에는 아주 작은 희생이었다.
'우정' 3소대 때문에 그렇게 속수무책으로 맹렬한 공격을 받
고도 우리 소대는 한 사람도 다치지 않았다. 교전이 치열했던
데 비하면 기적 같은 일이었다.

전쟁과 여자, 생포한 월맹군 중위

구정 대공세 이후 우리 지역은 계속 뒤숭숭했으며 편할 날이 없었다. 우리 중대 역시 완전한 방어 진지를 구축한 것이 아니라 임시로 급조한 진지였던 데다 이동할 곳이 결정되지 않아 그야말로 엉거주춤한 상태로 기다리는 나날이었다. 그런 중에도 밤낮을 가리지 않고 중대 외곽에 소규모 매복대를 두어 적의 공격이나 접근을 멀리서부터 미리 탐지하게 했다.

하루는 아침 일찍 나갔던 2소대 매복대에서 월맹군 중위를 생포하는 큰 전과를 올렸다. 온통 그 월맹군 중위에게 중대의 관심이 쏠렸다. 당시 중대 임시 방어 진지는 듀이센 군청 외곽 지역에 있었다. 군청을 통과하면 자큐라는 꽤 큰 마을이 있었고 군청과 그 마을 사이의 계곡을 연결하는 다리가 하나 있었다.

그곳을 통과하던 2소대 매복대는 다리 위에서 서성이던 한 여성을 수상히 여기고 그녀가 들고 있던 조그만 손가방을 검색했다. 가방에서는 소련제 권총과 TNT(고성능 폭약) 묶음 3개가 발견되었다. 매복대가 현장에서 그 여성을 생포해 복귀한 후부터 중대엔 온통 난리가 났다.

흰색 아오자이를 입은 여성은 갓 스무 살이 넘어 보였다. 평범한 베트남 여성과는 다르게 피부색이 희고 탄력이 있으며 이목구비가 수려한 미인이었다. 여성은 발목과 손이 묶인 채 맨땅에 앉아 있었다. 엉덩이와 허리의 굴곡과 아름다운 가슴선이 몸을 감싼 아오자이에 그대로 드러나 보였다. 이 격전지에 어떻게 저런 절세미인이 살아 남았을까? 여성은 인근 월맹군 정규군 현역 중위라고 신분을 밝히면서 포로로 취급해달라고 요구했다.

포로 취급을 해달라는 간곡한 부탁을 처음에는 쉽게 이해할 수 없었다. 여성의 의도는 비록 포로가 되었어도 국제법 포로 규정에 의해 자신을 적국의 중위로 인정해달라는 것이었다. 우리가 그녀의 계급을 인정할 경우 그녀는 우리의 상급자인 중대장 다음가는 계급이 된다. 당시 우리는 그런 골치 아픈 규정 따위는 안중에도 없었다. 포로는 단지 포로일 뿐이라고 여겼지만 함부로 다루기엔 너무 아름다웠다.

군청과 마을을 잇는 그 다리는 청룡 2대대가 이 지역에 들어와 주둔한 이래 자주 작전에 사용했으므로 월맹군의 눈엣가시 같은 시설이었다. 여성은 다리를 폭파해 우리 아군 부대의 작전에 지장을 주고 방해를 할 목적에서 민간인으로 변장해 침투했다고 했다. 그러나 시기를 잘못 선택해 매복대와 마주치는 바람에 저항 한번 못하고 생포되었다고 진술했다. 중대에는 포로를 수용할 공간도, 전문적으로 심문할 요원도 없었으므로 상급부대에 보고하고 그녀를 압송할 헬기를 요청했다. 급박한 작전 소요 때문에 포로를 후송할 헬기는 다음 날 아침에야 가능하다는 회신이 왔다.

궁리 끝에 중대장은 1소대장인 나에게 포로 관리 임무를 부여했다. 하이에나처럼 먹이를 넘보는 욕망에 가득 찬 야수들을 다스리는 데는 내가 최고 적임자라고 판단한 모양이다. 중대기지 중앙 공터에 쇠고리 철조망을 3단으로 쌓고 그 속에 월맹군 중위를 가둔 다음 주위에 철제 의자를 하나 놓고 내가 앉아서 지켰다.

의자에 앉은 나 역시 여성을 처음 봤을 때 일순 숨이 멎는 듯한 야릇한 흥분이 엄습하는 것을 느꼈지만 애써 다른 곳으로 눈을 돌렸다. 그러나 얼마 지나지 않아 내 눈은 저절로 그 여성 쪽으로 움직였다. 생사의 갈림길에서 죽음을 눈앞에 둔 혈기 왕성한 사나이들의 육체와 정신 상태는 충분히 이해가 되었다.

"누구도 철조망 5미터 이내로 접근하지 마라."

그러나 이곳 전쟁터에서는 다른 문제는 몰라도 여자에 관해서만큼은 명령 한마디로 모든 것을 해결할 수 있는 게 아니었다.

인간을 통제하는 수단은 환경에 따라 달라진다. 배고픔을 제일 두려워할 때는 배고픔으로, 야구방망이를 제일 무서워할 때는 야구방망이로 해결한다. 목숨을 잃는 것을 제일 겁낸다면 죽고 사는 것을 수단으로 삼는다. 그러나 이미 생명을 포기한 자들이 모인 이곳에서는 어떻게 마음먹고 행동할지 모르는 그들을 통제할 뾰족한 방법이 없었다.

이미 자신을 포기한 자들에게 죽고 사는 문제 따위는 딴 세상 것으로 들린다. 그저 본능만이 지배하는 세상인 것이다. 어느새 그들이 철조망에 거의 붙을 정도로 접근했다. 더 이상 접근하면 상어 이빨같이 생긴 날카로운 쇠고리 철조망이 그들의 몸에 닿고 살을 찢게 된다.

나는 벙커에서 M16 소총과 실탄 한 꾸러미를 집어 어깨에 메고 람보처럼 돌아왔다. 그나마 위협적인 수단은 그것밖에 없었다.

"너희들 딴생각 품고 엉뚱한 짓 하면 가만두지 않는다. 명심해라."

그 말이 떨어지기가 무섭게 대답이 돌아온다.

"소대장님, 한 번만 만져보면 안 되겠습니까? 죽어도 좋으니 한 번만 만지게 해주십시오."

나 역시 그들과 크게 다르지 않은 마음이었다. 그러나 단호하게 "안 돼!"라고 소리칠 수밖에 없었다. 사자가 뜯고 있는 '먹이'를 빼앗으려고 주위를 어슬렁거리며 맴도는 수많은 하이에나 떼와 비슷한 모습이었다. 조금만 방심하면 예상치 못한 일이 일어날 것만 같았다. 그들은 이미 사람의 형상이 아니었다.

공중으로 M16을 마구 쏜 후 발길로 차서 그들을 쫓아내기 시작했다. 철조망에 들러붙었던 대열이 일시에 무너져 하나둘씩 뿔뿔이 흩어졌다. 갑자기 철조망 둘레가 환해지더니 2소대장과 3소대장이 들이닥쳤다. 나의 광기가 위력을 발휘한 것이다. 이제 다시 이곳에 몰려드는 자가 있으면 본때를 보이겠노라고 그들에게도 알렸다.

더운 베트남이지만 해가 지면 싸늘해지고 늦은 밤이 되면 추위가 시작된다. 그동안 우리는 아오자이 하나만 걸치고 맨땅 위에 있는 여성에게서 눈으로 욕심을 채우고 있었다. 누구 하나 가려주거나 추위를 덜어줄 생각을 하지 못했다. 밤이 되자 흰옷 입은 중위에게 엄습할 추위가 내게도 느껴졌다. 소대원에게 모포 한 장을 가져오도록 한 후 철조망 문을 열라고 지시했다.

지금도 그때의 의문을 풀 수가 없다. 과연 인간의 한계점은 어디인가? 인간은 심한 고통과 스트레스, 불안과 공포가 지속되면 심리적 변화를 일으키고 한계에 도달한다. 그 한계점을 넘으면 바로 항복점에 다다른다. 즉 포기하거나 내맡기거나 자유로워지는 것이다. 그러나 그 중위에게서는 조금의 변화도 찾을 수가 없었다.

소속과 계급을 말하고 포로로 취급해달라고 요구하는 것 외에 여성은 일체의 언어도 입 밖에 내지 않았다. 오랜 시간 저렇게 맨땅에 묶여 있는데도 미동도 없이 처음 우리에게 보였던 자세 그대로였다. 그런 모습이 차츰 무서운 신비감으로 다가왔다. 나는 철조망을 열고 들어가 머리 위부터 아래까지 모포로 감싸주었다. 그런 다음 철조망 고리를 단단히 채우고 벙커로 돌아왔다. 그날 밤은 그렇게 깊었다.

한밤중에 전령이 급하게 불렀다. 직감적으로 여성에게 문제가 발생한 것으로 판단하고 M16 소총과 실탄을 손에 들고 곧장 뛰어갔다. 병사 하나가 이미 철조망 안에 들어가 여성을 붙잡은 채 어둠 속에서 뒹굴고 있었다. 도대체 저 철조망을 어떻게 넘어갔을까? 철조망 고리를 열고 들어가니 그 미국 병사는 손발이 묶여 항거할 수 없는 여인을 우람한 양팔로 껴안은 채 흑흑거리고 있었다.

미친 짐승 그 자체였다. 그놈의 얼굴과 머리를 워커발로 걷어차고 밤송이 까듯 짓밟으며 팔을 비틀어 둘 사이를 떼어놓으려 했지만 불가능이었다. 그의 완력을 도저히 당할 수 없었다.

최태규 분대장과 힘센 병사 하나, 나까지 세 사람이 달려들어 미국 병사와 5분은 넘게 죽을힘을 다해 싸웠다. 온몸이 피와 땀에 흥건히 젖었다. 그러나 여성은 신음 소리, 숨소리 하나 내지 않았다.

미친 짐승 같았던 병사는 미국 해병대에서 우리 중대에 파견한 항공함포연락중대(Anglico) 대원이었다. 철조망을 넘을 때 찢긴 허벅지와 다리, 양팔에서는 계속 피가 흘러나왔다. 그의 전투복은 자기가 흘린 피로 흠뻑 젖어가고 있었다.

함께한 부하들은
한 사람도 죽지 않았다

나는 적 앞에 두려움 없이 나섰다. 위험한 지역에선 첨병을 자원하며 소대를 이끌기도 했다. 정찰병 역할도 했다. 첨병으로 앞서 나아가 살피면 지형과 지세에 따라 적의 소재와 진지를 정확히 알 수 있었다. 소대원들은 나를 귀신같다고 했다.

적들 역시 그들의 전술대로, 나름대로 유리하다고 여기는 지형과 지세에 따라 진지를 구축하고 병력을 배치했다. 어찌 보면 전투는 크든 작든 적의 지휘관과 아군 지휘관의 두뇌와 전술 싸움이다. 대원들은 그에 따라 전사하기도 하고 승리하기도 한다. 나는 전장을 날 듯이 다녔다. 그러던 내가 언제부터인가 자유인이 되었다.

1968년, 그 지긋지긋하던 구정 대공세도 지나고 어느 정도

평정이 되어가는 때였다. 상급부대 첩보에 의한 작전으로 월 맹군 주보급로에 매복을 지시받았다. 소대는 계획된 진입로를 따라 적지에 침투했다. 저녁 어둠이 깔릴 때쯤이었다.

이번 매복은 준비 과정에서 조금 지체되었다. 어둡기 전에 진지를 점령하고 적을 기다려야 하는데 시기를 놓쳐버린 것이다. 서둘러 소대를 끌고 시간상 적이 움직이기 시작할 때쯤 계획된 지점에 다다랐다. 요행히 지형이 괜찮은 편이었다. 시계가 좋고 오솔길 좌측에 조그만 숲이 있어 몸을 숨기기에도 나쁘지 않았다. 1분대, 3분대를 전면에 배치하고, 2분대와 함께 능선이 움푹 파인 곳에 소대 CP를 배치했다. 그러고는 우선 적이 올 법한 방향에 눈에 띄지 않게 크레모아(지뢰의 일종) 6개를 설치했다. 그런 다음 개인호를 파고 파낸 흙이 보이지 않도록 숲속에 숨기거나 풀과 나뭇가지로 덮었다.

나는 오솔길이 시작되는 좌측 숲의 출구를 계속 살폈다. 적이 이동한다면 숲속에서 나와 이 오솔길을 통과해 소대 우측으로 기동해야 하는 지형이었다. 그런데 갑자기 소대원들이 동작을 멈췄다. 직감적으로 숲의 출구에 눈을 돌렸다.

총을 어깨에 메고, 짐을 등에 진 채 1개 분대쯤 되었다. 우리 대원들은 바닷가의 게가 갯벌을 파고들듯 소리 없이 개인호로 스며들었다. 나는 크레모아를 쥐고 있는 박상권 분대 쪽으로 파고들며 가만있으라는 시늉을 했다. 코앞에 바짝 다가

올 때까지 기다리라는 신호였다.

어둠이 오기 전 갈 길이 멀었나 보다. 제법 걸음이 빨라진 그들은 아무 두려움이 없어 보였고 총총히 걷기만 했다. 적의 선두가 전방 중앙을 넘어섰을 때 첫 번째 굉음이 들렸다. 무서운 위력이었다. 연이어 크레모아가 폭발했고 이와 동시에 소총 사격을 시작했다. 완전한 승리였다. 적은 총 한 방 제대로 쏘아보지 못하고 전멸했다.

대대와 중대에서 조명 지원이 이어졌다. 대대에서는 이미 우리 소대의 계획된 매복 지점을 정확히 알고 있었다. 크레모아 폭발음과 교전 시작은 일종의 상황 보고였다. 중대에 보고할 틈이 없었다. 적의 후속부대가 몰려오면 우리가 절대적으로 불리하다. 이미 진지가 노출되었고, 크레모아 등 유리한 무기를 다 써버렸기 때문이다.

중대장에게 중대기지로 철수할 것을 급히 건의하는 것으로 첫 번째 상황 보고를 대신했다. 그곳에 머무는 것이 두려웠다. 노획한 적의 화기와 철제 박스를 들쳐 메고 철수하라고 명했다. 우리는 땀에 흠뻑 젖은 채 어둠 속에서 두 눈만 번쩍거리며 중대기지로 돌아왔다. 1소대가 또 적을 잡았다며 야단이었다. 우리는 그렇게 번번이 승리했다.

후에 상급부대에서 알려준 바로는 그날 우리 소대에 목숨을 잃은 월맹군들은 군인 봉급을 전달하던 경리장교 일행이었다. 철제 박스 속에는 1개 대대분 봉급이 들어 있었다.

상급부대에서 또다시 훈장 상신 지시가 내려왔다. 나는 언제나처럼 분대장과 대원들에게 모든 공을 돌렸고 부하들에게 충무무공훈장, 화랑무공훈장, 인헌무공훈장 등이 수여되었다.

얼마 후 주월 군사령부 검열단이 중대본부에 도착했다. 지난번 매복작전의 전과를 치하하고 현장을 확인하는 요원들로 제법 높으신 분들이었다. 그들은 중대의 작전 현황을 보고받는 자리에서 지난번 작전의 수훈자는 소대장인데 왜 아무런 포상도 하지 않았느냐고 물었다. 나는 모든 공로는 소대장이 아닌 부하들에게 있다고 우겼다. 그러나 항변은 받아들여지지 않았다. 주월 군사령부에 도착한 그들은 즉시 청룡부대 본부를 통해 화랑무공훈장을 수여했다. 청룡부대에서 상신하지 않은 훈장을 상급부대에서 일방적으로 내린 경우였다.

당시 나에게 훈장은 아무런 의미가 없었다. 살아 돌아가지 못할 바엔 모든 것이 무의미하다고 여겼다. 조국에 충성하는 것도, 공산주의를 물리치는 것도 나에겐 의미가 없었다. 다만 내가 해병대의 일원이고, 나에게 부하가 주어졌으며, 그들과 내게 맡겨진 일이기에 하는 것뿐이었다.

어차피 살아서는 돌아갈 수 없는 목숨이라 두려울 것도, 거칠 것도 없었다. 죽음을 초월한 자유인으로 전장에 있는 13개월 동안 나와 함께했던 부하들은 한 사람도 죽지 않았다.

주월 한국군 대표로
영현 봉송 책임장교가 되다

8월 초 여단본부에서 예기치 않은 소식이 왔다. 주월 한국군을 대표해 본국으로 영현을 봉송할 책임장교로 임명되었다는 것이다. 영현 봉송은 청룡부대, 백마부대, 맹호부대 등 월남전에 파병되어 전사한 장병들을 동작동 국립묘지에 안장하는 과정이다.

나는 소대 인계 후 헬리콥터를 타고 한국군 후송병원이 있는 퀴논으로 갔다. 그곳은 사람들이 한가롭게 지내고 총성도 들리지 않는, 전쟁터와는 정반대되는 곳이었다.

지옥과 천국을 오가는 기분이었다. 퀴논후송병원은 대우도 매우 좋았다. 무엇이든 원하는 대로 다 해주었고 김치와 한국식 음식도 실컷 먹을 수 있었다. 꿈을 꾸는 것만 같았고 살아서 돌아갈 수 있다는 현실이 차츰 실감이 났다. 그제야 영현 봉송은 전공이 뛰어난 장교에게 주어지는 최고의 예우이자 보상이라는 사실을 알게 되었다.

퀴논비행장에는 전세기가 준비되어 있었다. 영현 위에 태극기를 덮고 정중하게 비행기 화물칸에 적재했다. 도열한 장병들이 거수경례로 그들을 환송했다. 귀국하는 장병 몇십 명도 비행기에 합승해 서울로 향했다.

다시는 돌아갈 수 없다고 여겼던 고국에 간다. 어떤 자는 살아서, 어떤 자는 죽어서 생과 사가 갈린 채 함께 가고 있다. 실감이 나지 않았다.

김포공항에 내려 입국심사대에 길게 줄을 서서 기다렸다. 검사받아야 할 것이라곤 혈혈단신 죽지 않고 살아남은 몸뚱이 하나뿐인데 입국심사장을 통과하는 데 무척 오랜 시간이 걸렸다. 서 있던 줄에서 비켜나 앞으로 갔다. 무슨 일인지 확인하고 싶었다.

맨 앞에 가보니 세관원들이 군인이 들고 온 짐보따리를 풀어놓고 하나하나 뒤적이며 검사를 하고 있었다. 순간, 알 수 없는 분노가 울컥 솟구쳤다. 나는 심사대 위 짐들을 있는 힘을 다해 앞으로 밀고 갔다. 입구에 있던 짐부터 밀려서 하나하나 심사대 밖으로 떨어졌다. 세관원이 나를 뚫어져라 쳐다보았다. 그리고 이내 어떤 상황인지 간파한 듯했다. 세관원도, 서 있던 군인들도 말이 없었다. 각기 짐보따리를 주워 들고 그대로 입국장을 나왔다. 다시 돌아온 고국에서 통과해야 했던 첫 번째 관문이었다.

국립묘지에서 환영 나온 장교들의 안내를 받아 곧장 비행기 화물 하역장에 갔다. 호송할 헌병들과 영현을 봉송할 차량들이 줄지어 서 있었다. 그들은 경건하고 정중하게 영현들을 옮겼다.

그런데 태극기를 덮은 영현들이 내가 처음 퀴논비행장에서 인계받은 것보다 훨씬 많았다. 알지 못하는 영현들이 자꾸만 줄을 지어 옮겨지는 것이 이상했다. 나는 묵묵히 지켜보기만 했다. 그리고 동작동 국립묘지 영현 안치소로 갔다.

헌병의 호송을 받는 차량들이 불빛을 번쩍이며 줄지어 이동해 갔다. 그런데 차량 대열이 동작동에 도착한 후에는 두 갈래로 나뉘어 들어갔다. 내 짐작이 맞았다. 태극기를 덮은 것이 모두 영현은 아닌 듯했다. 차에서 내리자마자 안내장교에게 저쪽 길로 간 차량들은 왜 이곳에 함께 오지 않느냐고 다그쳐 물었다. 당황한 기색이 역력한 그는 다른 짐이라고만 짧게 답하고 자리를 피했다. 또 한 번 울컥 분노가 일었다. 그것은 조국을 위해 몸 바쳐 죽은 영혼을 가장한 짐 더미였던 것이다.

어머니의 기도

고향에 돌아와 어머니와 형제들을 만났다. 월남전 파병 이후 어머니는 수없이 아버지의 산소를 찾아가서 소원을 빌었다고 하셨다.

"당신이 이 자식에게 뭐 하나 변변히 해준 게 있소? 어떻게든지 전쟁터에 간 우리 막내 죽지 않고 살아서 돌아오게나 해주시오."

어머니는 매일 아침 장독대 위에 정화수를 떠놓고 천지신명께 이렇게 비셨다. 내가 죽음의 사선을 넘나들 때 어머니는 하루도 거르지 않고 아버지, 천지신명과 전쟁을 치렀던 것이다.

어머니는 마흔두 살에 나를 낳았다. 국민학교(지금의 초등학교) 시절 나 빼고 온 가족이 열병에 걸렸는데 약도 없고 제대로 치료할 만한 의술도, 시설도 없을 때였다. 모두가 죽을 고비를 넘기고 살아났지만 아버지만 그 병을 이기지 못하고 결국 내가 국민학교 3학년 때 돌아가셨다.

아버지는 이름난 소리꾼이었다. 〈흥부전〉, 〈심청전〉을 소리 내어 읽어 내려가면 우리 집 마당 멍석에 모여 앉았던 동네 사람들은 눈물을 훔쳤다. 늘그막에 낳은 막내아들을 보살피지도 못하고 일찍 세상을 하직한 남편을 어머니는 늘 안타까워했다.

국민학교 4학년 때 6·25전쟁이 났다. 전란 중에는 인민군을 만난 적도, 본 적도 없다. 그러다 우리 동네 학교 운동장에 가득한 함경도 피난민들로 인해 6·25전쟁을 알게 되었다. 국민학교 4학년을 마친 나는 부산에 있는 둘째 형님 집으로 유학을 떠나 그곳에서 초등학교와 중고등학교를 마치고 서울로 대학을 갔다. 해병대에 지원할 때까지 10년 넘게 어머니 곁을 떠나 산 것이다.

해병대 사관후보생으로 진해 경화동에서 혹독한 훈련을 받을 때였다. 구대장이 훈련 중 느닷없이 나를 부르더니 "뒤로 돌아!"라고 명령했다. 뒤로 돌아서니 전방을 똑바로 바라보라고 했다. 명령대로 하니 기다란 철조망이 보였다.

"뭐가 보이나!"

"철조망이 보입니다."

"다시! 똑바로 봐!"

그제야 철조망 밖에서 흰옷에 흰 수건을 머리에 쓰고 서 있는 어머니 모습이 눈에 들어왔다. 틀림없는 어머니였다. 눈물이 왈칵 쏟아졌다. 여기까지 어떻게 알고 찾아오셨을까? 멀리서 바라보기만 한 채 한마디도 여쭤보지 못하고 어머니와 헤어져야 했다.

당시 어머니 연세가 일흔 가까이 되셨을 때다. 노구를 이끌고 그 먼길을 물어물어 찾아오셨을 것이다. 일체의 면회와 접촉이 금지된 곳인데 어떻게 그런 식의 만남이라도 이뤄냈을까. 구대장에게 얼마나 간청했을까.

어머니도, 그리고 똑바로 앞을 보라고 소리치던 구대장도 지금은 이 세상 사람들이 아니다. 구대장은 나보다 먼저 전쟁터로 갔고 그곳에서 전사했다. 지금 생각하니 모든 것이 꿈만 같다.

끝나지 않은 내 안의 전쟁, 분노

동작동 국립묘지 영현 안장식이 끝났다. 살아서는 돌아올 수 없다고 여기던 자가 죽은 자와 함께 비행기를 타고 서울로 향했을 때 나는 아무런 감흥이 없었다. 그저 멍하기만 했다.

김포공항 입국심사대 앞에 줄을 서서 기다릴 때는 군용 백과 짐보따리를 하나하나 풀어헤치며 검사하던 세관원들을 보면서 분노를 참을 수 없었고, 영현 봉송 전용기에 태극기를 덮고 숨겨서 들여오던 짐 더미들을 보았을 때는 치미는 화를 억누를 수 없었다. 이런저런 감정 때문에 밤잠을 설치던 나는 시간이 지나면서 조금씩 이성을 회복했고 어머니를 찾아뵙고 형제들을 만났다.

이제 다시 전쟁터로 돌아가야만 했다. 부산에서 아내와 함께 서울로 가는 열차를 탔다. 나의 복장은 청룡부대에서 입고 있던 개구리 무늬가 있는 낡은 얼룩 군복이었다. 피와 눈물과 땀에 젖었던 옷이다.

8월이라 한국도 베트남만큼이나 더웠다. 객실 옷걸이에 윗옷을 걸어놓고 삶은 달걀을 사오는 길이었다. 내 몫과 아내 몫까지 4개를 사서 양손에 2개씩 들고 자리로 돌아가는데 어느 객차에 들어서니 몹시 소란스러웠다. 민간인과 열차 승무원, 군인이 저마다 언성을 높이고 있었다. 좌석이 지정된 열차였는데 좌석은 하나고, 표를 가진 사람은 민간인과 군인 두 사람이었다. 서로 자기 표가 진짜라고 우겨댔다. 쉽게 해결될 것 같지 않았다. 열차표에도 진짜와 가짜가 있는 모양이었다.

열차 승무원이 군인에게 자리를 양보해달라고 먼저 말을 꺼냈다. 얌전하고 수줍어 보이던 군인이 돌변해 자기 표가 진짜 표라서 양보할 수 없다고 고집했다. 굳이 군인 표가 가짜일 거라는 뉘앙스를 풍기는 열차 승무원 말투가 마음에 들지 않았다. 순간 나는 군인 편이 되었다. 돌아가는 정황상 군인 표가 진짜라는 판단이 들었다.

"승무원 아저씨, 민간인이 좀 서서 가고 군인이 앉아서 가면 안 됩니까?"

내가 끼어드는 바람에 상황이 더욱 복잡해졌다. 건장하고 험상궂게 생긴 공안원이 열차 승무원 편을 들면서 참견 말고 자기 자리에 가라고 윽박질렀다. 그는 나의 허리춤을 움켜쥐고 몇 번이고 들었다 놓았다 했다. 그럴 때마다 나는 대롱대롱 공중에 매달린 모양새가 되었다.

치밀어오르는 감정을 간신히 억누르며 놓아달라고 조용히 얘기했다. 양손에 쥔 달걀이 아까워서였다. 나는 그에게서 풀려난 후 아무 말 없이 자리에 돌아와 아내에게 달걀을 건네주고 윗옷을 입었다. 그런 후 허리띠를 단단히 매고 출전 준비를 했다.

다시 그 객차에 갔을 때 공안원은 나를 보고 무슨 일이 일어날지 짐작한 것 같았다. 그는 황급히 문을 열고 앞 객차로 도망쳤다. 내 동작도 빨라졌다. 그는 다음 객차에도 없었다. 승객이 앉아 있는 틈새도 살펴보았다. 내가 그를 발견한 곳은 식당차가 있는 마지막 객차였다.

내 몸은 그를 향해 7, 8미터나 되는 거리를 총알처럼 날아갔다. 이내 몸을 돌려 양발로 그를 걷어찼다. 객차 바닥에 넘어진 그를 얼마나 두들겨 팼는지 모른다. 전쟁터에서 동료를 죽인 적에게 느꼈던 것보다 더 격렬한 분노가 솟아올랐다.

그가 완전히 늘어진 다음 식당차에 숨어 있던 열차 승무원을 찾아냈다. 그도 엄청나게 두들겨 팼다. 식당차의 식기며 접시, 컵 등 그곳에 있는 모든 걸 부수어버렸다. 열차 창문 하나까지 모두 남김없이 부숴버렸다. 폭발한 감정은 전쟁터에서보다 더 조절하기 힘든 상황이었다.

그때 육군 장교복을 입은 군인 둘이 나에게 오더니 나지막이 말했다.

"장교님, 이번 일은 우리가 처음부터 다 지켜보았습니다. 충분히 이해할 수 있습니다. 그리고 이제부터 아무 일 없이 조용히만 가시면 우리가 장교님을 돕겠습니다."

열차가 대전역에 도착할 때쯤 플랫폼에 이열 횡대로 쭉 늘어선 육군 헌병들을 보고 나서야 사태의 심각성을 알아차렸다. 열차는 멈춰 선 채 출발할 기미가 없었다. 의자에 앉아 창밖을 내다보니 열차 안에 있던 육군 장교 두 사람이 그쪽 요원들과 계속 협상을 벌이는 듯했다. 한참을 지체한 후 열차가 움직이기 시작했다. 열차는 서 있는 헌병들을 스치고 지나갔다.

육군 장교 둘이 다시 나에게 와서 서울 수도경비사령부의 헌병장교라고 자신들을 소개했다. 나는 청룡부대에서 소총 소대장을 하다가 주월 군사령부에서 영현 봉송 명령을 받고 며칠 전 국립묘지 안장을 마쳤으며, 부모 형제를 만나고 돌아가는 중이라고 말했다. 그들은 이미 나에 대해서 많이 알고 있는 듯했다.

서울역에 도착하자 그들은 나를 호송해서 택시를 태워 보내며 거수경례를 했다. 그들 뒤편에 열을 이루고 무리 지어 서 있는 헌병들이 보였다.

사고뭉치들의 집합 캡부대

월남전에 파병되어 청룡부대 2대대 5중대 1소대장 임무를 마칠 무렵인 1968년 12월 새로운 임무를 부여받았다. 고국에서 영현 봉송을 마치고 복귀한 지 얼마 되지 않아서였다. 소대장 임무를 성공적으로 끝내고 간신히 살아남아 대대본부 본부중대 부중대장 직을 맡고 있었는데 어느 날 대대장 정순한 중령이 불렀다.

"이봐 전 중위 부탁이 하나 있네. 캡부대를 맡아주게."

놀라지 않을 수 없었다. 청룡부대 소대장이라고 하면 정글에서는 죽은목숨으로 생각하던 시절이었다. 지옥의 소대장을 마치고 귀국할 때가 다가오는데 다시 말썽 많은 캡부대를 맡으라니 기가 막힐 노릇이었다.

캡부대의 탄생 배경은 이러했다. 청룡부대는 1965년 9월 월남전에 처음 파병됐다. 2년 뒤에는 전과자들 중 일부가 청룡부대원에 포함됐다. 탈영병이나 교도소 수감자 중 현역 대상자들을 모아 해병대에서 훈련한 뒤 파병시킨 것이다. 당시 징모법에는 "3년 이하의 실형자는 현역 대상자에 포함될 수도 있다"는 일부 예외 규정을 두고 있었다. 또한 사회 정화 차원에서 일부 폭력배들을 본보기로 해병대에 입대시켜 강도 높은 군사훈련을 시키기도 했다.

이들은 한국에서 기초훈련을 받은 뒤 베트남 호이안 주둔지 제2여단 예하 4개 대대에 각각 배치됐다. 처음에는 일반 병사들과 똑같이 근무시켰으나 난동을 자주 부려 부대 관리가 엉망이 되었다. 그래서 전과자 출신으로 구성된 별도의 부대를 만들었다. 그게 바로 '캡부대'였다. 훗날 10대 해병대사령관을 지낸 김연상 중장은 이에 대해 "정확히 기억은 나지 않지만 하도 사고뭉치들이 많아서 별도로 관리했던 것 같다"고만 증언했다.

이들의 대대는 적게는 50~60명, 많게는 100여 명으로 구성되었다. 청룡 1개 여단이 4개 대대였으니 당시 캡부대 소속의 전체 인원은 약 300명에 이르렀다. 그런데 말이 특별부대지 이들은 '막가파부대'나 다름이 없었다.

전투에 참여하기는커녕 하루 종일 '개기는' 것이 이들의 일과였다. 부대장 등 현역 장교의 말은 전혀 듣지 않았다. 부대 내에서 자기네들끼리 정한 전과 경력인 '별 숫자'가 사실상 부대 장악력이었다. 별 아홉, 즉 전과 9범인 최광식이 부대장이었다. 최광식은 계급이 병장이었지만 실제 부대장인 대위보다 훨씬 높은 대우를 받고 있었다.

캡부대원들은 외출, 외박이 자기들 마음대로였다. 마을 술집에 가서 행패를 부리는 것도 다반사였다. 심지어는 마을 술집에 부비트랩을 설치해 큰 인명 사고를 일으키기도 했다. 술집 주인이 자주 찾아와 외상값을 재촉하자 캡부대원들이 밤중에 몰래 나가 부비트랩을 설치했고 이를 모르고 아침에 문을 열고 나오던 주인 등이 무참히 죽음을 맞은 사건이었다.

이처럼 말썽이 많았음에도 캡부대를 섣불리 해체하지 못한 이유는 '정족수' 채우기 작전 때문이었다. 인원이 많을수록 미국 측에서 더 많은 반사이익을 얻을 수 있었다. 해병대 전력상 1개 여단 이상을 파병한다는 것은 물리적으로 힘들었다. 이런 상황에서 이들의 머릿수는 나름대로 하는 역할이 있었다.

"대대장님, 그동안 전투에 참가해 겨우 목숨을 건졌는데 다시 캡부대장을 맡으라는 겁니까?"

"자네밖에 없네. 저 골칫덩어리들을 누가 교육하겠나? 제발 부탁이네. 자네라야 저들을 다스릴 수 있어."

거절할 수가 없었다.

"대대장님, 대신 조건이 있습니다. 5명 정도 시범 케이스로 병원에 후송시키겠습니다. 별 숫자가 많은 순서로 5명만 골라주십시오."

대대장은 슬며시 블랙리스트가 적힌 종이 한 장을 건네주었다. 나중에 알고 보니 전 부대원들의 전과기록부였다. 명단을 주머니에 넣고 캡부대를 인수하러 갔다. 초도순시인 셈이었다.

처음에 갔을 때 캡부대는 말 그대로 가관이었다. 부대에 들어서도 누구 하나 관심을 보이거나 상급자라고 경례를 하는 녀석이 없었다. 교통호 위에 다리를 걸쳐놓고 있거나 의자에 퍼질러 앉아 담배를 꼬나물고 빤히 쳐다보는 등 엉망진창이었다.

들어서자마자 부대 상황실 옆에 걸린 비상종을 치는 방망이를 집어 들었다. 그런 다음 제일 고약해 보이는 놈부터 방망이로 사정없이 후려쳤다. 교통호에 다리를 올려놓고 삐딱하게 앉아 있던 녀석도 사정없이 후려쳤다. 그러고는 대대 의무실에 전화해 캡소대에 긴급 후송 환자 5명이 있다고 알렸다. 그들은 대대본부 앰뷸런스에 실려갔다. 상황실에 들어가 주머니에서 비밀스런 리스트를 꺼내서 보니 어쩌면 이토록 용하게 1번부터 5번까지 그대로 들어맞았는지 신기할 정도였다.

그러자 뿔뿔이 흩어져 있던 부대원들이 반란을 일으켰다. 부대원 전원이 양쪽 손에 수류탄 한 발씩을 들고 부대 막사 운동장으로 걸어 나와 줄지어 앉더니 모두 수류탄 안전핀을 뽑아 들었다. 그들은 수류탄을 든 양손을 위아래로 흔들면서 '우우' 하는 괴상한 소리까지 질러댔다. 후송 간 두목이 살아나지 못하면 나를 죽이겠다는 위협 신호였다.

약간 당황했지만 이들에게 다가가 비장한 각오로 한마디 했다.

"너희들이 나와 함께 죽으려고 그러는 모양인데, 그래 어디 같이 한번 죽어보자. 죽고 싶으면 한 놈씩 수류탄 들고 내 벙커로 와."

최후통첩을 한 후 모래 포대를 쌓아 만든 벙커에서 기다렸다. 만약의 사태를 위해 나름대로 준비도 했다. 우선 오른손에 M16 소총을 들고 연발장치도 풀었다. 여차하면 '드르륵' 갈길 생각이었다. 또 왼쪽 손에는 서치라이트용 랜턴을 들었다. 이 랜턴의 불빛은 정면으로 비추면 상대방의 눈을 실명시킬 정도로 매우 강력했다.

이렇게 부대장과 부대원의 대치가 시작되었다. 그러기를 세 시간 정도, 밤 12시가 막 지날 무렵이었다. 부대원들은 여전히 똑같은 자세로 수류탄을 쥐고 있었다. 저러다간 손에 힘이 빠져 모두 자폭하고 말 것이라고 판단했다. 반격할 시점이었다.

"이놈들, 왜 안 오느냐. 너희들이 존경하는 두목 최광식은 절대 죽지 않는다. 여기서 결판을 내자. 죽을지, 아니면 살아서 너희 두목을 만날지 분명히 하라."

안전핀을 뽑은 수류탄을 꼭 쥐고 있느라 지친 탓도 있지만 부대원들은 어느 정도 나를 신뢰하는 눈치였다. 나의 주먹 실력과 전과 기록을 알고 나서 이들의 강경한 자세는 다소 누그러들었다.

"지금부터 수류탄에 안전핀을 집어넣겠다. 움직이지 말고 그대로 앉아 있도록."

다행히 반대하는 사람이 없었다. 그들 한 사람 한 사람 앞에 다가가 옆에 떨어진 안전핀을 주워 수류탄에 끼워 넣기 시작했다.

전투에 처음 나가면 팔다리가 떨려 도저히 견딜 수 없다. 그러나 막상 피비린내를 맡고 죽어가는 시체들을 보고 난 후에는 그런 떨림이 사라진다. 그쯤 되면 사실상 제정신이 아니다.

정글에서 살아남는 건 기적이라고 여겼다. 그토록 수많은 사선을 넘어 천신만고 끝에 살아남았다. 그런데도 수류탄 안전핀을 끼워 넣을 때는 손이 덜덜 떨리고 식은땀까지 줄줄 흘러내렸다.

이렇게 해서 캠부대는 어느 정도 군기가 잡혔고 군인다운 면모를 갖추기 시작했다. 자기네끼리 선임자를 뽑아 자율적으로 움직이기도 했다. 본래 이들은 계급이 있었지만 계급장을 달고 다닌 적이 한 번도 없었다. 부대가 어느 정도 돌아가자 부대원들에게 금지된 외출을 허용했다.

그런데 문제가 생겼다. 오랜만에 외출을 나간 캡부대원들이 또 사고를 치고 말았다. 마을에서 미국 해병대 장교들이 외출 나온 캡부대원들을 보고 "너희들은 외출 금지인데 왜 나왔냐"고 시비를 걸었고 화가 난 캡부대원들이 "너희들이 뭔데 참견하느냐"며 주먹을 쥐고 달려든 것이다. 순간 미국 해병대 장교들은 허리춤에 찼던 단검을 빼 들고 맞섰다.

일이 커진 것은 그다음부터였다. 캡부대원들 중 몇몇이 500미터 정도 떨어진 부대 막사에 달려가 M16 소총을 들고 나와 미국 해병대 장교들 목에 바짝 들이댔다. 장교한테 총을 겨누는 건 사실상 총살감이었다. 이 광경을 본 미국 해병대 장교들은 다시 부대에 들어가 아예 기관총 등 중화기로 무장하고 나왔다.

미국 해병대와 공용으로 쓰는 대대본부 막사에서 쉬고 있던 나는 미군 장교들이 중무장을 하고 나가는 것을 보고 무슨 일이냐고 물었다. 이렇게 해서 사건이 급박하게 돌아가고 있음을 알게 되었고 우선 미국 해병대 선임장교를 만나 협상을 벌였다.

전장에서 병사가 장교한테 총부리를 겨누면 장교가 그 자리에서 사살해도 아무 문제가 없다. 미군 측은 바로 이런 규정을 내세워 한국 캡부대원들을 싹 쓸어버리겠다고 '씩씩거리며' 다녔다. 우선 법으로 처리하자며 시간을 벌고는 대대장을 통해 여단장에게 신속히 보고했다. 사고의 원인이 문화적 차이와 민족의 이질감 등에서 비롯되었으니만큼 순리에 따라 해결해야 한다고 거듭 주장했다. 아울러 미국 해병대 당사자들에게도 만족스러운 조치를 취해달라고 건의까지 했다.

그래서 나온 결론이 캡부대원들 가운데 주동자 몇 명을 여단본부로 압송한 뒤 의법 처리하는 식으로 하고 실제로는 부대를 이동시켜 다른 곳에서 근무하도록 한다는 것이었다. 이 사건의 주동자는 부임 첫날 시범 케이스로 걸려들었던 문제의 최광식이었다.

최광식을 불러 사건 전개 과정이 어떻게 될지 설명했다. 그러면서 미국 해병대 장교들이 지켜보는 가운데 주동자를 압송하는 광경을 연출하면 모든 것이 순조롭게 끝난다고 말했다. 그러나 최광식은 막무가내였다. 여러 번 교도소에 다녀온 경험으로 미루어볼 때 자신은 최소한 사형이거나 평생 교도소에서 썩을 수밖에 없다는 사실을 잘 알았기 때문이다.

"여단본부까지 압송하는 광경만 연출하면 된다. 그다음에는 모든 상황이 원위치로 돌아온다"고 거듭 설득했다. 그러나 최광식은 고개만 설레설레 흔들 뿐, 밤새 같이 잠을 자면서 얘기를 했지만 조금도 변하지 않았다.

이튿날 아침 여단본부에서 헬기가 도착했다. 헌병 셋이 내리더니 최광식을 포박한 뒤 헬기에 태웠다. 이 광경을 캡부대원과 미국 해병대 장교들이 쭉 지켜보았다. 예기치 못한 사고가 발생한 것은 그로부터 한 시간 뒤, 헬기가 여단본부에 도착하자 최광식은 화장실에 다녀온다면서 포승줄을 잠깐 풀어달라고 했다. 헌병이 풀어주자 최광식은 화장실 쪽으로 걸어가더니 사타구니에 숨긴 수류탄을 꺼내 자폭하고 말았다. 옆에 있던 헌병들도 크게 다쳤다.

캡부대를 지휘하면서 느낀 점이 딱 하나 있다. 전과 경력 등 사회에서 주먹깨나 쓰고 잘 싸울 것같이 보이던 친구들은 전장에서 전혀 쓸모가 없었다. 그들은 총알 앞에서는 너무나 무기력했다. 대신 사회에서 바보스러울 만큼 조용하고 순수했던 친구들이 전쟁터에서는 오히려 더 용감했다. 이들은 어떤 상황에서도 죽음을 두려워하거나 총알을 무서워하지 않았다.

캡부대를 끝으로 월남전 파병 임무를 마치고 1969년 2월, 미국 수송선 가이거호(Geiger)에 몸을 실어 부산으로 향했다.

전쟁의 후유증은
일상을 파괴했다

'쿵' 하고 무겁게 땅을 울리는 소리가 지척에서 나더니 흙덩이와 나뭇가지, 잡다한 것들이 뒤섞여 후드득 땅에 떨어진다. 사람의 팔다리와 몸통이 섞여 있는 이 잡동사니가 더러는 나뭇가지에 걸리기도 한다.

잠시 아무 소리도 들리지 않는다. 이내 숨가쁘게 위생병을 찾아대는 찢어지는 목소리가 우리 모두를 불안에 떨게 한다. 엄호용 아파치 헬기와 붉은 십자 마크가 선명한 의무 후송용 헬리콥터 MED-VAC이 동시에 밀림 속을 파고들어 와 부상자와 사상자를 싣고 떠난다.

계급이 높건 낮건 살아남은 자에겐 예외 없이 이 무서운 불안과 떨림이 엄습한다. 아직 살아 있다고 인식되는 순간, 발

끝에서 시작된 떨림이 다리와 몸통, 손끝과 팔을 거쳐 심장까지 전달되면 자신의 의지로는 통제가 되지 않는다. 오로지 불안과 공포에 휩싸인 채 떨기만 한다. 살고 싶어 몸부림을 치는 것이다. 그러다 생존이 불가능하다고 판단되는 순간이 오면 그때부터는 점점 떨림이 사라지고 오히려 담담해진다.

나는 이러한 상태를 선명하게 경험했다. 월맹군 진지에 갇혀보기도 했고 월맹군의 기관총 공격과 계속해서 터지는 박격포 사정권 안에서 전투를 했던 경험도 있다.

그러나 최초의 가장 큰 두려움은 이런 전투가 아니라 한 발자국도 마음대로 내딛지 못하게 하는 지뢰밭과 부비트랩이었다. 이야말로 죽음에 이르게 하는 가장 크고 넓은 길이었다. 어디에 지뢰가 있고 부비트랩이 있는지 찾아내는 건 힘든 일이었고, 누군가 죽거나 부상당하는 희생을 앞세울 때만 그것들의 위치를 파악할 수 있었다.

월맹군 진지 앞에서 작전 중이던 3소대 지역에서 지뢰와 부비트랩이 터지는 소리를 들은 적이 있다. 그 소리가 난 후에는 어떤 상황이 벌어지는지 너무도 잘 아는 우리에겐 정말로 소름 끼치는 소리였다. 모든 동작을 정지한 채 떨리는 손으로 대검을 뽑아 땅을 더듬는데 뾰족이 튀어나온 지뢰 꼭지가 보였다. 순간적으로 삶이 정지된 듯 공포가 엄습했다. 때론 깔아놓은 예리한 철침을 험악하게 곤두세운 채 입을 쩍 벌리고 있는 지하 함정과 마주치기도 했다. 그때 온몸을 스치고 지나갔던 극도의 전율이 왜 지금 이곳 서울에서 다시 살아나는 걸까?

13개월간의 월남전 파병 임무를 마친 후 1969년 2월 미국 수송선 가이거호에 몸을 싣고 부산에 도착하자마자 해병대 제2훈련단 단장 조성준 장군의 전속 부관으로 명령을 받았다. 전혀 알지 못하는 분이었지만 가족이 있는 서울로 가게 되어 무척 다행이었다.

그 당시 제2훈련단은 서울 후암동 해병대사령부 건물 위쪽 산비탈에 있었다. 이곳에서는 전역한 예비역 자원을 관리하고 훈련해 유사시 증원부대로 증편되게끔 했다. 부대본부는 아담했으며 식구도 많지 않아 가족 같은 분위기였다. 부임하자마자 참모장으로 있던 이원경 대령이 몇 가지 정보를 주었다.

"전 중위가 낙점될 때까지 12명의 장교를 검토했다네. 결국은 조 장군님께서 복무 기록에 빨간 줄(징계, 영창, 수감 등은 붉은색 볼펜으로 기록한다)이 있는 전 중위를 선택하셨네."

직감적으로 평범한 분은 아니라고 느꼈다. 다음 날 출근과 함께 조성준 장군님께 전속 부관 부임신고를 했다. 그런데 나의 예상은 완전히 빗나갔다. 180센티미터 정도 되는 큰 키에 검은 테 안경을 쓴 무척 인자하게 생긴 얼굴, 아무리 보아도 해병대 장군보다는 대학총장 같은 인상을 풍겼다. 잠시 면담

하는 동안 그분이 동서양사를 비롯해 다방면에 걸쳐 수많은 책을 읽은 학자풍 장군이라는 사실을 알게 되었다. 가족이 있는 서울에서 근무하는 것만도 감사한데 좋은 부대에서 훌륭한 지휘관을 만나는 행운이 겹치다니.

그런데 시간이 갈수록 내 주변에서 점점 이상한 일이 벌어졌다. 근무를 마치고 시내로 나가면 걷고 있던 아스팔트 길이 지뢰밭으로, 때론 지하 함정으로 변했다. 그런 순간이 오면 나는 한 발짝도 움직이지 못하고 마치 신발이 아스팔트에 붙어버린 사람같이 주춤거리고 서 있었다.

골목길 모퉁이를 돌아설 때는 AK소총을 앞에 든 채 깜짝 놀라서 빤히 나를 쳐다보고 서 있는 월맹군 병사를 만나기도 했다. 물론 나 역시 움직이지 못하고 한참을 그 자리에 서 있었다. 답답했던 것은 이런 정신 상태를 주변인들에게 이해시킬 수도, 쉽게 설명할 수도 없다는 점이었다.

지뢰밭으로 변해버린 서울을 이전의 서울로 변환시키는 가장 좋은 방법은 술을 마시는 것이었다. 거의 매일 술집을 전전했다. 하루가 멀다 하고 무교동과 청진동, 명동 일대 술집을 찾았다. 처음에는 술값을 계산했는데 그럴 때마다 주인이 한사코 받지 않겠다며 문밖까지 따라 나와 배웅하곤 했다. 술을 마신 후 때려 부수지 않고 조용히 나가주기만 하면 주인에게는 그보다 더 좋은 술값이 없기 때문이었음은 훗날 알게 되었다. 그다음부터는 어느 술집에 가든 술값 낼 생각도 하지 않고 마시기만 했다.

어떤 날은 아침에 출근한 후에도 술에서 깨어나지 못했다. 그럴 때면 부관실 전령과 여직원이 방화용 물 양동이를 내 책상 밑에 밀어주곤 했다. 아무 데나 토하지 말고 양동이를 사용하라는 뜻이었다. 조성준 장군은 방 안에서도 바깥 상황을 훤히 보시는 듯했다. 전령을 부르는 벨과 부관을 부르는 벨이 구분되어 있었는데 이런 날은 꼭 전령을 불렀다. 전령이 문을 열고 들어가면 늘상 똑같은 말씀을 하셨다.

"김 해병, 빨리 부관을 기지 병원에 데리고 가봐."

그렇지만 화를 내거나 직접 불러 꾸짖은 적은 한 번도 없었다. 조성준 장군은 6·25전쟁 때 황해도에서 월남해 해병대 장교 1기로 군 생활을 시작했고 소대장과 중대장을 거치는 동안 숱한 격전을 치렀다. 6·25전쟁이 끝날 때까지 조국의 산야에서 죽음을 각오하고 싸우던 분이었다. 다리와 팔에는 아직도 파편이 들어 있어 날이 궂으면 항상 고통에 시달리신다고 했다.

전쟁터에서는 불멸의 전공을 세운 사나이들이지만 전장에서 돌아온 대원들 대부분은 깊은 전쟁 후유증을 앓아야 했다. 조국의 산야와 먼 이국땅에서 목숨을 바친 선배들 못지않게 살아남은 자 역시 죽음을 각오하고 싸웠다. 다행히 목숨을 건져 고국에 돌아왔지만 육신이 파괴되고 정신과 마음이 찢겨 깊은 상처투성이였다.

조국은 가난하고 무지해 이들을 살필 여유가 없었고 돌볼 방법도 알지 못했다. 죽음을 각오하고 싸운 자일수록, 치열하고 험난한 전투에서 살아남은 자일수록 상처가 깊고 험했다.

전쟁의 참상은 이들이 명대로 살지 못하고 이른 죽음을 맞거나, 스스로 삶을 마감하게 만들기도 했다. 때론 전쟁의 악몽에서 벗어나지 못한 채 정신이 병든 상태로 힘든 삶을 이어 갈 수밖에 없도록 만들었다.

이들은 때로는 개가 되었고, 미친 무뢰한이나 난폭자, 무법자가 되기도 했다. 자기들처럼 험한 곳에서 싸워보지 못한 군대를 멸시했으며, 남을 미워하고 증오했다. 남을 인정하고, 존중하고, 포용하지 못했다. 평상시에는 넘어갈 만한 작은 일에도 분노가 일어나 자제가 되지 않는 경우도 생겼다. 우리는 이러한 증상을 '전쟁 후유증'이라고 부른다.

조성준 장군의 부름을 받고 해병대사령부로 자리를 옮겼을 때 나는 중위 계급 그대로인데 동기생들은 모두 대위가 되어 있었다. 계급으로는 내가 해병대 내에서 가장 왕고참 중위였다.

간간이 떠도는 소문에 중위 가운데 안하무인으로 행동하는 거물급이 하나 있는데 아무도 건드리지 못한다고 했다. 서울 공대 출신 장교인 그는 사령관 자제들을 가르치고 돌보는 개인교사로 특채되어 사령관 공관에 거주하고 있었다.

어느 날 늦은 점심을 먹으러 장교식당과 연결된 계단을 내려가는데 일찍 식사를 끝내고 올라오던 한 장교가 나를 빤히 쳐다보았다. 왼쪽 가슴에 붙은 명찰을 보니 그 거물급 중위로 나보다 3기수 아래인 38기 장교였다. 나를 빤히 쳐다보는 모양새를 보니 웬 낯선 중위인가 하는 표정이었다. 나는 계단 아래에 서서 위로 올라가는 그를 불러 세웠다.

"이봐, 중위! 자네 왜 선배 장교한테 결례를 하는 거지?"

그는 뒤로 돌아서 아래를 굽어보면서 한마디했다.

"너 뭐야? 몇 기야?"

"35기 선배다."

"야, 임마, 웃기지 말고 가던 길이나 가."

물러설 수 없는 상황이 되었다. 식당 옆 독신장교 숙소 BOQ 휴게실에 그를 끌고 가서 말했다.

"나한테 한번 혼나볼래?"

"난 태권도 2단이다."

그는 묻지도 않은 태권도 2단 실력을 내세우며 다짜고짜 계급장 떼고 한판 붙자고 했다. 그 말을 듣고서는 도저히 내버려둘 수가 없었다. 고등학교 2학년 때 홍띠를 따본 경험 외엔 태권도와 인연이 없었지만 싸움으로 2단 정도는 제압할 자신이 있던 터였다.

"그래, 나는 홍띠밖에 따본 적이 없다."

"나중 치료는 각자 해결하고 한판 붙자."

군복 윗도리를 벗어 테이블에 놓고 한판 결투를 시작했다. 싱겁게도 시작한 지 1분이 채 지나지 않아 그는 만신창이가 되었다. 코와 입에서 피가 너무 나서 계속할 수가 없었다. 결투는 종료되었고 세면장에 가서 손수건으로 피를 닦아주고 뒷수습을 한 후 헤어졌다.

다음 날 아침 출근하자마자 요란하게 전화벨이 울렸다. 처음 받은 전화는 헌병감이었는데 곧바로 헌병감 앞으로 출두하라는 명령이었다. 전화기를 내려놓기가 무섭게 또다시 전화벨이 울려댔고 이번에는 보안부대장이었다. 역시 보안부대장실로 출두하라는 명령이었다. 결투 한판 하자고 달려들던 녀석이 예상치 않게 큰판을 벌여놓았다. 아니나 다를까 직속 상관으로 모시는 정보국장까지 나를 불렀다.

"공관 부관에게 손을 댔다고? 헌병감에게는 이야기를 해뒀으니 보안부대장에게나 가봐."

나는 사령부 언덕 위 제일 높은 곳에 위치한 보안부대장 방에 갔다. 보안부대란 곳은 일반 장교들에겐 반갑지 않은, 다소 으스스한 곳이다.

'사나이가 결투를 하자고 했으면 죽든 살든 뒤끝이 없어야지.'

신사답지 못한 그를 향해 분노를 삭이며 당당하게 보안부대장 방을 노크하고 들어갔다. 예상과는 달리 보안부대장은 자리에서 벌떡 일어나 반갑게 맞아주었다.

"자네 잘했어! 애저녁에 손 좀 봤어야 하는 건데 자네가 잘했어, 아주 잘했어."

뜻밖이었다. 젊은 장교가 공관 부관이랍시고 교만하고 예의 없이 굴어 많은 사람에게 상처를 주었음이 분명했다.

"그렇지만 사령관님이 저렇게 노하고 계시니 다시는 그런 일 없을 거라고 시말서 한 장 써놓고 가게. 톡톡히 혼냈다고 잘 설명드리겠네."

눈에는 보이지 않지만 전쟁의 상처는 그토록 깊고 오래가는 것이었다. 치유와 회복에 많은 세월이 소요됨을 우리는 간과하고 있었다. 그 후로도 오랫동안 무겁게 땅을 울리는 소리가 지척에서 들렸고 흙덩이와 나뭇가지, 잡다한 것들이 뒤섞여 후드득 땅에 떨어지는 소리가 지워지지 않았다. 잠을 잘 때는 사람의 팔다리와 몸통이 섞여 떨어지는 악몽에 시달려야 했다.

6장

해병대원들을
최고의 군기로
무장시켜라

해병대의 명예는
선배들의 희생으로 만들어진 것이다

해병대 정신을 상징하는 표어들은 그냥 생겨난 게 아니다. 우리가 아는 대표 슬로건들은 선배 해병대원들의 피땀과 목숨으로 태어난 것들이다. 이는 해병대의 역사와 명예와 전통을 이어가도록 해병대 정신을 지탱하는 주춧돌이 된다.

오늘날 우리가 흔하게 쓰는 '귀신 잡는 해병대', '무적해병대', '신화를 남긴 해병대'라는 명칭들은 최악의 전투 상황에서도 싸우면 반드시 이기는 용맹한 해병대를 일컫는다. 6·25전쟁과 월남전에서 피땀과 눈물 속에 목숨을 바쳐서라도 조국을 지키고 승리하려 했던 선배들의 살신성인과 희생정신이 만들어낸 명예로운 호칭이다.

퍼부어대는 적의 포탄 속 생사의 갈림길에 서본 경험이 있

는가? 그 갈림길에서 죽어가는 전우의 고통에 절규해본 적이
있는가?

어렵고 힘든 역사의 질곡 속에서도 해병대 역사를 이어온
앞서간 선배들에 대한 존경심을 가지고, 그 뜻을 기리며 지켜
가는 것이 해병대란 이름으로 살아가는 모두의 역할임을 잊
어서는 안 된다.

'한번 해병대원은 영원한 해병대원'

해병대의 일원으로서 자부심과 긍지, 명예심을 잊지 말라
는 뜻으로 이보다 해병대의 의식 구조를 잘 대변하는 말은 없
다. 이는 미국 해병대의 'Once a Marine, Always a Marine'이
란 슬로건에서 가져와 한국 해병대가 사용해온 것이다. 언제
어디서나 항상, 현역이든, 예비역이든, 전투 중이든, 휴가 중
이든, 여행 중이든, 입원 중이든, 수감 중이든, 적에게 사로잡
혀 있든, 전역한 예비역이든 간에 언제 어디서나 자랑스런 해
병대의 일원임을 기억해야 한다.

이 슬로건은 국가와 민족을 초월해 평화의 선봉군으로 선
해병대의 자긍심을 대변하며, 현역과 예비역은 물론 일반 국
민들까지도 '해병대' 하면 가장 먼저 떠올리는 문구로 친밀하
게 이용된다.

'귀신 잡는 해병대'

귀신 잡는 해병대는 대한민국 국민 누구에게나 익숙한 해병대의 별칭이다. 해병대는 6·25전쟁 당시였던 1950년 8월, 조국이 풍전등화의 위기에 처했을 때 파죽지세로 진격해온 북한군의 예봉을 꺾고 진동리지구 전투, 통영상륙작전에서 연전연승함으로써 국군 최초로 큰 전과를 거두었다. 해병대 최초의 단독 상륙작전으로 국군 최후의 보루이던 마산, 진해, 부산에 침입하는 북한군을 저지했으며, 전세 역전의 불씨를 지폈다. 통영상륙작전은 그런 면에서 매우 커다란 의미가 있다. 후퇴만 거듭하던 국군장병들에게 북한군을 물리칠 수 있다는 자신감을 주고, 국민들에게 해병대의 위상을 각인한 전투였기 때문이다.

여성 최초로 퓰리처상을 수상한 미국의 마거리트 히긴스 기자는 취재 차 부대를 방문한 후 '귀신 잡는 해병대(Ghost Catching Marines)'라는 기사에서 "한국 해병대는 악마도 잡을 정도였다(They Might Capture Even the Devil)"라고 써서 해병대의 전투력을 전 세계에 알렸다. 이후 해병대는 '귀신 잡는 해병대'라는 별칭을 얻게 되었다.

'무적해병대'

1951년 6월 초 국군과 유엔군이 중공군의 춘계 공세를 격퇴한 뒤 캔자스(Kansas) 선으로 진격하고 있을 때 김대식 대령이 이끄는 해병대 제1연대는 중동부 산악 지역의 태백산맥에서 가장 험준한 전략적 요충지인 도솔산을 점령했다. 미국 해병대 제5연대가 1차 공격을 했으나 실패하고, 한국 해병대가 임무를 교대해 1951년 6월 4일부터 20일까지 17일간 혈전을 벌이며 끈질기게 공세를 가했다. 이렇게 해서 대한민국 해병대는 드디어 적 1개 연대 규모를 격멸하고, 24개 고지를 탈취 확보하는 데 성공했다. 미국 해병대 제1사단장은 강하게 저항하는 적군을 무찌른 대한민국 해병대를 격찬했다. 당시 이승만 대통령은 해병대의 공훈을 치하하기 위해 국방부 장관 및 미8군사령관을 대동하고 해병대 제1연대를 방문했다. 이때 부대 표창장과 감사장을 수여하며 격려사에서 해병대를 '무적해병대'라 칭했으며, 경기도 금촌에서 제2연대를 새로 창설할 당시에는 '無敵海兵'이라는 휘호를 하달하기도 했다.

'신화를 남긴 해병대'

해병대는 6·25전쟁 이후 1955년 해병대 제1여단을 해병대 제1사단으로 승격시키고 미국 해병대 제1사단에서 작전 지휘권을 환수해 독자적인 작전 임무를 수행했다.

1956년 4월 베트남을 지배해온 프랑스군이 남베트남에서 철수함에 따라 베트남의 공산화를 막으려는 미국이 개입을 시작해 1964년 3월부터는 이를 본격화했다. 미국이 혈맹 관계인 한국에 파병을 요청함에 따라 1964년 7월 임시국회에서 '국군 해외 파견에 관한 안건'을 통과시켰다.

해병대는 1965년 9월 20일, 해병대 제1사단 제2연대를 근간으로 청룡부대를 창설했다. 청룡부대는 대한민국 역사상 처음으로 해외까지 작전 범위를 넓혀나간 해외 파병 전투부대다.

청룡부대는 베트남의 공산화를 막고 자유민주주의와 세계평화를 수호하기 위해 1965년 10월 9일 베트남 캄란만에 상륙했다. 해병대는 상륙하자마자 언어와 풍속, 지리적 미숙함을 극복하면서 캄란과 동바틴 지역 일대를 평정해 용맹성을 떨쳤다. 1965년 12월부터는 최초의 여단급 작전인 청룡 1호를 전개하면서 투이호아지구로 이동해 베트남의 대동맥인 1번 도로를 개척하는 한편 베트남의 3대 곡창지대인 투이호아평야를 확보해 푸엔성 주민들의 식량난을 해결하기도 했다.

청룡부대는 1966년 9월 추라이로 이동해 작전 수행 중 1967년 2월 15일 새벽 북베트남 정규군의 야간 기습 공격을 받았다. 또한 짜빈동에 위치한 청룡부대 3대대 11중대는 북베트남 정규군 2개 연대와 지방 게릴라 1개 대대의 인해전술로 파상적인 기습 공격을 받았다. 청룡부대 11중대가 중대 전술기지를 사수하면서 과감한 공격과 육박전으로 네 시간의 사투 끝에 적의 부대를 섬멸한 쾌거는 월남전 사상 유례가 없는 대첩이었다.

작전 지역을 방문한 미국 해병대 제3상륙군단장 루이스 윌리엄 월트(Lewis William Walt) 중장은 "월남전에서 처음 보는 전과다. 전 장병의 용감성은 우방군의 귀감이다"라고 격찬했으며 외신 기자들은 '신화를 남긴 해병대'라는 제목으로 한국 해병대의 전공을 높이 평가했다. 11중대장 정경진 대위, 소대장 신원배 소위는 최고 훈장인 태극무공훈장을 받는 한편 유공 장병들도 국내외에서 수많은 훈장을 받았다. '짜빈동 전투'는 해병대의 용감성을 전 세계에 과시하고 대한민국 해병대 전사에 길이 남게 되었다.

이처럼 청룡부대는 섭씨 40도를 오르내리는 뜨거운 정글에서 한국 전투부대로서는 최초의 해외 원정군으로 파월, 6년 5개월간 짜빈동 전투를 비롯한 수많은 전투에서 해병대의 용맹성을 발휘했다. 그 결과 '신화를 남긴 해병대'의 전통을 수립하고 1972년 2월 29일 개선 귀국했다.

전투는 끊임없는
혼돈의 순간들로 점철된다

전쟁이론에서 전략과 전술은 사뭇 다른 개념이다. 지도자들이 전쟁이라는 국가적 목표를 결정하면 군 지휘관들은 전략을 수립하고, 개별 부대의 리더는 전술을 짜서 개개 전투를 위한 수단과 방법을 강구한다는 식으로 쉽게 설명할 수 있다. 그러나 실제 상황에서 전략과 전술은 잘 구분되지 않는다.

서양 전쟁이론의《손자병법》이라고 할 수 있는 클라우제비츠《전쟁론》에서는 "전쟁은 계획대로 되는 법이 없으며 항상 우연의 요소를 내포하기에 혼란과 혼돈의 연속"이라고 했다.

실제 전투는 끊임없는 절체절명의 순간들로 점철된다. 혼돈은 쉬운 일도 어렵게 만들고, 대원들 의지를 약화시키며, 부대의 단결력을 저해한다. 또 평상시 혼돈 상황은 모든 일에서 나타나며 주둔지와 전쟁터 어느 곳에서도 피할 도리가 없다. 그러므로 혼돈 상황일 때는 주어진 여건에서 모든 적절한 요소들을 적극적으로 활용하고 결정해야 한다.

혼돈 상황은 외부 환경과 임무의 특성 그리고 아군 및 적의 활동 같은 외부적 요소를 통해 유발될 수도 있다. 부적절하고 부정확한 정보는 불확실성으로 인해 혼돈 상황을 유발한다. 지휘자가 정확한 예측을 할 수 없도록 만드는 이 같은 불확실성을 '전투의 안개(Fog of War)'라고 표현하기도 한다.

여기서 안개는 실제 전장에서 먼지, 연기, 파편 같은 것을 통해 형성된 안개를 의미하면서 더 중요하게는 적에 대한 정보 부족, 혼란 속의 아비규환, 정신적·육체적 피로와 불확실성에서 비롯되는 정신적 혼미함을 의미하기도 한다.

혼돈 중에서 가장 우려되는 것은 정확하게 알지 못하기 때문에 발생하는 내부적 혼란이다. 이때 발생하는 공포는 능력의 마비를 초래한다. 이를 극복하는 가장 좋은 방법은 혼란을 겪을 때도 무엇이, 어떻게, 왜 발생했는지 부하들에게 흔들림 없이 명확하게 설명해줄 수 있는 지휘관의 리더십이다.

헤아릴 수 없는 몇만 가지 사소한 것들이 모이면 임무 수행의 수준을 저하시키고, 본래 의도했던 목적 달성을 어렵게 한다. 이러한 상황을 극복하게 해주는 것은 강철 같은 의지뿐이다. 의지가 있으면 어떠한 장애물도 극복할 수 있다. 그러나 항상 강철 같은 의지를 유지하기는 어렵다.

전술교범에서는 이렇게 언급한다.

"전쟁은 인간이 행하는 것이므로 어떠한 형태의 혼돈이라도 전쟁에 참가한 인간 모두에게 육체적·정신적 영향을 미친다."

1975년 캄보디아에 나포된 미국 국적 비무장 컨테이너 '마야게스호(Mayaguez)'에서 미국 해병대가 실시한 구출작전은 모든 지휘관에게 혼돈이 어떤 영향을 끼치는지, 종국에는 부대 전체에 어떠한 영향을 미치는지를 보여주는 전형적 사례다.

이 구출작전은 적의 위치, 능력, 배치, 적의 의도에 대한 정확한 정보를 기초로 수립되었지만 결과적으로 수많은 사상자를 내면서 실패하고 말았다. 지역의 험난함, 예상치 못한 적의 방책 등의 외부적 혼돈 및 작전 요소 간 협조 미숙, 통신 소통 오류, 복잡한 지휘 관계, 간명치 못한 작전 계획 등 내부적 혼돈이 작전 실패의 원인이었다.

혼돈은 피할 수 없는 것이다. 지휘관은 그 속에서 결정을 내려야 할 때가 많다. 때문에 예기치 못한 다양한 상황에 처할 수 있다는 사실을 받아들이고 가용 능력 범위 내에서 그 혼돈을 최소화하도록 모든 노력을 쏟아야 한다.

혼돈을 유발하는 수많은 요인 중에서도 가장 극복하기 힘든 것은 신체적·정신적으로 도전받는 경우다. 이 경우 지휘관 및 그 부대의 임무 수행에 큰 장애물이 된다. 그렇다 할지라도 효과적으로 전투를 수행할 수 있는 능력을 갖추어야 한다.

"모두를 죽음으로 몰고 갈 것 같은 적의 포화 속에서도 단결력을 잃지 않아야 하고, 어떠한 공포에도 흔들리지 않아야 하며, 갈고닦은 전투력으로 싸워서 거둔 승리를 자랑스러워할 줄 알아야 한다. 설사 패배했다 할지라도 부족한 부분을 끊임없이 보완하려고 노력해야 한다. 그러한 노력을 힘들어하거나 괴로워하지 않고 승리를 위한 과정으로 여기며 각자의 임무와 승리에 공헌할 자질 향상만을 생각하는 부대, 이러한 부대야말로 진정한 군인 정신을 갖춘 부대라고 할 수 있다."

클라우제비츠의 말이다.

강인한 신체는
해병대의 변함없는 명제다

나폴레옹은 "인내심 강한 한 사람의 병사는 피로에 지친 나약한 1개 대대보다 우월하다"고 말한 바 있다.

전장에서는 육체적 건강 그 이상의 신체를 요구하며 신체 상태는 지휘관과 부하 모두에게 큰 영향을 미친다. 수면 부족, 열악한 급식, 불결한 위생, 그리고 공포를 컨트롤하는 능력 등이 인체에 미치는 영향은 충분한 사전 이해가 필요하다. 또한 이러한 부정적 요소를 극복하기 위한 훈련을 매일 실시해야 한다.

피로에 영향받지 않는 사람은 없다. 피로가 가중될수록 신속한 결정을 내리기 힘들고 혼돈에 빠지기 쉽다. 주의력이 산만해져서 결과적으로 효과적인 임무 수행이 불가능해진다.

용기와 자부심이 체력을 대신할 수는 없다. 여기에 의존하는 지휘관은 주어진 임무와 과업에 집중할 수 없다. 건강한 신체는 체력 소모에 잘 적응하고, 자신감을 향상시키며, 스트레스를 줄인다.

지휘관의 신체적 발달 상태는 안개와 혼돈의 주원인인 전투 상황에서 역량 발휘에 영향을 미친다. 혹시라도 대원들 간의 폭력으로 공포가 조성되면 이를 통제하는 능력도 여기에 포함된다. 공포심을 극복하게 해줄 심리적·신체적 힘이 결여된 부대와 그 지휘자는 효과적으로 싸울 수가 없다. 이 경우 혼돈의 극복은 거의 불가능하다.

사실상 혼돈의 가장 큰 원인은 육체의 한계를 초월하는 문제에서 비롯되며, 이는 부대와 각 개인 모두에 해당된다.

해병대는 그들의 역사 속에서 강한 육체, 정신, 마음을 가진 군인으로 대변된다. 해병대에 몸담은 모든 구성원은 이등병에서 장군에 이르기까지 인간이 발휘할 수 있는 최대의 스태미나, 즉 체력을 보유하지 않으면 안 된다.

해병대 창설기의 주역이었던 1기생들은 함께 입대한 해군 13기생 팀과 겨룬 기마전, 줄다리기, 봉 쓰러트리기 등 8개 종목 경기에서 약 세 배가량의 인원을 보유한 상대팀을 모조리 제압하고 우승한 적이 있다.

1960년대와 1970년대 초 후암동에 사령부가 있던 시절, 해병대는 국군 체육대회에서 무장 경기, 사격, 레슬링, 역도, 농구 등의 전 종목 연승 기록을 수립했다. 1954년 이후 20여 년간 실시되던 군 체력 검정에서는 100미터 달리기, 제자리 멀리뛰기, 턱걸이, 수류탄 던지기, 2,000미터 달리기, 엎드려 팔굽혀 펴기, 윗몸일으키기 등 종목마다 항상 육해공을 능가했다. 해병대원들의 신체적 우수성은 어느 군도 따라올 수 없는 탁월한 기록 달성이 가능케 했다. 당시 체력 검정 결과 체력 등급 3급 이상자가 육군 54.4%인 데 반해 해병대는 83%였다.

왕성한 공격 정신은 강한 육체와 함께 지속되며, 이는 해병대의 근본적인 전술 교리와 일치하는, 결코 잃어서는 안 될 재산이다.

아무리 정신적 측면이 강한 인간이라도 육체의 한계에 도달했을 때 정신력으로 이겨낼 수 없음은 당연하다. 이를 정신이 육체를 지배한다는 말과 혼동해서는 안 된다. 단순한 예로 올림픽에 출전한 선수는 기록 갱신을 위해 최선을 다하지만 육체의 한계에 이르면 포기할 수밖에 없다.

앞으로 다가올 전쟁이 어떠한 형태이건 공격 정신과 더불어 강인한 체력이 요구된다. 이는 훈련병에서 장군에 이르기까지 군인이라면 누구에게나 예외 없이 적용되는, 해병대가 요구하는 변함없는 명제다.

해병대원들은 해병대의 일원으로서 다가올 전쟁에 대비해

전투체력을 관리하는 것을 무엇보다 우선된 공통 사명으로 삼아야 한다. 군인이 적과 싸워 이겨야 하는 것은 전시, 평시를 막론하고 변하지 않는 군인의 기본적 임무다. 전쟁의 형태가 변한다고 해서 결코 기본 임무가 변하지는 않는다.

더구나 해병대는 전통적으로 가장 험난한 곳에서 가장 먼저 임무를 달성하는 것을 자부심으로 여겨온 군대라는 사실을 잊지 말기 바란다. 이는 해병대가 육체적으로 가장 단련된 군이어야 함을 의미한다. 위험에 대비한 강한 훈련을 통해서만 '싸움에서 3군에 앞장서는 최선봉 군'이라는 전통을 계승할 수 있다.

해병대는 나약한 지식인이 아니라 두뇌, 의지, 체력을 겸비한 사람을 요구한다. 또 그러한 사람들이 해병대에 매력을 느낀다. 해병대는 평범한 군이기를 싫어하는 사람들의 집단이며 게으름과 나태함을 참지 못한다. 해병대답지 않은 흐리멍덩함과 냉담함을 용인하지 않으며, 비능률을 묵과하지 않는다.

'할 수 있다'는 해병대의 전통적 정신이다. 불가능을 모르는 해병대 정신은 '어떤 과업도 해낼 수 있다, 어떤 고난도 극복할 수 있다, 불가능이란 없다'는 정신세계를 지배해왔다. 이는 모든 해병대 구성원에게 육체, 마음, 정신이 탁월한 인간이 되어야 한다는 생활철학을 갖게 하며, 건전한 시민으로 생활한다는 자부심과 긍지를 부여한다.

정신력의 향상은 육체적 훈련을 통해 부지불식간에 이루어진다. 의지력, 결단력, 침착성, 근육의 이완수축 작용 등을 통제할 수 있는 능력은 개개인의 건강 및 해병대원의 복지후생 수준과 불가분의 관계를 갖는다.

정신적·신체적 도전으로 인해 야기되는 혼돈은 지휘를 어렵게 만드는 가장 큰 장애물이다. 해병대는 이런 상황을 극복하는 방법을 교육으로써, 그리고 선배들의 유산 가운데 하나로 이어받았다. 최고의 군인다운 체력을 구비함으로써 최강군이라는 해병대의 전통 수립에 기여했음을 반드시 기억해야 한다.

난관을 극복하는 힘은
강한 의지로부터 나온다

지휘관은 모든 대원에게 확실하게 업무 수행 절차를 숙지시키고, 대원들이 자유롭게 찾아와 충고와 건의를 하는 문을 열어놓아야 한다. 충성의 정수는 지휘관이 좋아하지 않아도 제안할 수 있는 용기에 있다. 또한 리더십의 정수는 이 같은 행동을 고취하는 능력에 있다.

적응력(Adaptability)은 혼돈의 영향을 극복하는 핵심이다. 융통성이란 단어와 동의어로 쓰이기도 하는데 그 속에는 혁신 정신을 내포한다. 적응력은 해병대원들이 혼돈으로 점철될 미지의 환경에 대처하게 해준다.

해병대 지휘관들은 어디에 배치되더라도 주어진 환경과 임무에 적절히 적응하면서 작전을 실시하도록 훈련받는다. 전투에서 승리를 위한 필수 요소는 주도권, 창의성, 정교함, 임기응변이다. 이는 적응력의 또 다른 표현으로 해병대원들이 오래전부터 생활의 일부로 삼아왔다.

해병대 적응력의 전통은 어떤 기상이나 지형에서도 전투를 수행한다는 차원을 넘어 '어떤 것이든 해내고야 만다'는 의미를 내포한다. 이는 경우에 따라 예규, 전투 시행 규칙 또는 교리에서 자유로워질 수 있음을 의미한다.

적응력이란 평상시 산과 강, 바다, 절벽, 하늘에서 훈련할 때도 '자연을 두려워해야 한다'는 사실을 배우는 것이다. 자연을 정복하는 것이 아니라 자연에 순응하고 적응하는 훈련이다. 스스로를 낮추어 위대한 자연에 적응하는 것이야말로 이기기 위한 적응력의 철학적 기조임을 이해해야 한다.

상황에 따른 적절한 대응 능력은 해병대가 지닌 중요한 특징 가운데 하나다. 가능한 방법을 찾아내어 임무를 완수하는 능력은 해병대의 표상이다. 모든 해병대원은 이 표상을 가슴속에 간직하고 더욱 발전시키며 스스로의 능력을 확신해야 한다.

혁신(Innovation)은 해병대의 전통과 지휘 스타일에서 항상 핵심 구성 요소로 자리한다. 예나 지금이나 해병대는 독특한 전투 기능을 하기 때문이다. 혁신을 위해 상관은 항상 부하들 의견에 귀 기울여야 하며, 상의하달, 하의상달의 이원적 의사소통 방식을 마련해야 한다. 일병이든 병장이든 대위든 장군이든, 해병대원 모두는 혁신을 위한 자세를 갖추고 책임감을 가져야 한다.

혁신과 창의력을 증진시키기 위해 지휘관이 요구받는 몇 가지 사항이 있다.

첫째, 지휘관은 부하들이 밖으로 의견과 비판을 표출하도록 해야 하며, 그 의견과 비판을 분석 평가받도록 한다. 부하들의 아이디어를 최대한 활용한다.

둘째, 부대 내에 명확한 의사소통 통로를 마련한다. 지휘 계통을 지키면서도 부하들의 아이디어가 상급 지휘관까지 전달되게 한다. 부하들의 창의성을 이끌어낼 기회를 만든다.

셋째, 지휘관은 별로 효용가치가 없는 아이디어나 의견을 제시하는 부하를 책망하기보다 그들의 보호막이 되어야 한다. 무결점은 측정 기준이 될 수 없으며, 이를 추구하다 보면 오히려 창의적 활동을 저해하기도 한다.

넷째, 지휘관은 부하들에게 솔직한 생각을 원한다는 사실을 인식시켜야 하며 진실하지 못한 생각과 행동을 용납해서는 안 된다. 명확한 사고를 위해서는 타인의 사고를 흉내내선 안 되며 최대한 상상력을 이용해야 한다. 남을 훈련하기 전에 예기치 못한 상황에 대비해 먼저 스스로를 훈련해야 한다. 주저 없는 대담성이 해병대의 모토가 되어야 한다.

분권화(Decentralization)는 예하 지휘관들이 상급 지휘관의 의도 및 노력을 중심으로 하되 자신의 경험과 판단에 따라 과감히 행동하는 것을 인정해주는 것이다. 군사학에서 오랫동안 사용되어온 지휘 통솔 개념 중에도 예하 지휘관들의 판단과 행동을 인정해주는 것이 있다. 여기엔 여러 가지 이점이 있다.

해병대는 지금껏 최하위 부대 단위까지 이 같은 지휘 분권화를 실시해 많은 성공을 거두었다. 분권화된 의사 결정, 즉 책임과 권한을 하급 지휘관에게까지 부여함으로써 업무 수행 속도를 배가한 것이다.

의지(Will)는 전투 중 극도의 스트레스 속에서도 부대를 하나로 뭉치게 하는 지휘관의 강인한 정신력이다. 모든 성공한 지휘관은, 어떤 난관도 용감히 맞설 수 있는 의지를 부하들에게서 이끌어낸다. 최고의 찬사를 받았던 지휘관을 비롯해 거의 모든 지휘관들은 영감, 공포, 죄의식, 그리고 이성적 추론을 바탕으로 하는 예리한 통찰력 등의 공통점을 보이며 따라서 그들의 지휘에는 유사한 부분들이 많다.

그런데도 어떤 지휘관은 성공하는가 하면 어떤 지휘관은 성공하지 못하는 이유는 무엇일까? 성공하는 지휘관이 가진 능력은 무엇이며, 실패하는 지휘관이 가지지 못한 능력은 무엇일까? 모든 성공한 지휘관들이 가진 것은 바로 앞에서 말했듯이 어떤 난관과도 용감히 맞설 수 있는 의지를 부하들로부터 이끌어낼 수 있는 능력이다.

죽음도 불사하는
최강의 전투력

전투력이란 전장에서 지휘, 생존경쟁, 전장의 우세를 확보하는 과정에 발생하는 도전적 상황을 극복하고 전투작전을 수행하는 조직의 능력이라고 할 수 있다.

우세한 전투력을 생성 유지하려면 기동력, 화력, 방호 같은 유형적 요소와 리더십, 부대 단결력, 개인의 용기 같은 무형적 요소들을 결합할 필요가 있다. 어느 역사가는 "전투력은 명확한 정신적·지적 능력과 조직적 기반 그리고 이를 적절하게 배합하는 능력을 갖춤으로써 생겨난다. 군기, 단결력, 사기, 창의력, 용기, 불굴의 투지, 싸우고자 하는 의지, 전투 준비 태세 필요 시 기꺼이 죽음도 마다하지 않는 정신도 여기에 포함된다"고 말하기도 했다. 전투력을 간단히 정의하면 '군대가 싸울 수 있도록 하는 정신적 자질의 총체'라고 할 수 있다.

전쟁에서는 정치가나 군인이 아무리 좋은 결정을 내리고 국가가 가진 힘이 아무리 커도 불가항력적인 상황이 반드시 존재하기 마련이다. 이 모든 상황을 극복해야만 승리할 수 있다. 눈앞에 닥친 죽음의 위협에도 굴하지 않고 용감히 싸우는 병사들이 없다면 결코 승리를 쟁취할 수 없다.

해병대 지휘관은 타군의 지휘관들이 앉아서 쉬거나 남에게 지휘 책임을 떠맡길 때도 홀로 일어나 과감히 행동해야 한다. 해병대원은 그 어떤 상황에서도 결코 회피하지 않는다. 회피하는 해병대 구성원이라면 이미 '해병대원'으로서의 정체성을 잃은 것이나 마찬가지다.

미래의 위협에 대비해 평상시에 실시한 훈련과 전투태세는 실제 전투 상황에서 그대로 재현된다. 단체 경기에서 평소 연습하던 팀플레이가 경기 중에 나오는 것처럼 해병대 또한 실제 전투에서 평소 훈련한 대로 싸운다.

평상시에는 작은 것을 양보하거나 포기하는 것이 어려운 일이 아니지만 실제 전투에서는 작은 것을 포기함으로써 나중에 더 큰 것을 잃을 수도 있다.

어떤 계급의 지휘자도 자신이 지휘하는 해병대원들을 믿지 못하면 화력조를 이끌고 최전선에 뛰어들 수 없다. 부하 대원들은 지휘자가 성공적으로 임무를 수행하고 자신들의 안전을 보장하리라 기대한다. 이때 부하들은 승리에 대한 확실성이 아니라 지휘관들이 최상의 전기전술로써 전투 준비를 하기 바란다. 해병대는 지휘관 훈련에 많은 노력을 기울이지만 가장 중요하고 근본적인 것은 지휘관 스스로의 연구와 검토다.

해병대원들이 진지에서 총알이 빗발치는 곳으로 뛰어나가고, 안전한 텐트에서 죽음이 기다리는 미지의 세계로 돌진하는 것은 국가 이익 수호나 국제 안보, 가족애, 해병대 신화 창조 같은 거창한 목표를 위해서가 아니다. 전기전술을 함께 익히고 훈련받았던 동료 해병대원을, 적과 대치하는 전투 현장에서 극도의 두려움을 홀로 감당해야 하는 동료 해병대원을 위한 것이다.

우리는 지금도 동료 해병대원이 쓰러지는 것을 그대로 보고 있지 않는다. 차라리 자기 자신이 죽는 것이 낫다고 생각한다. 포화가 빗발치는 전장에서 계속 전진하는 소총수는 자신의 목숨보다 동료를 위하는 해병대원들의 정신을 몸으로 보여준다. '자기희생을 통한 리더십'이란 말과 '해병대 정신'이라는 말이 동의어가 된 것은 해병대의 이러한 특징 때문이다.

해병대에서 갖춘 훌륭한 기반은 해병대 조직뿐만 아니라 현역이든 예비역이든 각 해병대원들의 인생 전반에 좋은 영향을 미친다. 한 해병대원은 해병대 생활을 통해 자신이 소중한 토대를 쌓았다고 말한다.

"인생을 경험할수록 해병대에서 보낸 시간이 얼마나 소중했는지를 배우고 또 배운다. 동료들과 같이 배우고 지켜온 자립심, 자제력의 가치, 그리고 육체적·정신적 강인함과 명예, 용기 등은 내가 성공적인 삶을 살도록 해주었다."

해병대는 많은 승리를 거두면서 높은 명성을 얻었고 개개의 해병대원들도 수없이 많은 승리를 거두었다. 그럼으로써 국민들에게 "해병대원은 인간이 추구하는 가치 있고 성공적인 삶에 꼭 필요한 특질을 갖추고 있다"는 인식을 심어주었다. 아무도 몰라준다 해도 개인적 승리는 스스로를 위해 가치와 의미가 있다. 국가를 위해서도 마찬가지다.

해병대의 정신과 전통 그리고 무형적 힘은 해병대원들이 험난한 길도 과감히 나아가도록 돕는다. 해병대는 선배들에게 배운 적응력, 혁신, 의지력 그리고 조직을 위해 헌신하는 자세를 갖추고 최강 해병대로서 앞장서 나아간다. 우리는 나 개인으로서가 아닌 해병대 전체로서 다른 집단들보다 앞서나가며 전쟁에서 싸워 이긴다.

해병대가 처한 환경과 주어진 행운, 무엇보다도 마음속 깊숙이 굳건하게 새겨진 신뢰가 서로 조화를 이루는 가운데 해병대는 그들만의 신비스러운 영역을 구축했다. 이들은 막강한 힘과 더불어 찬란한 영광을 국가에 안겨주었다. 해병대는 뛰어난 영웅과 수많은 승리를 간직하지만 이는 해병대 조직이 거둔 승리이지 결코 한 개인의 승리가 아니다.

해병대는 6·25전쟁과 월남전을 통해 수많은 전투를 경험하면서 그 용맹성을 세계에 떨쳤고, 항상 승리하는 최강 해병대라는 명예를 획득했다.

지금까지의 모든 것은 선배 해병대원들에게 물려받은 유산으로 다음에 올 후배들에게 물려주어야 할 책임이 우리에게 있다. 이런 전통과 유산은 창조적으로 계승 발전시키지 못할 때 황폐화되고 만다. 그러므로 새로운 결의와 의지를 담은 정신으로 무장하고, 하나로 뭉쳐 해병대의 전진을 위해 경주해야 한다.

미래 전쟁에서는
해병대가 핵심 전력이다

21세기는 기존 물리적 패러다임에서 새로운 정보화 패러다임으로 전환하고 있다. 이러한 변화의 시대에 현실에 안주하는 조직은 도태하고, 과감히 기존 패러다임에서 탈피해 변화하는 조직만이 생존할 것이다. 정보화 시대는 군사과학 기술에 혁신적 변화를 가져왔다. 군사과학 기술의 급격한 발전으로 미래의 전쟁은 기술 집약적 정보전 양상으로, 무기는 첨단 무기 체계로 변해간다. 세계의 많은 국가가 첨단 무기 체계를 개발함으로써 양보다는 질적 전력 증강을 위해 노력한다. 한반도 주변 국가들 역시 자국의 이익을 구현하기 위해 정보 및 지식 집약형 군대를 지향하며 전력을 현대화하고 있다.

미래의 전쟁은 첨단 과학 병기와 정보통신 기술의 발달로 첨단 무기 체계 및 장비에 의한 과학전, 정보전 양상을 띨 것이다. 공간적으로는 비선형 입체전이 될 것이며, 확대된 전장 및 공중 공간에서 전쟁이 벌어질 것이다. 시간적으로는 속도전과 기동전, 물리적으로는 대규모 화력전 개념의 전쟁일 것이다. 우리는 이 같은 미래의 전쟁 패러다임 변화에 발 빠르게 대응해야 한다.

미래의 국가안보와 전략 환경의 변화에 따라 국가는 정규전 상황과 저강도 분쟁에 이르기까지 각종 분쟁 양상에 신속하게 대응하면서 결정적 임무를 수행할, 융통성과 기동성을 보유한 부대를 양성해야 한다.

해병대는 이러한 시대적 상황을 기회로 바꾸는 지혜와 능력을 바탕으로 저비용, 고효율의 선진군대를 지향한다. 해병대는 미래의 불확실성과 엄중한 국가안보의 현실에서 과거에도 그랬듯이 국가안보의 핵심 전략군과 21세기 국가안보의 주력군으로서의 임무와 역할을 수행하기 위해 시대의 도전에 직면하고 있다.

해병대는 국가안보 환경의 변화를 맞는 불확실성의 시대에 국가 이익을 보장하고 민족의 생존과 번영을 보위하는 임무를 수행해야 한다. 미래 전장의 양상과 무기 체계의 발전 추세 등을 정확하게 분석, 예측하고 이에 효과적으로 적응할 수 있는 전력을 건설해야 한다.

지구의 70%는 바다이며, 세계의 80%는 바다를 접한 국가다. 연안 지역에는 세계 인구 70%가 거주하고 있으며 주요 도시들이 위치하므로 그 중요성이 더욱 부각된다. 그런 만큼 이들 지역에서의 위기와 분쟁 위협 또한 증가한다.

연안 지역 분쟁 해결에는 해상 또는 공중을 통한 접근만이 가능하다. 따라서 육해공 합동 전력의 투사가 필연적이다. 한반도는 삼면이 바다인 반도국가로 주변국의 해양력 급신장, 특히 해상 병참로상에서의 분쟁 가능성이 농후하므로 필요시 해병대에 의한 전력 투사가 절대적이다.

해병대는 국가 보위를 위한 군사 전략 수행의 핵심 전력이자 상륙작전을 주임무로 수행하는 다목적 신속 대응군으로서 자주적 상륙 전력을 구축해야 한다. 또한 해상으로부터의 입체기동전, 즉 초수평선상륙작전을 수행해야 한다. 해상 기동 수단과 지상 및 공중의 입체화 수단으로 항공 전력을 확보해 정보전 수행이 가능하도록 공지기동부대로 운용해야 한다. 또한 전략 도서 및 기지 방어 임무를 수행해 전쟁 억제에 기여해야 한다. 전투력 발휘를 극대화함으로써 해양력 보호와 국가 안전보장 및 국익 보호의 핵심적 역할을 수행해야 한다.

해병대는 해양 전력 투사의 핵심부대로 작전적·전술적 상륙작전을 통해 적의 측방과 후방에서 강력한 상륙 전력을 투사할 수 있다. 또한 적의 작전적 중심을 타격해 조기에 전쟁을 종결하는 데 기여할 수 있다. 이러한 미래 전력 투사에 있어 해병대는 핵심 전력이 될 수 있다.

그러나 해병대는 영원하다

2020년 10월 5일 초판 1쇄   2020년 10월 16일 4쇄 발행

지은이 전도봉
펴낸이 정법안   **경영고문** 박시형

책임편집 정법안   **디자인** 김지현
마케팅 양근모, 권금숙, 양봉호, 임지윤, 조히라, 유미정
디지털콘텐츠 김명래   **경영지원** 김현우, 문경국
해외기획 우정민, 배혜림
펴낸곳 마음서재   **출판신고** 2006년 9월 25일 제406-2006-000210호
주소 서울시 마포구 월드컵북로 396 누리꿈스퀘어 비즈니스타워 18층
전화 02-6712-9800   **팩스** 02-6712-9810   **이메일** info@smpk.kr

ⓒ 전도봉(저작권자와 맺은 특약에 따라 검인을 생략합니다)
ISBN 979-11-6534-238-8 (03300)

쌤앤파커스(Sam&Parkers)는 독자 여러분의 책에 관한 아이디어와 원고 투고를 설레는 마음으로 기다리고 있습니다.
책으로 엮기를 원하는 아이디어가 있으신 분은 이메일 book@smpk.kr로 간단한 개요와 취지, 연락처 등을 보내주세
요. 머뭇거리지 말고 문을 두드리세요. 길이 열립니다.